【基金项目】

明清帝国体系与东南滨海地域社会（教育部社科基地重大项目，13JJD770021）

明清以来海商群体文献整理与研究（厦门大学社科重大培育项目，0640/ZK1179）

流动的社区：

宋元以来泉州湾的
地域社会与海外拓展

蒋 楠 ◎ 著

图书在版编目(CIP)数据

流动的社区:宋元以来泉州湾的地域社会与海外拓展/蒋楠著.—厦门:厦门大学出版社,2020.6
(中国社会经济史新探索丛书)
ISBN 978-7-5615-7809-4

Ⅰ.①流… Ⅱ.①蒋… Ⅲ.①侨乡—社会发展—研究—泉州 Ⅳ.①D634.1

中国版本图书馆 CIP 数据核字(2020)第 088999 号

出 版 人	郑文礼
责任编辑	韩轲轲
封面设计	蒋卓群
技术编辑	朱 楷

出版发行 厦门大学出版社
社　　址 厦门市软件园二期望海路 39 号
邮政编码 361008
总　　机 0592-2181111　0592-2181406(传真)
营销中心 0592-2184458　0592-2181365
网　　址 http://www.xmupress.com
邮　　箱 xmup@xmupress.com
印　　刷 厦门兴立通印刷设计有限公司

开本　720 mm×1 000 mm　1/16
印张　16.75
插页　4
字数　257 千字
版次　2020 年 6 月第 1 版
印次　2020 年 6 月第 1 次印刷
定价　68.00 元

本书如有印装质量问题请直接寄承印厂调换

厦门大学出版社
微信二维码

厦门大学出版社
微博二维码

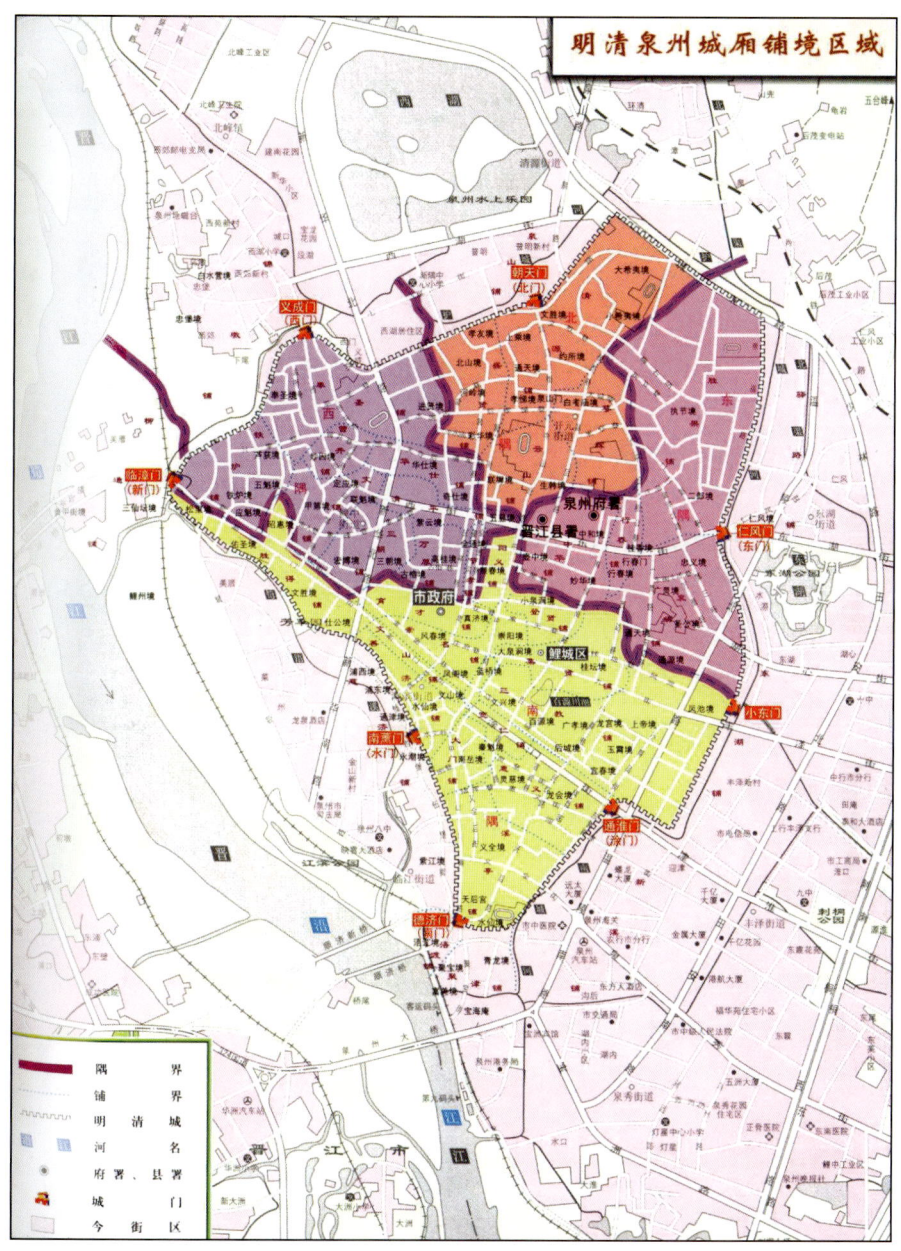

图 1 明清泉州城厢铺镜区域

(图片来源:卢美松主编、福建省地方志编纂委员会编:《福建省历史地图集》,福州:福建省地图出版社,2004年,第197页)

图 2 石狮祥芝半岛慈济宫（保生大帝庙），现在的主神是观音

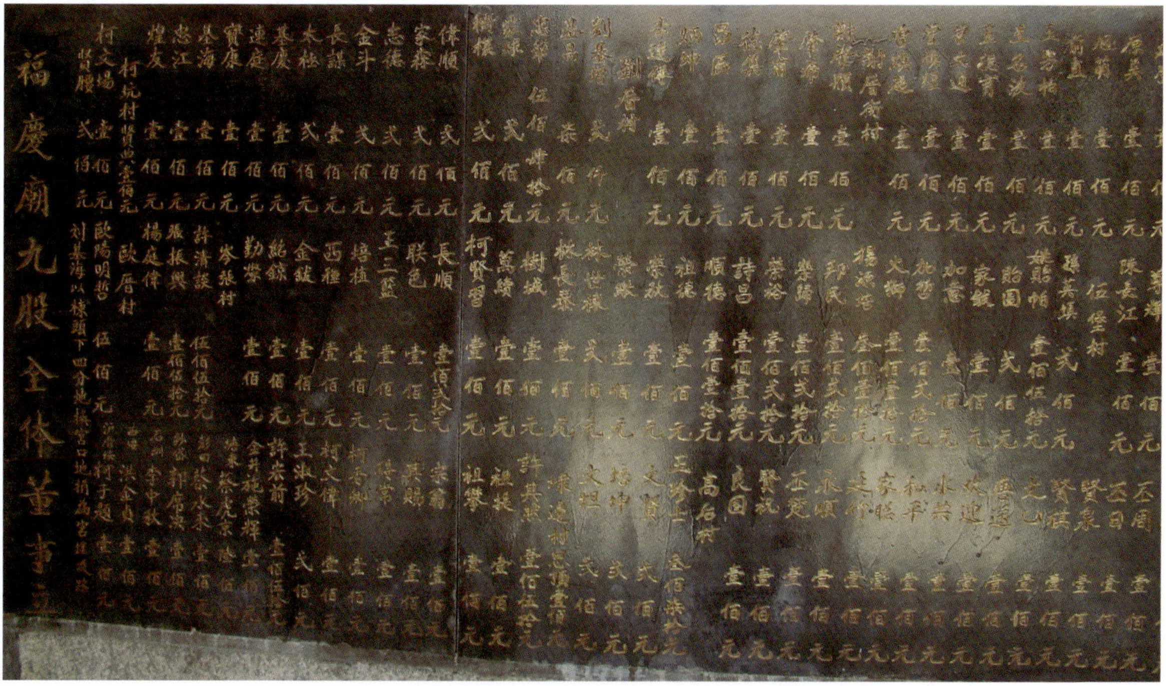

图3 塘边城隍庙（福庆庙）的"九股"碑刻

图 4 福全城隍庙边报功祠的"五乡四股"碑刻

序

蒋楠的博士论文即将出版，邀我写序推介。我作为指导教师，自然是乐观其成，义不容辞。兹择其要点，略述其梗概。

十多年前，在蒋楠的论文答辩之际，大家对她的研究颇为嘉许，希望她继续以"流动的社区"为主题，讲好泉州走向世界的故事。如今重读书稿，觉得尽管还不够完善，但仍有不少新意，可以嘉惠学林。

泉州是宋元时期的国际大港，号称"光明之城"，为当时亚洲贸易网络的枢纽。明清时期，由于废除市舶司和港道淤塞等原因，泉州港逐渐趋于衰落。王铭铭曾引用吉登斯关于"绝对主义国家"的理论，论述泉州衰落的历史过程，认为其主要原因是明清王朝对边界的严密控制。在此基础上，蒋楠考察了明清以来泉州的历史转型，认为海禁政策并未切断泉州与海外的联系，而是促使泉州人走向海外，不断拓展生存空间，形成了"流动的社区"。

本书首先考察了泉州历史上的生态环境、生计模式与海洋传统。作者认为，泉州湾地区背山面海，港口众多，气候多变，利于航海而不利于农耕。当地土著居民"白水郎"，就是"以海为田"的闽越族后裔。宋元时期在泉州设立市舶司，提升了泉州在海外贸易中的地位，强化了泉州的海洋文化传统。明清时期实行海禁政策，试图压制民间的航海活动，在泉州受到了顽强的抵制，未能真正贯彻实行。

为了论述传统国家与地方社会的博弈过程，本书集中考察了明代的里甲制度、卫所制度及海洋政策的演变过程。作者认为，明初主要借助于里甲制度和卫所制度，控制沿海地区的基层社会和海岸线，实行"片板不许下海"的海禁政策。到了明代中期,由于里甲体制解体,强宗大族控制社会资源,而卫所军士经常监守自盗,积极参与走私贸易,推动了民间航海活动的蓬勃发展。明末兴起的郑氏海上势力,获得管控东南海域的主导权,宣告了明代海禁政策的彻底失败。

在海禁政策下,民间社会究竟如何走向海外?这是本书试图探讨的重点问题。作者利用族谱、碑刻等民间文献和田野调查资料,深入考察明代泉州私人海上贸易的发展。作者发现,明代泉州湾地区出现了许多强宗大族,如作为农业移民的芝山刘氏家族,作为水上居民的祥芝蔡氏、东埔邱氏等家族,作为阿拉伯后裔的白崎郭氏、陈埭丁氏等家族,作为卫所军户的福全蒋氏、永宁李氏等家族。这些强宗大族的共同特点,就是利用家族势力控制地方资源,突破官方制度的限制,发展私人海上贸易。更为重要的是,在嘉靖倭乱之后,地方豪强建立了乡族武装,形成了区域性军事联盟,为郑氏海上势力的崛起奠定了社会基础。

清代开放厦门为对外通商口岸,设立厦门与台南、蚶江与鹿港为两岸对渡港口,使泉州向海外拓展具有区位优势。即使是清朝加强管控海外贸易,压制海外移民,依然无法阻止民众前往东南亚和台湾地区谋生。晚清时期,由于华侨身份的合法化,大批海外移民回归原乡,泉州逐渐形成了侨乡社会。从晚清至民国时期,泉州人不仅在东亚海域建立了庞大的商业网络,而且广泛参与太平洋两岸的矿产开发和种植园经营,在全球经济体系中扮演了重要角色。因此,研究泉州史需要有开阔的全球史视野,不能局限于地方社会。

明清时期的国家政权,不仅未能扼杀泉州的海洋传统,同样未能控制泉州的基层社会。自明代以来,泉州的地方事务一般都在乡族内部解决,很少依赖于地方政府。这种乡族自治的传统,深刻地影响了移居海外的泉州人,为海外拓展提供了社会文化资源。历代居留于海外的泉州人,始终与故乡亲友保持密切的联系,共同建构跨越国界的生存空间。晚清以来,海外华侨引领泉州的现代化建设,抵御了现代国家政权的侵蚀,维护了面向海洋的历史文化传统。

本书的研究成果表明,在明清王朝闭关锁国的历史环境中,泉州人为了维持"以海为田"的生计模式,不断向海外地区拓展,造就了泉州史的"流动的社区"。因此,我们对泉州史的理解和解释,应该注重民间的生存策略与生存空间,而不是局限于官方的制度与疆域。

  本书关注的重点是泉州地方社会的发展动向,而对于海外泉州人的研究较为薄弱。作者已经意识到,泉州史研究必须纳入全球史视野,近年来也试图致力于海外泉州人研究,但尚未在本书中展示其研究成果。我相信,如果打通了海内外泉州人之间的"边界",就可以更好地讲述泉州走向世界的故事。

  是为序。

郑振满

2020 年 5 月

于厦门大学海韵北区

目　录

第一章　前言 ... / 1 /
　　第一节　问题的缘起 ... / 1 /
　　第二节　学术史回顾 ... / 5 /
　　第三节　结构与资料 ... / 26 /

第二章　泉州平原的开发与宋元市舶贸易 ... / 30 /
　　第一节　地理环境与早期居民 ... / 30 /
　　第二节　沿海平原的开发与海洋生计模式的形成 ... / 44 /
　　第三节　刺桐港的极盛与海洋传统的确立 ... / 62 /
　　小　结 ... / 68 /

第三章　明清时代的政治控制 ... / 70 /
　　第一节　里甲户籍制度的异化 ... / 70 /
　　第二节　地方治安与教化制度 ... / 89 /
　　第三节　卫所制度的废弛 ... / 106 /
　　第四节　海洋政策的转变 ... / 114 /

第四章　家族发展与地域联盟 ... / 124 /
　　第一节　农业移民的家族——以芝山刘氏为例 ... / 124 /

第二节　水上居民的家族——以祥芝蔡氏、东埔邱氏为例　/ 132 /
 第三节　阿拉伯后裔家族——以白崎郭氏、陈埭丁氏为例　/ 144 /
 第四节　卫所军户家族　/ 152 /
 第五节　从都蔡冤械斗看地域联盟　/ 157 /

第五章　大航海时代的海外拓展　/ 165 /
 第一节　东西方在海上相遇　/ 165 /
 第二节　明清之际的海商与海盗　/ 171 /
 第三节　清代泉州的海外贸易　/ 180 /
 第四节　海外移民与开发台湾　/ 189 /
 第五节　海外拓展的组织形式　/ 196 /

第六章　现代国家建设与侨乡社会变迁　/ 206 /
 第一节　华侨地位的改变与侨乡社会的形成　/ 206 /
 第二节　现代国家政权建设与地方社会的改造　/ 211 /
 第三节　海外华侨与侨乡的现代化历程　/ 215 /

第七章　结语　/ 229 /
 第一节　生存空间与流动的社区　/ 229 /
 第二节　生计模式与海洋传统　/ 232 /
 第三节　明清国家与社会的关系　/ 234 /

参考文献　/ 239 /

后　记　/ 259 /

第一章　前言

本书试图通过考察宋元以来泉州湾的地域社会与海外拓展，探讨中国传统国家与社会的关系及海洋文明的传承机制。在进入正文之前，有必要简要介绍本书的问题意识、相关的学术史背景及全书的分析架构与基本资料。

第一节　问题的缘起

位于东南沿海的福建泉州，唐以前为帝国边陲的蛮荒之地，宋元时期却一跃成为"海上丝绸之路"的重要港口、马可·波罗笔下的东方第一大港。南宋初期曾任同安县主簿的朱熹记述："泉地濒海通商，民物繁夥，风俗错杂。"[①]不同的文化随着来自世界各地的商人在此交汇，令泉州赢得"世界宗教博物馆"的美誉。明清时期的海洋政策走向内敛，泉州港的海外贸易因此而趋于衰落，但泉州人民与外部世界的联系并未中断，泉州湾地区的私人海上活动依然蓬勃发展。自15世纪开始的"大航海时代"，使大量的泉州人漂洋过海，深深地卷入了南中国海上的世界贸易链条。19世纪后期中国国门大开，出国谋生的

---

① 朱熹:《范公神道碑》,《晦庵先生朱文公文集》卷89,四部丛刊影明嘉靖本,第13页b面。

泉州人大幅上升,使近代泉州成为福建省第一、全国数一数二的侨乡。[①] 近代泉州侨乡社会实际上同时拥有了国内与国外两地成员,[②]到今日依旧以其与海外的密切联系闻名全国,华侨是一百多年来泉州发展的最大资源。[③]

宋元时期泉州港的辉煌,常被引为中国海洋文明从不逊于西方的证据,以此来对抗殖民史观、西方中心观对中国历史的误解,[④]"泉州学"因此应运而生。[⑤] 毋庸置疑,明清时期泉州人的海上活动,对中国、东南亚、美洲之间的大三角贸易和东南亚开发史都有相当大的贡献,世界史因此也留下了泉州的一席之地。那么,这一切是如何发生的?为何泉州始终与海外有斩不断的联系?海外的力量又是如何在近代成为泉州地方社会的发展动力?深入探讨这些问

---

① 根据1988年统计资料,泉州市华侨总数为463.8万人(福建省地方志编纂委员会:《福建省历史地图集》,"人口民族图组",福州:福建省地图出版社,2004年,第116~117页),远远超过福建省其他地市,其中晋江76.4万,本地人口83.4万;石狮18万,本地人口24万。若加上港澳同胞,1990年的调查数字为573万,当年泉州市总人口为573万,华侨华人和港澳同胞数与侨乡人口数量基本相当,其中晋江、石狮、永春等县市海外侨胞与港澳同胞的数量均超过了侨乡人口数。潮汕侨乡华侨华人与港澳同胞的数量大于泉州(1996年数字为560万与170万),但是只相当于侨乡人口的66%。见张国雄:《从粤闽侨乡考察战前华侨华人的群体特征》,《华侨华人历史研究》2003年第2期。

② 见笔者:《从慈善事业看近代华侨精英与侨乡公共事务》,《华侨华人历史研究》2008年第1期。

③ 1902年至1913年间,海外华侨估计寄回中国的汇款达国币一亿五千万元,其中福建华侨的汇款约占汇款总数的三分之一。范启龙:《福建华侨与辛亥革命》,《福建师范大学学报(哲学社会科学版)》1991年第4期。

④ 王铭铭:《逝去的繁荣:一座老城的历史人类学考察》,杭州:浙江人民出版社,1999年,"引论",第2页。

⑤ 1988年,泉州海外交通史博物馆的王连茂先生在泉州历史研究会十周年座谈会上提出了"泉州学"的概念,1991年联合国"海上丝绸之路"考察队使这个概念广为人知。台湾人类学家李亦园认为,"泉州学"是一种以泉州地区的历史文化、人文活动、生态环境为研究对象的科际综合学问,他还强调了人类学方法和社会学方法在此一研究领域的重要性。"泉州学"关注的重点是海交史,尤其是宋元时期泉州中心港市的海交史以及由此产生的一系列中外交往问题,如番商在泉州形成侨区、各种信仰在泉州共存等。这些问题能够说明中古时期中国文明的开放性,因此受到广泛关注。见王连茂:《"泉州学"与泉州海交史研究刍议》,陈世兴主编:《泉州学研究》,福州:福建教育出版社,2002年,第328~346页。

题,对于中国史和世界史都有重要意义。

在通史叙述里,中国南部边疆是因秦汉以来北方移民的不断南下而得到开发,唐宋时期的经济中心转移到了南方,泉州因此发展为取代广州的最大港口。明清时期,由于专制主义中央集权的发展,对外政策趋向保守,泉州港在海禁政策下彻底衰落,直到鸦片战争后才因契约华工出国浪潮而变成侨乡。在泉州的地方史研究中,一直是以海交史为研究重点,但注意力大多放在宋元港市的兴旺上,对明清时期的发展却无法自圆其说。与此同时,两者都对早期泉州港取得成功的原因一带而过,土著居民在"民族融合"的简单描述中被视而不见。

王铭铭的近作《逝去的繁荣——一座老城的历史人类学考察》,试图从地方自身的历程出发,重新理解泉州的历史和文化,反思西方中心史观对中国史固有的怀疑轻视态度和中国史的致力于"我们也有""我们曾经很开放"的写作方式,简单地说,就是让历史叙述避免殖民主义和民族—国家权力结构的制约。① 王铭铭认为,明代以前作为边陲地带的泉州,在宽松的大环境中相对自主地发展了自己的经济和文化模式,但是由于明清时期有一种绝对主义国家的发展倾向,加强了对基层社会的监控,于是泉州因这种政治压制而没落了,同时作为对帝国正统向下延伸的反抗,出现了"海盗"与"走私"活动。到了近代,泉州全面地让位于半殖民主义的通商口岸厦门。此书将泉州港的衰落等同于泉州的衰落,它的出发点与主要论据是泉州城市史和泉州港史,却将得出的结论加之于整个泉州,因此产生了许多疑问。书中将"海盗"与"走私"这些"反抗行为"一带而过,也无法解释泉州如何在19世纪后期迅速发展为侨乡社会;书中以泉州人口在明以后增加缓慢,道光到民国之间晋江人口甚至出现衰退,泉州城在新中国成立前人口只剩下19万多②等来作为明清帝国成功打击

---

① 杜赞奇在《从民族国家拯救历史——民族主义话语与中国现代史研究》(王宪明译,北京:社会科学文献出版社,2003年)一书中指出了这种历史叙述方式的不恰当之处和它对20世纪以来中国历史写作的深刻影响。

② 与之形成鲜明对比的是南宋文献《舆地纪胜》描述泉州城盛况:"泉州城内画舫八十,生齿无虑五十万。"王象之:《舆地纪胜》卷130,清影宋钞本,第26页a面。

了泉州海洋传统、导致泉州衰落的人口史证据。①

笔者认为,就整个泉州湾地区而言,王铭铭的研究结论是不能成立的。第一,明清时期泉州港的主港后渚港(即宋元刺桐港)和泉州城虽然趋于衰落,但泉州湾地区的其他港市,如明代的安海港和清代闽台对渡的蚶江口,曾经相当繁荣;第二,泉州城的人口是减少了,但是整个泉州湾地区的人口真的减少了吗?到1911年,估计海外泉籍华侨总数已超过80万人,海外移民相当于本地人口的80%,②留守侨乡的多是老人和妇女儿童,而且海外移民的数字还不包括清中期以后到台湾的泉州人,③王铭铭显然并没有考虑到他们的存在。

"边界"一词,一般可以理解为行政区划。在通史、地方史等历史著述中,一般都将叙述的范围以现代所定的行政边界做了限定。在安东尼·吉登斯提出的"绝对主义国家"概念里,边界是现代民族—国家的特有产物,在绝对主义国家时期开始发育成型,欧洲国家的现代边界就是在绝对主义国家时期奠定的。④ 由于学者们往往被行政意义上的边界概念所束缚,通史用整个国家的历史变迁替代了地方,王铭铭用泉州城的变迁替代了泉州,所以都无法对泉州与海外世界的历史联系做出合理的解释。一方面,既然泉州拥有海内海外的两部分成员,那就不能只从本地解释泉州的历史变迁;另一方面,研究泉州历史的出发点必须放到整个泉州湾,这是刺桐港兴起的基础,也是泉州海外传统最深厚的地方。因此,我们的核心问题所在,就是明清时期泉州湾地域社会的历史变迁。

现有通史体系的一大问题,就是往往以制度史代替社会史,以国家能够将意图完全贯彻到地方的假定为讨论的前提。如果不去研究地方历史的真实发展过程,通史的解释不过是空中楼阁。因此,区域社会史研究的意义在于从地

---

① 王铭铭:《逝去的繁荣:一座老城的历史人类学考察》,杭州:浙江人民出版社,2002年,第34~36页。
② 泉州市《华侨志》编纂委员会编:《泉州市华侨志》,北京:中国社会出版社,1996年。
③ 台湾目前有大约44%的居民祖籍泉州。
④ 安东尼·吉登斯(Anthony Giddens):《民族国家与暴力》,胡宗泽、赵力涛译,北京:三联书店,1998年,第四章"绝对主义国家与民族—国家"。

方历史变迁出发，了解国家的统治意图与地方的真实状况之间到底有多大的落差。本书不仅希望能从泉州史的角度去看国家与社会的关系，也希望通过泉州人的海外拓展活动，从世界史的角度来看待中国史，以此说明泉州的海岸线并未因明清国家控制而封闭，这个社会的边界是流动的。

第二节　学术史回顾

本书的研究领域，主要涉及"国家"与"社会"理论、区域社会史研究和泉州地方史及华侨史研究，在此试对相关学术史略做回顾和评述。

一、关于"国家"与"社会"的理论问题

国家与社会的关系是当代政治学、法学、社会学、文化人类学乃至整个社会理论界的中心议题之一，并由此构成了自由主义与保守主义、新自由主义与社群主义等不同派别之间的广泛论争。在区域社会史的研究中，国家与地方社会的关系素来是争论的重点，这个问题亦与本书所要讨论的泉州地域社会及人民海上活动、侨乡社会等直接相关。

自20世纪90年代初开始，"国家与社会"分析框架所预设的理论前提、核心内容、话语逻辑便开始比较广泛地渗透进中国史研究领域，特别是社会史研究。当时美国的中国学界在经历了规范认识危机论和中国中心论等关于中国研究范式问题的种种争论后，又受到哈贝马斯《公共领域的结构转换》一书的直接启发，围绕中国的市民社会（civil society）、公共领域（public sphere）与国家之间的关系问题进行了新一轮的讨论，试图为中国史研究开拓新的分析理路和解释框架。[①] 随着"市民社会"概念的普及，探究市民社会与国家之间的

---

① 邓京力：《国家与社会分析框架在中国史领域的应用》，《史学月刊》2004年第12期。

关系问题便成为研究的焦点,于是"国家—社会"的模式作为政治经济学的一个分析架构,在学界作为替代极权主义、革命动员与现代化理论的工具而流行开来。这一工具对于建构新的历史解释模式和研究范式,形成新的问题意识很有帮助,区域社会史研究的兴起,就与"国家—社会"的分析框架有关。对于经历了长期单一、宏大叙事的国内中国史研究,"国家—社会"的分析框架显然是一种可资借鉴的角度和方法,它有利于"让社会史研究转向长期为人类学所掌握的微观结构(micro-structures)和小进程(micro-process)的研究",[①]关注每个具有不同特性的小社会,扬弃费正清时期那种专注于"冲击—反应"的中西碰撞的宏大叙事、"官方史"传统,这就推进了区域社会史研究。但是正如杨念群所指出的,"国家—社会"的研究框架的基本主旨,是建构在近代西方市民社会的形成与王权相对抗的历史事实基础上的,与市民社会和公共领域的概念一样,具有相当特殊的历史时效与阶段性内涵[②],它不能不经选择地套用在关于中国社会的研究上。在西方,它从宏观上可分为两大流派,即由洛克开掘的"社会先于、高于国家"的架构和由黑格尔传承的"国家先于、高于社会"的架构,这种将国家和社会分离的理论,反映了近代西方国家和社会权力的分疏以及二者达到某种制衡的过程。因此,在西方语境里,"国家—社会"的分析框架总是与市民社会和公共领域无法分离。此外,黄宗智也指出,"国家—社会"的研究框架预设了国家与社会之间的二元对立,是应该小心对待的[③],针对这个疑虑,黄宗智提出了"第三领域"的概念,这个第三领域处于国家与地方之间,同时国家与地方两者都参与到了第三领域中来。黄宗智认为第三领域的存在推动了中国社会的整合与近代国家政权建设,与西方的"公共领域"不同的是,中国的"第三领域"更强调国家与社会的合作。

---

① 杨念群:《中层理论——东西方思想会通下的中国史研究》,南昌:江西教育出版社,2001年,第106页。
② 杨念群:《中层理论——东西方思想会通下的中国史研究》,南昌:江西教育出版社,2001年,第106页。
③ 黄宗智:《中国的"公共领域"与"市民社会"?——国家与社会间的第三领域》,程农译,邓正来、J.C.亚历山大编:《国家与市民社会——一种社会理论的研究路径》,北京:中央编译出版社,2002年,第420~442页。

第一章
前言

在中国史研究中,"国家—社会"的研究框架被广泛应用于在中国近代史上寻找市民社会和公共领域①。朱英在《关于晚清市民社会研究的思考》及马敏在《官商之间:社会剧变中的近代绅商》②等著作中,都认为中国近世市民社会与国家之间主要是一种良性互动关系,与强调国家与社会二元对立的近代欧洲市民社会模式有着根本区别。在市民社会的研究中,"国家"与"社会"的概念与内涵容易受到西方语境的"社会""公共领域"等概念的制约,但是这种情况几乎被立即扭转了,在历史研究中学者们更倾向于把"社会"理解为民间社会、基层社会的概念,那种力图从地方性知识出发,去理解整个中国史的总体性与地方性之间复杂的运动过程的做法更加被普遍接受。以"国家—社会"的框架为工具来分析中国史的著作在史学界的各个领域中涌现,尤其在区域社会史领域,该框架已经被视为基本的分析工具,不论是市民社会问题、基层社会组织问题、民间信仰问题、宗族问题还是士绅问题都必须探讨国家与社会的关系,因此,在中国传统时代国家与社会之间如何进行互动、渗透与权力争夺,国家对基层的控制力到达什么程度,国家依靠何种力量控制基层等等问题,在区域社会史的研究中往往都会涉及。

"国家—社会"的分析框架与20世纪90年代以来中国史学界的一系列理论深化有关,普及应用的时间较为晚近,但是以中国传统社会"国家"与"地方社会"究竟是何种关系、如何运作而言,史学界的探讨已经持续了一百多年,而讨论的中心问题是,传统上被认为专制、集权、内敛的明清国家是否严格控制了基层社会,国家对基层社会的控制又是如何实现的。

---

① 以"市民社会"和"公共领域"为主题的中国社会史研究成果主要有罗威廉:《汉口:一个中国城市的商业社会(1796—1889)》,鲁西奇、罗杜芳译,北京:中国人民大学出版社,2005年;Mary B. Rankin(玛丽·兰金),*Elite Activism and Political Transformation in China: Zhejiang Province, 1865—1911*(《中国的精英能动主义与政治转型》),Stanford: Stanford University Press,1986;朱英:《转型时期的社会与国家——以近代中国商会为主体的历史透视》,武汉:华中师范大学出版社,1997年;王笛:《晚清长江上游地区公共领域的发展》,《历史研究》1996年第1期等等。

② 朱英:《关于晚清市民社会研究的思考》,《历史研究》1996年第4期;马敏:《官商之间:社会剧变中的近代绅商》,武汉:华中师范大学出版社,2003年。

不少西方哲学家认为东方专制主义在中国有悠久历史,①在此基础上明清时期的封建专制主义发展到极致。卡尔·魏特夫1957年出版的《东方专制主义》,认为中国也属于典型的从治水社会发展而来的专制社会,②整体而言,中央集权的趋势由上而下都是一致的。吉尔伯特·罗兹曼提到:"清朝以前很久,一种理性的官僚制形式就已使所有行政运作整齐划一,取代了地方上的独特做法并彻底排除了地区自治的一切权利(除了对边境地区的少数民族外)。村社自治主义和县级以下的地方权威被彻底摧毁。……在法律和习俗上,社区在处理与地方政府督察机构的关系时,没有什么权利,甚至没有讨价还价的余地。"所以,"在中国历史上,明显的趋势是中央政权机关逐步牺牲外省政权机关的权力、威望和规模,加强中央集权"。③

安东尼·吉登斯关于现代民族—国家的理论,提到了民族—国家与现代性相关的四种制度丛结:高度监控、资本主义企业、工业生产以及巩固对暴力工具的集中化控制,④而在民族—国家的前身——绝对主义国家阶段,能反思性地予以监控的国家体系(reflexively monitored state system)的主要基础得以建立起来。绝对主义国家体系在16—17世纪的欧洲发展并奠定格局,令欧洲撕裂成有确定版图的各个国家,国与国之间的外交在这个新国家体系中才开始出现。绝对主义国家依然是传统国家,依然保有此前的封建秩序的大部分要素,而且它与其继承者——民族—国家体系——的差异也要大于它与封建制度的差异,但随着能反思性地得以监控的国家体系的新的发展,绝对主义也开始启动了使现代世界同先前时代得以区分开来的那些断裂。⑤

---

① 东方专制主义的流行可以追溯到18世纪的法国。廖学盛:《关于东方专制主义》,《世界历史》1980年第1期。
② 卡尔·魏特夫:《东方专制主义——对于极权力量的比较研究》,徐式谷、奚瑞森、邹如山译,北京:中国社会科学出版社,第316页。
③ 吉尔伯特·罗兹曼主编:《中国的现代化》,国家社会科学基金"比较现代化课题组"译,南京:江苏人民出版社,2003年,第54~55页。
④ 安东尼·吉登斯:《民族国家与暴力》,胡宗泽、赵力涛、王铭铭译,北京:三联书店,1998年,第6页。
⑤ 安东尼·吉登斯:《民族国家与暴力》,胡宗泽、赵力涛、王铭铭译,北京:三联书店,1998年,第107~117页。

/ 第一章 /
前 言

  一些学者认为明清国家对基层社会的控制总体上是有效的,而这是绝对主义国家的特征。尽管家族及士绅阶层在国家控制中的反抗作用也得到了他们的承认,但传统中国被认为要一直到19世纪后半叶在内乱、帝国主义入侵的背景下才渐渐失去了对地方的控制。比如萧公权认为清初建立的监督和指导了乡村每一个重要面向的体系在道光朝以后快速崩溃;①孔飞力在《中华帝国晚期的叛乱及其敌人》中也认为当时清政府为了重新强化对地方社会的控制,利用了地方团练一类的准军事组织,却反而令士绅在基层社会军事化中获得了更多的控制地方的权力,从而分离于国家权力之外。② 孔飞力这个关于19世纪后期帝国行政机构分崩瓦解、地方权力旁落到士绅之手,其影响直至20世纪前期的中国行政和社会的观点得到了普遍认同。吉尔伯特·罗兹曼在《中国的现代化》中认为19世纪晚期摆脱了有效的监视并处于日益腐败的中央政权指导之下的地方社会,能够在某些重要方面对形势做出灵活的反应,用地方组织的力量填补了权力真空,中央政府的力量进一步被削弱,居于支配地位的宗族体系将其反社会的自我扩张能力发展到了无法控制的程度,破坏了社会开放的正常局面,尾大不掉的地方统治机构导致了后来的地方主义和军阀主义。所以19世纪下半叶被视为所谓的绝对主义国家的衰落期,"帝国主义和国内统治势力对社会控制的不完整性,必然为这两大势力之外的各种势力留下巨大的生存和发展空间,从而为民间力量的发展创造了前提条件","清末中国出现了权力多元并存的格局",③此后绝对主义国家便向现代民族—国家过渡。

  明清中国省府县的地方政权相对于中央政权来说,的确处于一个愈来愈弱势的地位,这主要是因为在财政制度改变之下,地方政权机关存留的经费不足以支撑日常开支之外的运作。由于在国家政权机关范围内中央集权趋势的

---

  ① 萧公权:《中国乡村——论19世纪的帝国控制》,张皓、张升译,台北:联经出版公司,2014年,第592~593页。
  ② 孔飞力:《中华帝国晚期的叛乱及其敌人:1796—1864年的军事化与社会结构》,谢亮生、杨品泉、谢思炜译,北京:中国社会科学出版社,1990年,第225~230页。
  ③ 王铭铭:《逝去的繁荣:一座老城的历史人类学考察》,杭州:浙江人民出版社,1999年,第268页。

加强,以及里甲、保甲等乡村治理手段的推行,许多学者因此认为明清中国基层控制的能力在加强,这被作为明清海岸线趋向封闭、国家内敛的证据,王铭铭在《逝去的繁荣》中就将之比拟为绝对主义国家对社会监控的强化。①

我们必须看到,与许多西方理论一样,安东尼·吉登斯有关传统国家、绝对主义国家、现代民族—国家的理论同样脱胎于与中国社会结构完全不同的欧洲社会,尽管他部分地考虑了东方国家的情形,②他的传统国家与绝对主义国家的定义与明清中国的现实依然是有差距的。乡村的自治能力及其对国家的反馈100多年来持续被学者注意。马克斯·韦伯认为中华帝国的乡间是宗族势力和乡村自身自治组织的天下。③ 萧公权也提出"地方自治的概念与乡村控制的体系是不相干的,村庄里展现出来的任何地方上自发或社区性的生活,能够受到政府的包容,是因为它可以用来加强控制,没有必要干涉"。④

总而言之,明清中国是否是一个绝对主义国家?传统中国的专制主义是否实现了从上到下的集权?国家是否真的控制了基层社会?都是值得商榷的问题。

二、区域社会史的研究视野

自"国家—社会"的分析模式被大量地引入中国史的研究,这一理论便成为社会史研究的重要分析工具,它使得各种选题分散的基层社会研究具有了

---

① 王铭铭:《逝去的繁荣:一座老城的历史人类学考察》,杭州:浙江人民出版社,1999年。

② 安东尼·吉登斯将非现代的社会际体系划分为四种普通的类型,其一是地方化的部落文化体系;其二是城邦体系;其三为封建国家体系;其四即大型帝国形态占据主导地位的体系,其边陲地带是一些小国或为部落文化栖居地。中国属于第四种帝国体系。见安东尼·吉登斯:《民族国家与暴力》,胡宗泽、赵力涛、王铭铭译,北京:三联书店,1998年,第99~100页。

③ 他认为中国的皇权只限于城墙之内,"一出城墙,皇家行政的威力就一落千丈,无所作为了"。马克斯·韦伯:《儒教与道教》,王容芬译,北京:商务印书馆,1995年,第145页。

④ 萧公权:《中国乡村:论19世纪的帝国控制》,张皓、张升译,台北:联经出版公司,2014年,第7页。

相对统一的理论指向和更为深刻的问题意识及更加广阔、宏观的研究视野,因为关注基层社会与国家的互动关系,既是重新和深入认识传统中国的一个重要突破口——而且是过去被忽略的一个突破口,又是中国社会史研究走向整体史所迈出的重要的一步。①

社会史曾经被当成"剩余的历史",②当法国年鉴学派的治史方法获得普遍认同后,社会史是"整体的历史"的观点遂为人们所广泛接受。新的社会史研究,必须具有总体史的眼光,能够"自下而上"地看待历史,并注意利用其他社会学科的研究成果和研究方法。就中国的历史学界而言,在20世纪30年代的社会史大论战及民国社会调查潮流之后,中国社会史研究沉寂数十年,它的重兴大约是在20世纪80年代,③到90年代,又转向以基层社会为重点的区域社会研究。④ 相对已经遭到了诸多质疑的传统史学的宏大叙事与政治史

---

① 赵世瑜:《小历史与大历史:区域社会史的理念、方法与实践》,北京:三联书店,2007年,第32页。

② 这个传统观点曾经非常有影响力。1944年,英国著名社会史学家G.M.屈威廉在《英国社会史》一书的前言中即明确提出:"撇开政治的人民史就是社会史",就是说,社会史是关于生活方式、闲暇状况和一系列社会活动的历史。社会史并不研究政治制度、军事制度、经济制度和文化制度等,这些国家制度是相应的各类专门史研究的内容。此外,社会史的狭义定义尚有"社会史是普通人日常生活的历史","社会史是历史学同社会科学相结合的历史",注重在历史研究中寻求社会人类学、社会学研究范畴的附本,诸如亚文化、社会流动、群体心理、性别认同;以及"社会史是社会问题的历史"。见乔志强、行龙:《从社会史到区域社会史》,《山西大学学报(哲学社会科学版)》1998年第3期。

③ 杨念群:《地方性知识、地方感与跨区域研究的前景》,《天津社会科学》2004年第6期。

④ 美国学者柯文(Paul Cohen)在其《在中国发现历史》一书中,提及20世纪70年代以来美国中国史研究以中国为中心取向的特征,其中之一便是区域研究。(柯文:《在中国发现历史》,林同奇译,北京:中华书局,1989年,"译者代序",第8~9页。)同时日本的中国史研究中的地域社会研究也兴起了,1981年名古屋大学文学部东洋史学研究室编了题为《地域社会的观点:地域社会及其领导层》的报告书,到1991年又进行了名为《旧中国地域社会的特质》的项目的研究,将"地域社会"作为方法论概念,作为人们的一种生存方式和社会关系网络,试图用地域社会论来超越或整合理解前近代中国社会的几种模式,如宗族论、士绅论、国家论等。(森正夫:《旧中国における地域社会の特质》,《研究成果报告书》,东京:友人社,1994年。)见赵世瑜:《作为方法论的区域社会史研究——兼及12世纪以来的华北社会史研究》,《史学月刊》2004年第8期。

史观来说,区域社会史研究是一种"小历史"。虽然研究的范围不是整个中国国土,但区域社会史研究亦不同于传统的地方史研究,它并不以行政区划作为研究的空间范围,如果区域社会史研究囿于行政区划的空间范围或如传统地方史编写一般,沦为传统通史叙事的缩小版,那实际上是另一种形式的画地为牢。区域社会史研究应该根据需要、根据人们的活动范围,把分析的对象缩小到一个地区,然后全面地注意这个地区的环境、人群、信仰等诸因素,回到历史现场去解读文献,从区域的历史出发去理解大历史,用总体史的眼光以图接近一个真实的庶民的中国而非来自帝王将相传记的、文人诗词画意的想象的中国。

与其说区域社会史研究是历史研究的一种新门类,不如说它是历史研究的一种新方法。正如赵世瑜教授所说,它应该被"理解为一种方法论,因为它的目的并不在于区域或者地方,而在于通史——它体现了一种重写通史的努力",①用具体领域的研究成果去重新思考原来的无差别的通史叙事哪些错了,哪些只是我们的想当然。

从区域社会史的角度来解析中国史研究中"国家"与"社会"关系,尝试重新解释通史的著作已经出现了很多,它们亦无一例外地受到"国家—社会"分析工具的影响。就如何看待国家与地方基层社会的关系而言,主要有士绅、家族、祭祀圈等等几种视角。

晚期中华帝国基层社会的自治方式有许多解释,如日本学者的"明清绅士论"②"水利共同体"③等。中国从费孝通、吴晗等人开始亦以"士绅控制""双轨政治"等来解释秦汉以来的中国乡村基层控制模式,士绅被视为国家与乡村社会之间的中介,由于国家在地方上正式的行政机构不能深入到乡村之中,所

---

① 赵世瑜:《作为方法论的区域社会史研究——兼及12世纪以来的华北社会史研究》,《史学月刊》2004年第8期。另赵世瑜教授在《小历史与大历史——区域社会史的理念、方法与实践》(北京:三联书店,2007年)一书中对区域社会史从理论方法到个案、史学评论都做了梳理和举例。

② 日本学者对明清绅士的研究介绍可参阅郝秉键:《日本史学界的明清"绅士论"》,《清史研究》2004年第4期。

③ 日本学者的水利共同体研究介绍可参阅钞晓鸿:《灌溉、环境与水利共同体——基于清代关中中部的分析》,《中国社会科学》2006年第4期。

以中国的乡村社区是一种"地方民主",是"自由自治的社区"。后来被秦晖以"国权不下县,县下惟宗族,宗族皆自治,自治靠伦理,伦理造乡绅"的二十五字箴言来概括这种认识。① 传统中国确实存在"公"与"私"的两个系统,②基层自治的存在已经被大量研究证实,国家的治理方案从侧重"法治"转向侧重"礼治"。③ 由于唐宋之间从"乡官"到"职役"的变化,基层社会自治空间渐渐扩大,"国权不下县、县下惟宗族"的论断即是由此而来。

士绅理论④一度被视为解决国家与地方关系的法宝,不论是倾向于国家通过士绅控制基层社会还是倾向于士绅以控制基层与国家抗衡,事实上都过分强调了士绅模式的普遍性。士绅模式并非每个地方社会的绝对真理,华南

---

① 秦晖:《传统中华帝国的乡村基层控制:汉唐间的乡村组织》,黄宗智主编:《中国乡村研究》第一辑,北京:商务印书馆,2003年,第1~31页。

② 傅衣凌先生以"公"与"私"两个系统来描述中国封建社会中公权力与自治权的长期并存,并认为"公"与"私"两个系统在多元的中国封建社会结构中长期并存、合作、妥协,是中国封建社会长期稳定的重要原因。参见傅衣凌:《中国传统社会:多元的结构》,《中国社会经济史研究》1988年第3期。

③ 王亚南指出:"在中国,一般的社会秩序,不是靠法来维持,而是靠宗法、靠纲常、靠下层对上层的绝对服从来维持;于是,'人治'与'礼治'便被宣扬来代替'法治'。"见氏著:《中国官僚政治研究》,北京:中国社会科学出版社,1981年,第4243页。费孝通亦认为"乡土社会是个'无法'的社会……是'礼治'的社会"。见氏著:《乡土中国·生育制度》,北京:北京大学出版社,1998年,第49页。董建辉主张"农村社区社会治理的一般特征可归纳为'以礼治为主,礼法兼治'",见氏著:《传统农村社区社会治理的历史思考》,《中国社会经济史研究》2002年第4期。

④ 西方世界从16、17世纪开始就注意到中国绅士阶层的存在,到18世纪,法国启蒙运动的几位思想家都有关于中国科举和中国绅士的论述。由于士绅在晚期中华帝国传统社会结构中的作用日益受到重视,自20世纪40年代以来,中、美、日等国学者都曾对士绅阶层做过大量研究。这些研究大多赞成士绅控制论,一般认为中国绅士们承担着非常重要的社会职责,是政府和百姓之间的中介人,最重要的是,他们控制了乡村社会。士绅们以保护家乡百姓的福利和利益为己任,在政府官员面前,他们代表了本地的利益,并且承担了诸如公益活动、排解纠纷、兴修公共工程,有时还有组织团练和征税等许多事务。士绅还是国家正统意识形态和官方消息的传播人,他们影响了公共舆论。

宗族的研究成果证实了在闽粤地方社会起主导作用的是宗族,①士绅的活动受到宗族的限制。

家族是另一个常见的视角。在福建的区域社会史研究中,家族、宗族问题所处的地位超然,宗族是福建的汉族人群首要的组织形式,最早的一批宗族问题研究者如林耀华的义序宗族村落个案研究,围绕的就是福建传统乡村社会的宗族形态、宗族组织等问题,而且给弗里德曼的中国宗族论述提供了重要资料来源。由于弗里德曼的论述多取材于福建地区的宗族调研资料,因此他归纳出来的中国宗族的特征在相当程度上反映的是福建地区的情况,他在国际汉学界开创的这种汉学人类学的"范式",启发了很多的后继者,其影响一直延续至今。傅衣凌则是从社会经济史的研究出发,指出乡族组织在地方社会与

---

① 人类学家葛学溥(Daniel Harrision Kulp,又译为库珀),在1920年代的著作《华南的农村生活——家族主义社会学》(周大鸣译,北京:知识产权出版社,2012年)最早分析了华南的家族。林耀华的《义序的宗族研究》(1935年硕士学位论文,北京:三联书店,2000年中文版)与《金翼》(1948年英文版,北京:三联书店,2000年中文版)奠定了国内人类学家关注家族问题的基础,他们一般以功能分析方法来进行研究。厦门大学的傅衣凌先生注意到了乡族组织对乡村社会的深刻影响,因此提出了"乡族理论",把宗族作为地域社会结构的一部分看待(傅衣凌:《明清农村社会经济》,北京:三联书店,1961年;《明清社会经济史论文集》,北京:人民出版社,1982年;《明清社会经济变迁论》,北京:人民出版社,1989年)。林耀华等人的研究对20世纪60年代弗里德曼的《中国东南的宗族组织》(刘晓春译,上海:上海人民出版社,2000年)和《中国宗族与社会:福建和广东》(Chinese Lineage and Society, London: The Athlone Press, 1966)的宗族理论有重大影响,他的理论被称为"弗里德曼模式"。进入80年代,明清宗族研究开始蓬勃发展,研究成果主要集中于宗族发展较为完备、民间文献资料较齐全的徽州等华东地区以及闽粤等华南地区。如科大卫的 The Structure of Chinese Rural Society: Lineage and Village in the Eastern New Territories, Hong Kong (Orford University Press, 1986)、《明清珠江三角洲家族制度的初步研究》(《清史研究通讯》1988年第1期)、《祠堂与家庙——从宋末到明中叶宗族礼仪的演变》(《历史人类学学刊》2003年第1卷第2期),科大卫、刘志伟合著的《宗族与地方社会的国家认同——明清华南地区宗族发展的意识形态基础》(《历史研究》2000年第3期),刘志伟的《祖先谱系的重构及其意义》(《中国社会经济史研究》1992年第4期)、《附会、传说与历史事实——珠江三角洲族谱中宗族历史的叙事结构及其意义》(上海图书馆编:《中国族谱研究》,上海:上海古籍出版社,1999年),以及日本学者井上徹的《宗族的形成和构造》[《西南民族学院学报(哲学社会科学版)》1990年第3期]都言及深入基层社会这个过程在广东是如何开展的。

国家之间具有极其重要的地位,他认为传统中国农村社会的所有实体性与非实体性的组织都可视为乡族组织,每一个社会成员都在乡族网络的控制之中,并且只有在这一网络中才能确定自己的社会身份和社会地位,国家政权对社会的控制实际上就是"公""私"两大系统互相冲突又互相利用的互动过程,并总结出由社会控制体系的多元、经济形态的多元、法权的多元以及文化思想的多元等构成的中国传统社会的"多元结构"。① 陈支平所著《近500年来福建的家族社会与文化》②与《福建族谱》③两本著作则是广泛讨论了家族问题的各个层面,特别是以往学者较少涉及的家族文化与族谱是如何纂修的,包括福建族谱修纂的历史演变、种类与格式、修纂与管理、家法族规、族谱的装饰炫耀、祖先的寻觅与塑造、渊源的追溯与合流、异姓的联系与合谱、神明的崇拜与创造、客家族谱、少数民族族谱等问题。郑振满的《明清时期福建家族组织与社会变迁》一书,认为家族组织的发展是宋以后士大夫重建基层秩序的实践的一部分,在家族组织的发展背后,是数百年来宗法伦理庶民化、基层社会自治化和财产关系公有化的明清时期社会转型趋势。④ 家族组织的发展,利用的是士大夫从国家文化中枢得来的文化资源,这个资源在利用的过程中可能会发生一些变形,但是通过以宗法伦理、宗法制度来整合基层社会后,唐代尚属边陲百越之地的福建在宋至明就渐渐地在基层社会普及了国家认同、正统文化认同。关于明清时期宗族的研究,曾经把作为宗族建立基础的血缘家族视为理所当然,故而集中精力于研究它的结构及功能。但是现在研究者们发现,宗族亦可能只是一种虚拟的符号,一种被民间利用的社会组织形式,血缘与宗法伦理在这当中并非必须。

---

① 傅衣凌:《中国传统社会:多元的结构》,《中国社会经济史研究》1988年第3期。
② 陈支平:《近500年来福建的家族与文化》,北京:三联书店,1991年。
③ 陈支平:《福建族谱》,福州:福建人民出版社,1996年。
④ 郑振满:《明清福建家族组织与社会变迁》,长沙:湖南教育出版社,1992年。

民间信仰祭祀组织也是一种常见的基层社会组织方式,[①]即便是不同姓氏的村社之间亦有可能会因神庙祭祀圈的存在而结成联盟。民间信仰问题在20世纪20、30年代已经引起众多学者的关注,[②]新中国成立后由于民间信仰被视为封建迷信,大部分信仰活动都被迫暂停,对于它的研究也停止了。进入1980年代,许多地区的民间信仰活动复苏,社会史学界亦重新尝试了解民间信仰对于历史变迁、社会结构的意义,研究民间信仰是了解中国传统社会运作方式、进行区域社会史研究的重要途径的观点已经获得了广泛认同。杜赞奇(Prasenjit Duara)在研究中国华北农村的《文化、权力与国家》一书中提出了"权力的文化网络"概念,认为民间信仰是国家政权深入乡村的重要途径和方式之一。从民间信仰的角度,可以观察国家与地方社会的关系,[③]亦能了解基层社会社区内部的组织方式和组织结构、人群之间的关系、市场如何运作等等。基层社会不同村落、人群、社区间往往会由于一个或几个共同的民间信仰的存在而形成一些神庙祭祀组织或是形成祭祀圈。祭祀圈这一概念最先是由

[①] 关于民间信仰的性质,主要有两种观点,一种认为中国古代在释、道、儒之外存在着第四种宗教,即民间宗教,民间宗教包括两个方面,一是教派信仰的宗教,如白莲教、一贯道等;二是流传于民间的为普通民众所共同崇信和奉行的宗教戒律、仪式、境界及其多种信仰。第二种观点强调中国民众信仰行为的宗教体系性及草根性(即非文本性,指没有成系统的宗教文本),认为它独立地存在为一种"民间宗教"(Popular Religion),其内容主要包括:(1)神、祖先、鬼的信仰;(2)庙祭、年度祭祀和生命周期的仪式;(3)血缘性的家族和地域性庙宇的仪式组织;(4)世界观和宇宙观的象征体系。见王健:《近年来民间信仰问题研究的回顾与思考:社会史角度的考察》,《史学月刊》2005年第1期。

[②] 如顾颉刚先生曾于20年代运用人类学、民俗学的方法,对北京妙峰山香会、东岳庙,福建泉州的铺境,广东东莞的城隍庙等做过初步的研究。

[③] 这方面的论著如陈春声教授对广东樟林三山国王与双忠公信仰的研究(陈春声:《正统性、地方性与文化的创制——潮州民间神信仰的象征与历史意义》,《史学月刊》2000年第1期)、赵世瑜教授关于明清北京城内碧霞元君与东岳神崇拜的研究[赵世瑜:《国家正祀与民间信仰的互动——以明清京师的"顶"与东岳庙为个案》,《北京师范大学学报(哲学社会科学版)》1998年第6期;赵世瑜、杜正贞:《太阳生日:东南沿海地区对崇祯之死的历史记忆》,《北京师范大学学报(哲学社会科学版)》1999年第6期]等。

第一章
前言

日本学者冈田谦提出的,在台湾汉人社会的研究中得到发展①,一般认为"祭祀圈"是特定地域范围内的公众祭祀组织,因而可以定义为以神明崇拜为标志的地域性社会组织。郑振满的《神庙祭典与社区发展模式——莆田江口平原的例证》,②扩展了祭祀圈的研究视野,③指出"以祭祀圈为标志的地域组织并不是台湾移民社会的特殊历史产物,而是中国传统社会的普遍现象"。江口平原的基层社会组织首先因平原水利的修筑开发而来,在水利开发过程中形成了一些公共水利组织,在明代里社的演变中,各村落又形成了自己的村庙,形成了多层次的祭典组织,而社区的权力中心,就是整个水利工程范围居民共同信奉的中心庙宇。

此外,赵世瑜的《市镇权力关系与江南社会变迁——以近世浙江湖州双林镇为例》讨论了工商业发达又无县级官衙驻镇的市镇的强大自治力量是如何实现和运作的,④工商业的发展在地方自治中打破了旧的、以宗族势力为主的权力格局,在双林镇这样的市镇,宗族、士绅与外来的商人和雇工等势力逐渐磨合成一种混合型的自我管理体制。关于近世公共领域的讨论将之进一步论证为19世纪国家控制力衰落后地方自治力量的上升。以郑振满和刘志伟等学者为代表的观点,认为不论从国家制度的变迁还是地方社会的嬗变来说,在

---

① 如许嘉明:《彰化平原福佬客的地域组织》,《"中央研究院"民族学研究所集刊》第36期,1975年;施振民:《祭祀圈与社会组织——彰化平原聚落发展模式的探讨》,《"中央研究院"民族学研究所集刊》第36期,1975年;林美容:《由祭祀圈到信仰圈——台湾民间社会的地域构成与发展》,《中国海洋发展史论文集》第3辑,台北:"中央研究院"三民主义研究所,1988年;等等。

② 郑振满:《神庙祭典与社区发展模式——莆田江口平原的例证》,《史林》1995年第1期。

③ 大陆学者关于祭祀圈的研究拓展还有:陈春声:《信仰空间与社区历史的演变——以樟林的神庙系统为例》,《清史研究》1992年第3期;刘志伟:《大洲岛的神庙与社区体系》,郑振满、陈春声编:《民间信仰与社会空间》,福州:福建人民出版社,2003年;钱杭:《忠义传说、祭祀圈与祭祀组织——浙江省平阳县腾蛟镇薛氏忠训庙的历史与现实》,《史林》2002年第2期;等等。从这些研究可知,祭祀圈里血缘与地缘的因素交错重叠,祭祀组织的生成原则,就是使该地区通过自我调适从而形成同生共存的社会秩序。

④ 赵世瑜:《市镇权力关系与江南社会变迁——以近世浙江湖州双林镇为例》,《近代史研究》2003年第2期。

明清历史发展中都已有一种普遍的地方自治化倾向。

地方在与国家的不断对话中形成了这些基层社会组织方式，它们实际上是为了实现自我控制而存在的，本书关于泉州沿海平原的研究也发现了同样的地方自治化过程，这种自治化倾向对区域社会的社会组织方式有直接影响，然后这种影响又扩散到社会生活的方方面面，包括商业组织的运作。本书将从泉州沿海地方社会的历史变迁出发，理顺这块滨海荒土发展为近代侨乡的历史过程，来寻觅地方社会的内在的发展机制，证明在自然条件、生计模式和土著文化积淀的前提下，地方社会与国家制度相互作用，最终令泉州这个衰落的中古世纪国际港市在海岸线被控制的明清时期成功蜕变为海外拓展活动重镇和重点侨乡。

三、泉州地方史及相关华侨史的研究

作为历史文化名城，泉州地方史的研究颇为兴盛，出版的资料汇编方面除了从20世纪50年代开始编辑的各县市区的文史资料系列外，尚有《泉州工商史料》六辑、[1]《晋江文化丛书》三辑、[2]《晋江工商史料》一辑[3]以及泉州地方史界大家陈泗东遗著合集《幸园笔耕录》[4]、庄为玑主编《泉州谱牒华侨史料与研究》[5]等等为数众多的资料集。由于泉州曾经是宋元时世界首屈一指的大商港，多种文化交汇于城中，因此有关泉州海外交通史的研究成果十分丰富，早在20世纪上半叶，日本学术界就出现了相关研究，如藤田丰八所著的《宋代之市舶司与市舶条例》[6]和桑原骘藏的《蒲寿庚考》。[7] 20世纪80年代初出版的

---

[1] 中国民主建国会泉州市委员会、泉州市工商业联合会编：《泉州工商史料》第1~6辑，内部资料，1983—1986年。
[2] 分别由厦门大学出版社于1998年、2002年、2004年出版。
[3] 中国民主建国会晋江县委员会、晋江县工商业联合会、政协晋江县委员会文史资料工作组合编：《晋江工商史料》第1辑，内部资料，1984年。
[4] 陈泗东：《幸园笔耕录》，厦门：鹭江出版社，2003年。
[5] 庄为玑等主编：《泉州谱牒华侨史料与研究》，北京：中国华侨出版社，1994年。
[6] 藤田丰八：《宋代之市舶司与市舶条例》，太原：山西人民出版社，2015年。
[7] 桑原骘藏：《蒲寿庚考》，陈裕菁译，北京：中华书局，1954年。

《泉州文史》系列刊物,除刊登泉州地方古史钩沉的文章外,多数是有关泉州海外交通史的文章;泉州海外交通史博物馆成立后出版的学术刊物《海交史研究》,刊载的文章则囊括了许多泉州地方史研究和其他区域海交史研究的成果。海外有台湾学者李东华的《泉州与我国中古的海上交通》、①萧婷(Angela Schottenhammer)编辑的会议论文集《1000—1400年的泉州——世界贸易的大商场》,②以及日本学者土肥祐子的《陈偁和泉州市舶司的设置》等等。③ 这些研究成果基本都围绕宋元时期的泉州港,关注的是海上交往的广度与深度,对与之息息相关的地域社会则鲜少涉猎,少数一些从社会史角度出发的著作关注的重点也依然是宋元时代或是中心港市,如傅宗文罕见地大量讨论了泉州土著居民的著作《沧桑刺桐》。④

  关注到泉州地方社会变迁的研究著作,主要有美国学者休·克拉克的《社会、贸易和网络:3—13世纪的闽南》⑤、香港学者苏基朗的《刺桐梦华录:近世前期闽南的市场经济(946—1368)》⑥和王铭铭以历史人类学手法描述泉州城由建城到近代的历史变迁的《逝去的繁荣——一座老城的历史人类学考察》。前二者的注意力依然集中在宋元中心港市鼎盛的前因后果及其影响上,克拉克关心港口迅速成长所带来的商业经济发展对泉州商业腹地的影响——农村人口中从事初级工业的人口大增、食物供应依赖进口,同时这个城市进入了一个涉及中原腹地、东南亚、东北亚甚至印度洋沿岸的广阔商业网络;但是宋末泉州的商业腹地已经遭到破坏,经济腹地的繁荣不可避免地走向衰弱,元代持续的国际商业网络继续源源不断地送来海外商人也不能扭转这一趋势,进入明代,整个闽南都离开了朝廷的政治和文化中心。《刺桐梦华录:近世前期闽

---

① 李东华:《泉州与我国中古的海上交通》,台北:台湾学生书局,1984年。
② Angela Schottenhammer, *The Emporium of the World:Maritime Quanzhou, 1000—1400*, Leiden:Brill, 2001.
③ 土肥祐子:《陈偁和泉州市舶司的设置》,《海交史研究》1988年第1期。
④ 傅宗文:《沧桑刺桐》,厦门:厦门大学出版社,2011年。
⑤ Hugh Clark, *Community, Trade, and Network:Southern Fujian Province from the Third to the Thirteen Centuries*, Cambridge:Cambridge University Press, 1991.
⑥ 苏基朗:《刺桐梦华录:近世前期闽南的市场经济(946—1368)》,李润强译,杭州:浙江大学出版社,2012年。

南的市场经济(946—1368)》则分析了中心港市兴旺背后的地理布局、经济运作及促进经济增长的制度结构,该书受到施坚雅层级市镇空间模式的很大影响,认为泉州是中世纪中国的一个伟大城市中心,承担了远距离贸易和海外贸易的商业中心作用,附近的城镇则处理中心地与周围乡村物品的流通,但是尽管海外贸易中泉州发展了诸多有利的法律、经济制度,元明变革之际的恐怖战争依旧切断了港口与经济腹地之间的商业链条,并再也没有修复。这两本著作为泉州中心港市在明代的衰落提供了较为合理的解释,但是他们或许过分强调了极其易于受到国家海洋政策影响的海外商人的影响,而忽略了中心港市之外的平原村庄在这数个世纪里的真正变迁——因为中心港市的衰落并不意味着整个泉州沿海的衰落——他们所提供的解释很容易与传统通史关于明清封闭性的叙述混淆,更无法为明清之际由闽人主导的南中国海上的某种程度上的"全球化"提供合理性。

王铭铭的著作则是从吉登斯的理论出发,认为元明之交的中国出现了与欧洲绝对主义相类似的变化,明代中国的国家与地方社会关系已经从一个帝国朝廷对于其天下的较为松散的统治形态,转向一个国家强制统治社会的模式。[1] 明朝时期国家与社会关系的这一转变,与在欧洲出现的君主统治形态十分类似,它标志着传统国家开始向"绝对主义国家"(absolutist state)转型。[2] 虽然"明清时期中国的绝对主义国家,只是在有限的意义上类似于欧洲同一时期的国家",但"明清的国家体制在另外一个方面的发展,即国家内部的监控体系,却大大超过了欧洲诸国"[3],王铭铭认为中国行政监控权力的发展相对早熟,明清国家在社会较不安定地区实行严格的军事化保甲制度,宋以后中华帝国对地方社会的控制已经到了"前无古人"的程度,明清时期城乡地区信息控制和厂卫的发展反映了此一时期权威性资源的高度集中。这一变化反

---

[1] 王铭铭在《逝去的繁荣》与《村落视野中的文化与权力——闽台三村五论》二书中,都强调了这一观点。

[2] 王铭铭:《逝去的繁荣:一座老城的历史人类学考察》,杭州:浙江人民出版社,1999年,第94~95页。

[3] 王铭铭:《逝去的繁荣:一座老城的历史人类学考察》,杭州:浙江人民出版社,1999年,第105~106页。

应在泉州社会的历史变迁上,就是从宋元时期应商业贸易要求而生的宽松的人员流动环境和城中松散的社区管理制度、相对薄弱的基层社会控制转向明清时期基层社会的管理得到发展加强,泉州城区被改造成了"铺境"这样的相对封闭的空间。① 所以"泉州在明清时期所遭遇的,是一个相对自由的帝国边陲港城落入国家直接监控和限制的历史过程。这个过程的一个重要方面,就是国家权力的骤然下伸及下伸后的国家权力对地方社会的强制性控制"。②

王铭铭也承认帝国正统符号推广的困难性与基层社会对国家控制的反抗性。因明清两代的财政收入无法支付国家维持社会秩序所需要的财源,政府的财政分配依旧局限在县级以上的单位,在政府试图把一套官方的社会模式推行到县以下的层次时,为了避免财政支出的大幅上升,朝廷把基层社会的大多数事务③留给士绅和乡族势力来承担。于是这导致了介于政府和民众之间的起桥梁作用的士绅的势力在明清两代的骤然膨胀。士绅阶层既可能是社会的向心力,也可能成为离心力,这是政府为实行专制型的全权控制所付出的代价。此外,明清时期政府为营造正统秩序所付出的代价,还有地方社会以配合正统秩序的营造而展开的似是而非的营造运动,官方所称的"淫祠"在民间多有之就是这种营造运动的后果之一。他认为泉州的非法海上活动与"淫祠"泛滥正是反抗性和困难性的体现。

但是《逝去的繁荣》虽然从文化和海防政策上详细论证了明清的监控和内敛,又提出泉州的非法海上活动是对帝国正统象征扩张的反抗,但是却未对这种"抵抗"如何实现给予进一步解释,这导致了他没有为泉州侨乡社会是如何形成的提供解释,而这个问题对泉州地域社会的历史变迁至关重要。于是该书到后面"海上异端回归"的部分时,参与辛亥革命和之后现代化建设的华侨就如同从天上掉下来的。虽然他们中的大多数的确是19世纪中期环境改变

---

① 王铭铭:《逝去的繁荣:一座老城的历史人类学考察》,杭州:浙江人民出版社,1999年,第106~109页。
② 王铭铭:《逝去的繁荣:一座老城的历史人类学考察》,杭州:浙江人民出版社,1999年,第118页。
③ 吉尔伯特·罗兹曼:《中国的现代化》,国家社会科学基金"比较现代化"课题组译,南京:江苏人民出版社,2010年,第85~86页。

以后出境，然而没有海上活动传统的存在，就不可能有东南沿海的大规模契约华工出境，否则无法解释为何从南到北分布的几个通商口岸中只有在闽粤二省出现了契约华工潮。最重要的是，《逝去的繁荣》关于监控、内敛的论证重点依然在于泉州郡城，而同样忽略了郡城之外的广大地域。我们知道，府城与县城是国家控制相对强大的地方，泉州郡城的海洋交往功能在明清被压制，这却不意味着城墙外也必然是同样的情形。

家族组织、民间信仰与华侨、侨乡社会既是近代泉州的社会特性，亦是理解明清以来泉州地域社会的几把钥匙。闽人在近几个世纪的全球性大航海时代中所进行的海外拓展活动使其沿海地域社会拥有了大批的华侨，进而形成侨乡社会。侨乡社会[①]的出现晚于华侨，它必须在19世纪末华侨获得清政府承认其合法性后才能形成，华侨取得合法身份后，才能正式地无所顾忌地对故乡施加影响。华侨是近代泉州地方社会极其重要的组成部分，他们取代了旧式绅士，既是泉州城厢近代地方政治的中心力量，又依托宗族组织、祭祀圈组织插手了乡村社会几乎所有的近代变迁。

华侨研究最早可以追溯至19世纪末20世纪初。1905年，梁启超在《新民丛报》第63期上发表了《中国殖民八大伟人传》（该文后以单行本形式出版），提出了"华侨殖民论"，可说是中国华侨研究的开端。1910年发表于东京《民报》的《南洋华侨史略》[②]是另一部华侨研究的开山之作，填补了华侨史的空白。1910—1940年间，由于辛亥革命得到了华侨的大力襄赞，华侨问题受到更多关注，因此中国华侨研究进入一个充分发展的时期，出现了多种有关华

---

① "侨乡"这个词以书面的形式出现，最早可追溯至1948年左右，1937年社会学家陈达写成《南洋华侨与闽粤社会》时，他所使用的称谓是"华侨社区"。1948年福建省研究院社会科学研究所政治组拟对泉州、永春两地进行调查，使用的称谓是"侨眷社区"。参见赵灿鹏：《"目光向外"：中国现代华侨研究的一个倾向暨"侨乡"称谓的考察》，《华侨华人历史研究》2008年第1期。

② 羲皇正胤：《南洋华侨史略》，（东京）《民报》，1910年，第25~26号。

侨的学术研究杂志①，同时还有几种综括性的华侨研究著作。② 这些杂志与著作关于国内的部分主要集中在华侨与革命、国内投资、侨汇等几个问题，罕见有论述华侨与家乡社会经济生活关系的问题。1942年，国民政府侨务委员会设立侨务问题研究室，研讨范围包括各国侨民法令，侨民经济、文化、教育等事业，侨民团体及其他社会生活，侨民移殖历史与侨务实况等。华侨与泉州侨乡密不可分，因此华侨与侨乡的关系、对侨乡的影响是关注的重点。

20世纪二三十年代曾有过一场民国社会调查的高峰，1937年社会学家陈达以在厦漳泉和潮汕地区进行社会调查的所得，写成《南洋华侨与闽粤社会》一书，是为华侨与侨乡社会研究史上的扛鼎之作。陈达利用社会学的方法，对闽粤侨乡的地理环境、人口、经济结构、文化传统、宗教信仰、移民传统、华侨在国内外的衣食住行娱乐等生活状况、华侨的经济状况、华侨的教育状况、华侨投资实业的状况等等方面进行了全方位的考察，他尤其关注的是华侨对家乡近代化的影响。因为"自中西交通以来，我国社会变迁的主要途径有三：(1)属于政体改革者如立宪运动及民国革命等。(2)属于物质建设者如机械的运用，制造的提倡，邮电铁路的建设等。(3)属于思想的解放及社会改良者如设学校，派留学生，立医院等。这些新事业在我国各地随时相机进行，内中有些特别在闽粤两省开始，或在闽粤特别有些成绩，因此我们特别注意闽粤的社会变迁，以明其在我国整个社会的变化之中，所占的地位"。③

---

① 如《南洋群岛商业研究会杂志》(东京：南洋群岛商业研究会，1910—1911年)、《华侨杂志》(上海：上海华侨联合会，1913—1914年)、《中国与南洋》(南京：国立暨南学校，1918—1922年)、《侨务》旬刊(北京：侨务旬刊社，1921—1925年)、《南洋研究》(上海：国立暨南大学南洋文化事业部，1928—1944年)、《南洋情报》(上海：国立暨南大学南洋文化事业部，1932—1933年)、《中南情报》(上海：国立暨南大学南洋文化事业部，1934—1935年)、《南洋学报》(新嘉坡：中国南洋学会，1940—1948年)、《新南洋》季刊(重庆：南洋研究所，1943—1944年)及《南洋杂志》(新嘉坡：南洋杂志社、南洋编译所，1946—1948年)等，这时学界的研究对象侧重于海外侨情方面，包括"华侨移殖的环境及动机，华侨的分布及现势，华侨与祖国的政治、经济和社会的关系等等"，较少关注侨乡的社会经济生活方面。

② 比如李长傅编《华侨》(上海：中华书局，1929年)，何汉文著《华侨概况》(上海：神州国光社，1931年)，涂开舆著《华侨》(上海：商务印书馆，1934年)，刘士木、徐之圭主编《华侨》(上海：中华书局，1935年)及丘汉平撰述《华侨问题》(上海：商务印书馆，1936年)等。

③ 陈达：《南洋华侨与闽粤社会》，上海：商务印书馆，1938年，第31页。

新中国成立后,对福建侨乡又有几次调查,包括1950年福建省农民协会在晋江等地侨乡进行农村调查;1956年厦门大学章振乾等先生组织调查小组,调查访问晋江、厦门侨乡,次年发表了名为《福建主要侨区农村经济探论——侨区农村调查之一》的调查报告。1956年厦门大学南洋研究所成立,后又有中山大学历史系的东南亚研究室和暨南大学的东南亚研究所,开展华侨华人的历史和现状的专门研究。[①] 70年代到80年代,一些机构还出版了部分华侨资料的汇编,[②]对华侨华人研究极有帮助。而关于近代华侨与闽粤侨乡的专著,主要还有林金枝主编的《华侨华人与中国革命和建设》,[③]杨国桢的《明清中国与海外移民》,[④]孙谦的《清代华侨与闽粤社会变迁》,[⑤]美国学者柯慕贤(James Alexander Cook)的"Bridges to Modernity: Xiamen, Overseas Chinese and Southeast Coastal Modernization, 1843—1937",[⑥]郑一省的《多重网络的渗透与扩张——海外华侨华人与闽粤侨乡互动关系研究》等,[⑦]刘朝晖的《超越乡土社会:一个侨乡的历史、文化与社会结构》,[⑧]李明欢主编的《福

[①] 厦门大学南洋研究所的庄为玑、林金枝等学者,在50年代末对闽粤两省的华侨投资进行了实地调查,整理了《近代华侨投资国内企业史资料选辑》的福建卷、广东卷和上海卷,福建卷1986年由福建人民出版社出版。

[②] 陈翰笙等编:《华工出国史料汇编》,北京:中华书局,1980—1985年;福建省档案馆编:《福建华侨档案史料(1912—1949年)》,北京:中华书局,1990年。此外还有地方有关部门编撰的《泉州侨批业史料》(中国银行泉州分行行史编纂委员会编,厦门:厦门大学出版社,1994年),《闽南侨批史记述》(中国银行泉州分行行史编委会编,厦门:厦门大学出版社,1996年),《泉州华侨史料》(泉州侨联、泉州市侨办编,内部资料,1984年),《泉州侨批故事》(泉州市档案馆、晋江市档案馆编,北京:九州出版社,2016年)等等。

[③] 林金枝:《华侨华人与中国革命和建设》,福州:福建人民出版社,1993年。

[④] 杨国桢:《明清中国与海外移民》,北京:高等教育出版社,1997年。

[⑤] 孙谦:《清代华侨与闽粤社会变迁》,厦门:厦门大学出版社,1999年。

[⑥] James Alexander Cook, *Bridges to Modernity: Xiamen, Overseas Chinese and Southeast Coastal Modernization, 1843—1937*, San Diego: Ph.D thesis of University of California, 1998.

[⑦] 郑一省:《多重网络的渗透与扩张——海外华侨华人与闽粤侨乡互动关系研究》,北京:世界知识出版社,2006年。

[⑧] 刘朝晖:《超越乡土社会:一个侨乡的历史、文化与社会结构》,北京:民族出版社,2005年。

建侨乡调查:侨乡认同、侨乡网络与侨乡文化》①以及戴一峰的文章《闽南华侨与近代厦门城市经济的发展》、②加拿大学者宋怡明的文章《黄秀烺墓志:20世纪初期的华侨、侨乡与中国近代化》,③都关注华侨华人与闽粤侨乡之间的关系,尤其是侨乡近代化发展的研究。又有蔡苏龙的《侨乡社会转型与华侨华人的推动:以泉州为中心的历史考察》一书,④正是以近代到当代的泉州侨乡地区作为个案,以求剖析侨乡社会现代化进程和社会转型。

关于泉州华侨问题的研究著作,还有陈东有的《略论早期泉州海外华商深厚的回报》;⑤庄为玑、叶国庆的福建地方史研究⑥和陈碧笙、韩振华的福建华侨史、闽台关系史及海外贸易史研究;⑦杨国桢的民间契约研究、海洋社会经济史研究等也多有涉及。⑧

一般观点认为海外华侨由于身处海外,对近代西方的资本主义经济、政治、文化各方面都有较早较多的接触,因此侨乡通过华侨的中介,应该更早更好地接触西方文化,在中国近代化进程中开风气之先。陈达在《南洋华侨与闽粤社会》一书中主要持与至今主流一致的观点,如上面所列的论著,还有施雪琴的文章《华侨与侨乡政治:20世纪二三十年代菲律宾闽侨与救乡运动研究》。⑨

---

① 李明欢:《福建侨乡调查:侨乡认同、侨乡网络与侨乡文化》,厦门:厦门大学出版社,2006年。
② 戴一峰:《闽南华侨与近代厦门城市经济的发展》,《华侨华人历史研究》1994年第2期。
③ 宋怡明:《黄秀烺墓志:20世纪初期的华侨、侨乡与中国近代化》,《海交史研究》2003年第1期。
④ 蔡苏龙:《侨乡社会转型与华侨华人的推动:以泉州为中心的历史考察》,天津:天津古籍出版社,2006年。
⑤ 陈东有:《略论早期泉州海外华商深厚的回报》,《华侨华人历史研究》1997年第3期。
⑥ 庄为玑:《海上集》,厦门:厦门大学出版社,1996年;叶国庆:《笔耕集》,厦门:厦门大学出版社,1997年。
⑦ 陈碧笙:《台湾地方史》,北京:中国社会科学出版社,1982年;韩振华:《中国与东南亚关系史研究》,南宁:广西人民出版社,1992年。
⑧ 杨国桢:《明清土地契约文书研究》,北京:人民出版社,1988年;《闽在海中:追寻福建海洋发展史》,南昌:江西高校出版社,1998年。
⑨ 施雪琴:《华侨与侨乡政治:20世纪二三十年代菲律宾闽侨与救乡运动研究》,《华侨华人历史研究》1999年第2期。

然而以华侨出现之早,闽人在明清时代的海外拓展之深广,假定资本主义萌芽这个命题成立的话,为何所谓的资本主义萌芽不是产生于最先与西方产生交集的闽粤,而是江南?为何闽人在东南亚几百年的活动里仰仗的社会网络处处可寻的却是福建沿海地域社会组织方式的痕迹?本书的讨论或许可以给这个问题提供一些启示。

第三节 结构与资料

  法国年鉴学派的史学大师费尔南·布罗代尔将历史过程分为三个层面:第一个层面是长时段的历史,代表一种几乎静止的历史——人同他周围环境的关系史,这是一种缓慢演变、经常出现反复和不断重新开始的周期性历史。第二个层面是中时段的历史,虽然它步调不快,但不同于长时段的静止的历史,经济贸易的发展、国家制度的改变、战争技术的发展都属于这个范畴。第三个层面是短时段的历史,它不是人类规模的历史,而是个人规模的历史,是事件史,短促迅速而动荡。① 三个层面的历史结合起来,就是总体史,这是社会史研究所应达成的目标。

  为了尽可能全面地反映宋元以来泉州湾地域社会的历史变迁,本书第二章拟首先考察早期泉州湾的自然环境、生态条件和人口状况。对于活动于其中的社会和人而言,自然环境几乎是不变的先决条件。泉州沿海地区在自然环境上的特点就是多山地丘陵而少平原,土地贫瘠而海岸线漫长,这决定了本地所能容纳的人口有限,而人口从整个历史时期来看又总是在增长的。与此同时,北上通往帝国腹地的路线需翻越崇山峻岭,反而不若海上航行方便,因此本地社会的生计模式必然与海洋有关,向海洋发展比向内陆发展更加便利。自然环境决定了生存于此的闽越先民、疍民等人群擅长舟楫、以海为生的生存

---

① 费尔南·布罗代尔:《菲利普二世时代的地中海和地中海世界》第一卷,唐家龙、曾培耿等译,北京:商务印书馆,1996年,第一版序言,第8~10页。

方式,这种海洋生活的传统对泉州港口在宋元的鼎盛及本地社会明清时期私人海上活动的兴盛都有重大影响。土著居民与外来农业移民一起构成了本地社会的主体人群,他们在唐宋时期修建了大量水利工程,令泉州平原得以开发,并将泉州港推至鼎盛。宋元时期泉州港市的兴旺发达,可以说是这个地区海外拓展历程的第一步。

明清时期的里甲户籍制度、治安与教化制度、海防制度与海洋政策等各种制度,都是针对基层社会和海岸线的控制手段。华侨的出洋在微观层面上虽然是一种个人行为,但正是在国家与地方社会的互动中,演变成了泉州沿海地域社会的群体性行为。第三章分析这些控制手段在地方具体施行时是如何变异,甚至为地方社会所利用的,目的在于说明明初那些所谓向绝对主义国家转型的制度并没有达到国家想要实现的效果。早在19世纪国家控制力被公认大大衰落之前,这个过程就已经开始了。

在国家试图控制地方的过程中,地域社会突破了国家的控制和社区的边界,开始进行有组织的海外拓展活动。明清时期生活在泉州湾沿海的人群,不论他们原本是农民、渔民、阿拉伯移民还是外地来此戍守海疆的军人,都经历了同样的历史过程。因此,第四章的主要内容是论述各类居民如何在泉州湾定居立足,如何构建家族组织和形成地域联盟。

在东西方交汇的大航海时代,泉州湾的居民们突破了明清国家的海上防线,依托以家族为主体的地域社会进行各种海外拓展活动。第五章具体考察明中叶以后泉州湾的私人海上贸易与海外移民,探讨海外拓展活动的组织形式,揭示地方社会在国家压制下的运行机制。

经历了长达数百年的海外拓展活动,泉州湾地区终于在19世纪末转变为侨乡社会。与此同时,从19世纪末开始的现代国家政权建设,令国家控制以前所未有的深度和广度全面向基层社会延伸,侨乡的现代化建设就是在这样的历史环境中进行的。第六章的主要内容,在于说明海外拓展活动全面影响了近代以来泉州社会的发展,直接导致了现代泉州区域特性的形成。

本书将大量使用属于泉州湾沿海地区的方志、文集、碑刻、族谱等地方历史文献资料,尽可能还原泉州湾地域社会从宋元到近代的历程。历代编纂的各种泉州地方志,保存了有关泉州历史沿革、制度变迁、水利工程的详细记载。

泉州在宋代已经是文化重镇,许多私人文集均留下了有关当时泉州历史状况的记载。如清人蔡永蒹写于嘉庆年间的《西山杂志》,抄本广为流传,有许多罕见的泉州海外交往史料。① 明清以前的家谱资料十分难得,方志和文集就填补了这方面的空白。家谱乃私史,记录了家族的发展与家族成员的重要活动,从中可以了解人群的生存状态,在家谱里能看到家族和个体是如何进行海外拓展活动的,这些是通史和方志文集难以提供的。

泉州的海岸线曲折破碎,大陆海岸线长427公里,约占福建全省海岸线的12.7%。历史上最负盛名的刺桐古港,主要指位于晋江入海口的后渚港。实际上,泉州湾沿线的重要港口素称三湾十二港,分别为泉州湾的洛阳、后渚、法石、蚶江四港,深沪湾的祥芝、永宁、深沪、福全四港,以及围头湾的安海、金井、围头、石井四港。三湾由北而南排列,其中泉州湾被夹在惠安县的崇武半岛和石狮祥芝半岛之间,围头湾则正对着大金门岛,除了石井,其他港都位于晋江出海口附近或属于晋江县治下。三湾十二港沿线及其背后的平原是泉州府的核心地带,是最早开发、也是最为富庶的地区,是泉州湾人民海外拓展的基地和出发点,本书的论述所围绕的就是这片地区,所使用的民间文献资料主要也来自这片地区。

主要资料涉及的地点,一是明代航海图书中多次提及的东洋航路放洋始发地石狮祥芝半岛,②关于该地的资料有《芝山蔡氏大宗世牒》《祥芝刘氏族

---

① 据作者在序言中自述,蔡永蒹的祖父蔡文扬乃东石海外交通贸易之巨商,"家有航舟十艘,航于番地"以从事海外贸易,蔡永蒹少年时代也跟其叔父蔡幸从事航海事业,曾经到过新加坡、菲律宾、三宝垄、槟榔屿等地。蔡永蒹曾记儒,在长期的学习和游历中抄录了大量书籍碑刻,后以之为基础撰写了十二卷的《西山杂志》。
② 明代流传下来的《顺风相送》[藏于英国牛津大学博德林图书馆,扉页题有"顺风相送",关于这些针簿,杨国桢教授的《闽在海中》(南昌:江西高校出版社,1998年)一书第二章"航路篇"有详细论述]等航海针簿多次提及由泉州启航的往菲律宾、文莱等地的东洋航路,放洋的起点是"长枝头"。根据石狮市博物馆馆长李国宏先生的考证(李国宏:《祥芝港在明代泉州海交史上的地位》,《海交史研究》2001年第1期),"长枝头"即是祥芝,祥芝古称"长箕",在闽南方言中音同"长枝",《温陵刘氏宗谱》之《温陵东南名山及我刘坟墓经略》中有载:"祥芝山之北有湾曰长箕头,其形如箕,即《郡志》所称产铁者,今俱名曰祥芝澳。"

谱》《东埔邱氏宗谱》等，①蔡氏和邱氏的族谱关于海外活动的史料较多；祥芝的族谱资料与田野调查有助于说明农耕家族与两个土著定居家族的家族发展、生存竞争和族群关系。二是宋代修建的重要水利工程晋江龟湖塘和洑田塘周边地区，有关资料有《铺锦黄氏族谱》《龟湖塘规簿》《南塘柯氏族谱》等。②龟湖塘和洑田塘两个大型水利工程，从资料中体现出来的水利工程由宋代建设到明清时期的维护历史，可以讨论家族在泉州平原开发中的作用和公共事务被如何处理；此外，黄氏族谱含有一份《约亭公自记年谱》，是一位鹿港郊商的私人记录。三是明代卫所重镇永宁卫和福全所，位于今石狮市永宁镇与晋江市金井镇福全村，这两个地方不仅是十二港之一，亦是诸多明代军户家族的定居地，③我们掌握了二十多种永宁与福全族谱，其中除了有关卫所军户的记载外，还有许多到台湾和南洋经商垦殖的记录，福全与塘市是清末一场大械斗的两大堡垒，它们的资料与调查对于讨论地域联盟很有意义。四是惠安白崎与晋江陈埭，这是泉州两大回族家族的定居点，分别临近洛阳江出海口和晋江出海口，主要资料有《白崎郭氏族谱》和《陈埭丁氏回族宗谱》，④他们的定居史可以与农耕移民家族和土著居民家族做比较，同时这两部族谱关于国内贸易的记录较多。五是郑芝龙集团起家的重要基地安海港⑤，安海商人是泉州人海外拓展活动的重要力量，明末泉州人在菲律宾的活动记载主要都是关于安海人的，《安平志》有很多关于安海商人的记录。田野调查的地点则主要涉及祥芝半岛，龟湖塘、洑田塘周边，崇武、永宁村和福全村、塘市村等地，以泉州湾的海岸线为主，民间文献资料大多得自石狮博物馆、晋江博物馆和泉州图书馆，部分族谱、碑刻来自田野调查。

由于资料的限制，本书的考察对象以上述地区为主，但三湾十二港在论述中均将涉及，以求较为全面地呈现宋元以来泉州湾地域社会的变迁历程。

---

① 感谢石狮市博物馆李国宏馆长提供。
② 感谢石狮市博物馆李国宏馆长、泉州市图书馆古籍室提供。
③ 感谢石狮市博物馆提供了永宁卫的数种家谱，感谢晋江市博物馆粘良图先生提供了福全所的数种家谱，感谢福全村翁永南先生协助提供福全所的数种家谱。
④ 感谢泉州图书馆古籍室提供。
⑤ 感谢泉州图书馆古籍室提供了安海镇的数种家谱。

第二章　泉州平原的开发与宋元市舶贸易

　　泉州湾地区背山面海、土地贫瘠，南下的农业移民和本地土著闽越族共同开发了泉州平原。晚唐、五代至两宋，泉州修建了大量的水利工程，大批土著水上居民亦因此陆续登陆上岸，有的甚至发展成强宗大族。闽南腹地及泉州平原的开发是泉州港腾飞的必要条件。北宋初期泉州设立市舶司，本地的土著族群、外来的农业移民和来自海外的番商，一起造就了宋元泉州港的黄金时代，深化了泉州的海洋商业传统，形成了泉州湾沿海居民特有的生计模式。

第一节　地理环境与早期居民

　　地理环境被称为长时段因素，在历史分析中是需要优先考虑的。[①] 地处东南沿海的福建省，与大陆接壤的部分多山崎岖，山地丘陵占全省总面积的90%，[②]海岸线则曲折蜿蜒，有许多天然良港，零散的平原也分布在海岸线上。自古以来，出省的陆地交通不发达，海运则相对发达。这样的地理环境，正如《山海经》所言的"闽在海中"，决定了福建省的发展路径是以海洋文明为主。

[①] 费尔南·布罗代尔：《菲利普二世时代的地中海与地中海世界》，唐家龙、曾培耿等译，北京：商务印书馆，1996年，第984页。

[②] 福建省地方交通史编纂委员会：《福建省交通志》，厦门：鹭江出版社，1998年，第1页。

第二章
泉州平原的开发与宋元市舶贸易

一、建制沿革

在《禹贡》划分九州的时代，整个福建都属于扬州。此种区划面积大而模糊，这表明这块土地在中央王朝那里的印象也是大而模糊，是尚未开发的蛮荒之地。秦朝开始在福建设立闽中郡，但是这种大块混一的行政区划方式在汉晋之际也没有很大改变。

三国孙吴永安三年（260 年），置建安郡，下领东安县，闽南归属之。西晋太康三年（282 年）改为晋安县，治设于今南安丰州，是为闽南建制之始。南朝梁天监二年（503 年），闽南独立设郡，南安郡下辖今莆田、泉州、漳州三市地域，治所仍在南安丰州。隋开皇九年（589 年）改设的泉州（州治在福州），再度包含闽南和闽东，直到唐嗣圣元年（684 年）析泉州（州治在福州）所辖之南安、莆田、龙溪置武荣州，治所在今南安丰州镇，这是泉州行政区划独立之始。唐久视元年（700 年），武荣州州治由丰州迁往东南 15 里的晋江下游北岸，即今泉州市区所在地，泉州开始建城设治。唐景云二年（711 年），武荣州改称泉州，泉州作为州的名字正式确立，而以前区划更大的泉州在唐开元十三年（725年）改称福州。

泉州建州之始，辖地仍相当大，北起莆田，南至龙溪，今漳州和莆田都在治下。后漳州和莆田相继分治，至宋太平兴国六年（981 年），泉州已经下辖晋江、南安、惠安、同安、安溪、永春、德化 7 县，定下今后千年泉州的基本范围。县之设置，与经济发展和人口增长有关，泉州七县的设置完成也意味着北宋时期泉州人口已经大幅增长。元朝曾在泉州设行省，明洪武二年（1369 年）改泉州路为泉州府，清朝沿袭之，除雍正时将永春、德化割出置永春州外，7 县辖区基本稳定。今泉州属下有晋江、南安、石狮（省直辖，泉州托管）三个县级市及惠安、安溪、永春、德化、金门（待统一）五县，同安已经与厦门一起析出。本书讨论的范围，是以泉州湾为主，不随行政区划变动，故不包括早已分割出去属于湄洲湾的莆田，而涵盖旧泉州府下辖的惠安、晋江、石狮、南安以及近代析出的同安、厦门。

二、地形和气候

泉州位于福建南部,境内西北有最高峰一千多米的山脉——位于德化县境内的作为武夷山脉余脉的戴云山脉——来抵挡南下的冷空气,而东南到大海则海拔逐渐降低,在支离破碎的海岸线与细小的溪流之间,有小块的平原。福建沿海只有四个狭小的平原,漳州平原是其中最大的,泉州平原为第四大平原,现代测量面积仅有 345 平方公里。泉州湾的历史岸线上千年来已经向海面延伸了很多,现在的平原事实上有大片土地是来自围海造田,历史时期泉州平原的面积只会更小。同时,福建沿海平原的主要成因是河流和海潮淤积的泥沙,闽江、晋江、九龙江、木兰溪河口都因此形成了大片滩涂和盐碱地。因受海潮冲刷,这些土地斥咸斥卤,是难以耕作的,只有修筑海堤拦住潮水,再引淡水冲刷,才能将之变为可耕地。

泉州境内最大水系晋江,是福建省第四大河流,其两大干流蓝溪和桃溪发源于西北山地,一直到泉州古治地、今南安丰州镇双溪口才合为一支,"晋江"之名,其实指的是合流后的大河,它很快地经过泉州的中心地带,于泉州湾注入大海。泉州海岸线长而曲折,岛屿众多,滩涂众多,便于养殖牡蛎和贝类;然而土地贫瘠、平原稀少。土壤质地多为赤红壤,土壤侵蚀强烈,有机质含量低,不利于农作物的生长,尤其今晋江石狮的近海地带,土地一半石头一半红壤,古人形容为"地多硗确"。

泉州的气候为亚热带季风性气候,春夏刮西南季风,秋冬刮东北季风,同时夏秋季多台风,无霜期长而气候温暖湿润,唐诗形容福州的气候为"四序有花常见雨,一冬无雪却闻雷",①泉南更是如此,这样的气候适合种植一些经济作物。季风也给泉州湾带来了航海的便利条件。夏季西南季风从东南亚吹向闽南,按照西南季风的风向,从闽南始发向北的船只容易被吹向东北方的朝鲜和日本,但是由于台湾东部的著名暖流黑潮的一股与主干在钓鱼岛分开,转向

---

① 韩偓:《登南神光寺塔院》,毛水清:《隋唐五代文学史》,南宁:广西人民出版社,2003 年,第 787 页。南神光寺在闽侯县。

西北舟山群岛方向形成台湾暖流,此外黑潮在继续北上时还分出黄海暖流和对马暖流,恰好指向长江口以北的其他港口和日本海。因此季风和洋流结合在一起构成由泉州港北上渤海、黄海和日本海的有利条件。根据明清时期琉球《历代宝案》和一些船只遇难的零星记载,福建船只北上时若遇险漂流,漂流后登陆的方向多半是琉球、朝鲜等地。冬季季风为东北方向,同时靠近海岸一侧的是南下的中国沿岸流,从泉州出发的航船,随着季风和洋流能够轻易抵达东南亚。[①]

总之,泉州的地理环境,决定了生活在沿海地带的人民无法从这块小平原上获得充足的农业产品,但是却有优越的航海条件和便于海水养殖的大片滩涂,而每年的西南季风和东北季风正好将从南中国海北上的船舶带到泉州港,再送回东南亚诸地区,这是泉州港崛起的有利地理条件。

三、交通与港口

虽然福建在秦汉时期就已经有 5 条出省的陆路[②],但是历史上很长时间陆路交通相比水路是比较不发达的。汉武帝征伐闽越王时,派出三路大军走陆路,还有一路是从浙江慈溪走水路出发。公元 196 年东吴遣将进攻东冶(今福州),走的也是水路,在南朝时期来华的印度僧人拘那罗陀亦是从泉州乘船回国。这些事实证明一方面在很长的一段历史时期内,福建的水路交通条件比陆路优越,另一方面,陆路交通的落后,也限制了福建经济的发展,尤其是尚未得到开发的沿海平原。

唐宋时期,福建的对外陆路交通有所改善,唐宪宗元和二年(807 年),开辟了 400 里福州至延平出省的"西门路",其后唐末黄巢起义军入闽时不走秦

[①] 台湾海峡的水流比较复杂,大致上台湾海峡东、西两侧的流速、流向均随季节而异:流向上,东侧终年向北,西侧于冬季南下,夏季一律流向东北;流速,冬季西强东弱,夏季东强西弱。因此清代横穿台湾海峡的船只被称为横船,横越台湾海峡的航行危险性高于北上渤海、黄海的航行,也高于南下菲律宾,所以闽南人民渡台迟于航向其他地区。

[②] 福建省地方志编纂委员会:《福建省交通志》,厦门:鹭江出版社,1998 年,第 52 页。

汉入闽的旧路,而是打通了仙霞岭天险,从而开拓了从浙江经仙霞岭入浦城、由江西经甘家隘进入建宁两条路线。不过出省交通困难的局面直至民国时期都没有根本改变,北宋时曾巩的《道山亭记》提及福建出省行路之困难,"其途或逆坂如缘絙,或乘崖如一发,或侧径钩出于不测之溪上,皆石芒峭发,择然后可投步负载者",① 仍然是艰险万状。而相比之下,宋时省内陆路交通已经大有改善。徐晓望根据《八闽通志》统计宋代福建比较有规模的桥梁达到478座,泉州每县平均有20座,兴化军每县平均更高达27座,比较不发达的漳州也修建了大量小型桥梁,② 可以说宋元时泉州及其腹地的陆上交通已经对商品的流通不造成大的障碍。

而水上交通在漫长的历史时期里始终比陆上交通发达。泉州湾的早期海岸线接近南安丰州一带,随着晋江泥沙淤积,海岸线向外拓展,州治也就从丰州移到更加下游的泉州府城。至宋时晋江江中已经淤积出了草洲,当时晋江上修筑的浮桥和顺济桥都利用了草洲。③ 不过直至清初,晋江下游河道仍然水深宽阔,舟船轻易可达泉州城下。因此自开宝三年(970年)州治至永春的东溪航线开通以后,千年来晋江的内河航运沟通了上游山区县和下游港口之间的物资交流。

更重要的是海上交通。广义的泉州湾共有三湾十二港,④ 湾内系泥沙质岸,入海处属侵蚀性山地花岗岩岸。其中狭义的泉州湾水域涵盖北面的洛阳江出海口和南面的晋江出海口,北起崇武半岛,南至晋江祥芝,海岸线长达140公里,由于海湾内有泉州两大水系的出海口,泥沙不断堆积,港口目前最深处只有30米,航道深十几米,港口条件已经不如位于湄洲湾的肖厝港。狭义泉州湾的四大支港为法石港、后渚港、洛阳港、蚶江港,此外还有崇武、秀涂、

---

① 曾巩:《道山亭记》,《曾巩集》卷19,北京:中华书局,1984年点校本,下册第309页。
② 徐晓望:《宋代福建的交通与金融》,《宋代福建史新编》,北京:线装书局,2013年,第180页。
③ 林汀水:《福建历史经济地理论考》,天津:天津古籍出版社,2015年,第39页。
④ 庄为玑:《古港志》,《晋江新志》,泉州:泉州志编撰委员会办公室,内部资料,1985年。

石湖等港口,当中最著名的就是古称刺桐港的后渚港。狭义泉州湾是古泉州港的核心港区,1974年和1976年,分别在后渚港出土了宋代海船和在东海法石发现了古船残骸。南宋时,海潮、海船可以沿着晋江直达南安丰州九日山下的金鸡桥,因此九日山为南宋海舶祈风之地,祈风后可随潮水返回泉州郡城,也能在郡城靠岸验关和卸货。法石港位于泉州郡城东面的东海镇,处泉州内港下游,南宋设立水寨,现仍存有始建于宋代的真武庙,该庙崇祀玄天上帝,在北宋到南宋前期,郡守祭海于此。明天启年间,泉州知府在法石附近的鹧鸪山设立城台,清康熙年间将祥芝巡检司移置于此,称鹧鸪巡检司。明代法石曾设置有管理渔民渔课的河泊所,亦有美山古渡头和文兴古渡头,美山古渡头北侧有市级文物保护单位美山天妃宫,该宫在正德年间曾作为广东高州一带人从海上贩运入泉的聚居地——高州会馆;文兴古渡头北面则有"三王府"王爷宫,亦是讨海人拜祀水神之地。位于惠安县最南端的秀涂港,扼守泉州湾的北端,在清康熙二十二年(1683年)清政府设立海关时,是泉州的六个分关之一。蚶江港则扼守泉州湾之南,元代所建的航标六胜塔即在此处,清乾隆四十九年(1784年)和五十七年(1792年),先后开放台湾的鹿港、八里岔与蚶江对渡通商,故此清廷在蚶江设立了泉州府蚶江海防官署,下设"海关""营盘""厘金"(税务),统管泉州一府五县(晋江县、南安县、惠安县、同安县、安溪县,当时德化与永春另立永春州)的对台贸易。

  第二湾是深沪湾,下有四个支港祥芝、永宁、深沪、福全,是泉州港往南的必经之路,因此均属军事要地。祥芝港位于深沪湾的北端,又称长芝、芝山,历来是重要渔港,明代设祥芝巡检司并造司城。祥芝港南面的永宁港素为海防战略要害,早在南宋乾道七年(1171年)四月间,就遭遇了近千个来自毗舍耶(今菲律宾群岛)的海盗登陆,由于乾道八年(1172年)毗舍耶人再犯晋江沿海,于是置水澳寨于永宁,官称永宁寨。南宋时永宁与宝林、法石同为泉州左翼水军三寨之一。元末沿海地区已经开始遭受倭寇侵害,故置巡检司于永宁,明代则在此设立永宁卫,下辖崇武、福全、高浦、中左、金门五个千户所。再往南是位于深沪湾的深沪港,立有始建于宋代的崇真殿,奉祀的真武帝君亦被视为海上保护神,明代深沪港设立了巡检司。深沪湾南端的福全港宋代泉州贸易兴盛时,港市十分繁荣,明代设立福全千户所于此。

三湾之最后一湾是晋江县南端的围头湾，又称围头澳，其四大支港为安海港、石井港、金井港、围头港，其中安海港是泉州港非常重要的支港，与后渚港素有南港与北港之名。安海港古称"湾海"，又称安平港，唐代易名为安海，宋为安海市，官府遣吏榷税于此，号石井津。宋元刺桐港鼎盛时，安海号称"港通天下商船，贾胡与居民互市"，①是刺桐港的"南港"。明代改为安平镇，明末为郑芝龙主要据点，清代迁界时曾经毁镇。隶属南安县的石井港与晋江安海港之间有宋代所造安平桥为连接，南宋建炎四年（1130年），在安海设置的"石井镇"实际上同时管辖今安海、石井两地，故有"石井津开双石井"之称。南宋绍兴十四年（1144年），在今石井下坊村建石井巡检司，管理船舶出入海事务，石井为郑芝龙、郑成功之故里，因此明末石井港亦是郑芝龙的据点之一。金井港在南宋绍兴年间就建有大石佛寺，已然一方重镇。围头港是深水良港，早在宋代就是福建的重要避风港澳，南宋嘉定十一年（1218年）时泉州郡守真德秀在围头澳置宝盖寨加强海防。此外围头湾还有东石寨（亦名畬家寨），据称原是春秋时闽中畬家住地，亦是古港之一，清人蔡永蒹笔记《西山杂志》"五店市"条载："唐开元时东石安平之番商集行陆路中站。"②可推测东石通商外番历史久远。

泉州与省外地区陆路交通的困难与海上交通的便利、港口的众多形成鲜明对比，这决定了泉州与外界的交通需要仰赖于海上运输，而两宋时桥梁的大量修建和晋江内河航道的利用，加强了泉州湾及其省内腹地的联系。在泉州山区与平原陆续开发之后，泉州港既能够向帝国其他地区进行转口贸易提供舶来品，也能够依靠自身腹地为海外贸易提供商品。

四、早期居民

泉州山区的开发首先是南下农业移民的成果。第一次移民浪潮在两晋时

---

① 安海乡土史料编辑委员会：《安平志校注本》卷2《地理志·城池》，北京：中国文联出版社，2000年，第38页。
② 蔡永蒹：《西山杂志》，嘉庆十五年手抄本，泉州闽台缘博物馆藏，第130页。这份手抄史料的可信度有一些争议。

期。乾隆《福州府志》卷 75《外纪》中引用宋时路振《九国志》的说法:"永嘉二年(308 年),中州板荡,衣冠始入闽者八族,林、黄、陈、郑、詹、邱、何、胡是也。以中原多事,畏难怀居,无复北向。"这就是所谓的"八姓入闽",经学者考证,① 此故事只属传说,当然两晋时期北方移民的"衣冠南渡"确是事实。其时县治位于南安丰州镇的晋安县,管辖有现在莆田、泉州、厦门与漳州四地,西晋太康时有 3800 户,人丁大概两三万人,到永嘉五年(311 年),晋安的户增加到了 4300 户。② 当时能被登记为编户齐民的,基本都是南下的农业移民,最早的定居点就是在第一个治所南安丰州附近,在那里发现了闽南地区年代最早的墓葬。③ 据休·克拉克推测,公元 6 世纪时,本地社会可能由几个族群组成:上层移民精英家庭,垦殖农民阶级,还有一小部分工匠群体。④

福建到隋唐时期,和江南地区比较,仍属于不发达地区。唐开元天宝年间(713—741 年)福建共有五州,建州、汀州属于山区,福州、泉州、漳州都属于沿海,不计算土著夷户的话,全省编户齐民只有 9 万多户,⑤ 只比苏州、杭州一州的人口稍多。⑥ 福建的真正开发,始于唐后期,盛于两宋。唐开元年间后约 150 年,即北宋太平兴国年间(976—983 年),福建人口已经增至 467815 户,⑦

---

① 朱维幹:《福建史稿》,福州:福建教育出版社,1984 年,上册第 64~70 页;葛剑雄:《福建早期移民史实辩证》,《复旦学报(社会科学版)》1995 年第 3 期。

② 《晋书》卷 15《地理志下》,北京:中华书局,1974 年,第 462 页。

③ 闽南地区最早的墓葬为发现于南安丰州的庙下村的"太康五年(284 年)"墓葬。

④ Hugh R. Clark, *Community, Trade, and Networks: Southern Fujian Province from the Third to the Thirteenth Century*, Cambridge: Cambridge University Press, 1991, p. 14.

⑤ 《旧唐书》志第二十《地理三》数字为 90836 户(《旧唐书》卷 40,北京:中华书局,1975 年,第 1598~1601 页),《新唐书》志第三十一《地理五》的数字为 91240 户(福州长乐郡县 34084 户,建州建安郡 22770 户,泉州清源郡 23860 户,汀州临汀郡 4680 户,漳州漳浦郡 5846 户,《新唐书》卷 41,北京:中华书局,1975 年,第 1063~1066 页)。而李吉甫《元和郡县志》卷 29《江南道五》(清光绪六年刻本,金陵书局校刻,第 11 页 b 面),记载唐元和年间(806—820)福建全省户数加起来为 74467 户。

⑥ 郑学檬:《福建历史上经济发展的若干问题(代序)》,厦门大学历史研究所:《福建经济发展简史》,厦门:厦门大学出版社,1989 年,第 1~27 页。

⑦ 乐史:《太平寰宇记》卷 100~102,《江南东道》十二至十四,北京:中华书局点校本,2007 年,第 1990~2044 页。

增长幅度极其可观,经济开发程度当位属全国前列。五代时由于入闽移民增加,人口比唐代又有增多,因此沿海地区人口比重增加,改变了以往经济中心在闽北的状况。① 作为独立的行政区划的泉州在唐初方始正式出现,公元7世纪中期的泉州户数,《旧唐书》和《通典》的数字接近,被认为比《元和郡县图志》更为可靠,《通典》记载天宝年间泉州户数达24586户。② 显然经过三百年,泉州在官府册籍上的人户翻了五倍。由于地区开发和人口渐长,唐元和六年(811年),泉州由中州升级为"上州",但是此时福建最重要的商港应该仍是福州,泉州还需要进一步开发。③

唐末五代,泉州在闽国治下,从王审邽、王延彬父子到留从效、陈洪进的相继经营,泉州成为人丁兴旺、贸易繁荣的"刺桐城"。北宋元丰年间(1078—1085年),泉州的主、客户总数达20万户以上,而当时全国户达20万以上的州府有汴京、京兆府(西安)、杭州、南昌、庐陵、长沙、福州、泉州8处,泉州已为望郡。到南宋淳祐年间,主客户相加更高达25万之多,④南宋《舆地纪胜》中,描述"泉州城内画坊八十,生齿无虑五十万"。这个数字虽然可能有所夸张,但说明了当时泉州的人口富庶。同时北方移民直到南宋还在不断南下,有记载云"绍兴和议既坚,淮民始知生聚之乐,桑麦大稔,福建号为乐邑……自开禧兵变,淮民稍徙,入于浙于闽"。⑤

人口的不断增加,使得泉州成为福建省人口密度最高的地区之一,尤其是晋江,人口密度堪称全省之冠,但是还有大量的土著居民不在编户齐民之列,

---

① 厦门大学历史研究所:《福建经济发展简史》,厦门:厦门大学出版社,1989年,第2页。
② 杜佑:《通典》卷182《州郡十二》,北京:中华书局,1988年点校本,第4847页。
③ 李吉甫:《元和郡县志》卷30:"泉州,清源。上,开元户五万七百五十四,元和户三万五千五百七十一,乡三十四。"(清光绪二十五年刻本,第23页b面)从开元年间到元和年间,户数直降二万,殊无可能。苏基朗在《刺桐梦华录:近世前期闽南的市场经济(946—1368)》中考证《元和郡县志》的户数应是传抄中误把"一万"抄写成"五万"和"三万"。苏基朗:《刺桐梦华录:近世前期闽南的市场经济(946—1368)》,李润强译,杭州:浙江大学出版社,2012年,第8页。
④ 乾隆《泉州府志》卷18《户口》,泉州方志办,1984年影印本,第9册,第15页b面。
⑤ 叶绍翁:《淮民浆枣》,《四朝闻见录》卷5,戊集,北京:中华书局,1989年点校本,第197页。

在泉州湾生活着的土著居民,属于水上居民。东南沿海一带现在残存的称为疍民(或称蛋民)的水上居民,在唐代曾经广泛分布在从浙江一直到广西的广阔水域,各类记述中的淡、蜑、科题、曲蹄、郭倪、乞黎、游艇子、庚定子、卢亭子、泊水郎、白水郎,指的都是疍民或疍民的前身。① 至近代,福州闽江口、漳州九龙江口、广州珠江口还有大量疍民生活着,20世纪50年代的民族识别将其划为汉族,并由政府支持上岸定居,水居人数遂锐减。

关于疍民的来源,20世纪30年代陈序经在其名著《疍民的研究》中认为,疍民来源于长江一带尤其是巴蜀,后来向南迁移,疍民原本是陆居,后来才转为水居。② 罗香林先生在1943年发表的《唐代蜑族考》上篇中提出了"蜑族原即越族遗裔"的观点,与古代荆湘巴蜀一带的蛮蜒并不同,推翻了陈序经的看法,并获得学界的普遍赞同,今天仍是主流观点。③ 韩振华在《试释福建水上蛋民(白水郎)的历史来源》一文中指出,④福建疍民是闽越族的遗裔,不论从民族学上考察还是从文献上考察,都能支持这一观点。

闽越族属于百越民族的一支。百越分布在我国东南部和南部,直至越南北部的广大地区,自浙江会稽至交趾,幅员七八千里,所谓"百粤杂处,各有种姓",风俗上"饭稻羹鱼"⑤"断发纹身"。⑥ 百越族就具有一定海洋民族的特点,许多学者认为百越民族就是南岛民族的源头。⑦《越绝书》中记载百越民

---

① 疍民以舟为家,以渔为业,居无定所,长期受陆地人歧视,近代分布以珠江口和闽江口人数为最多,清代广东疍民人数曾达百万。叶显恩:《明清广东蛋民的生活习俗与地缘关系》,《中国社会经济史研究》1991年第1期。
② 陈序经:《疍民的研究》,上海:商务印书馆,1946年,第5~21页。
③ 罗香林:《唐代蜑族考》,中山大学《文史学研究所月刊》1934年第2卷第3、4期合刊。
④ 韩振华:《试释福建水上蛋民(白水郎)的历史来源》,《厦门大学学报》1954年第5期。
⑤ "楚、越之地,地广人稀,饭稻羹鱼,或火耕而水耨",《史记》卷129《货殖列传》,北京:中华书局,1985年标点本,第10册,第3270页。
⑥ 《汉书》卷64上《严助列传》曰:"越方外之地,断发文身之民也……处溪谷之间,篁竹之中,习于水斗,便于用舟。"杭州:浙江古籍出版社,2000年点校本,第856~859页。
⑦ 张光直:《中国东南海岸考古与南岛语族起源问题》,《南方民族考古》第1辑,成都:四川大学出版社,1987年,第1~14页;林惠祥:《南洋马来族与华南古民族的关系》,《厦门大学学报》1958年第1期;吴春明:《从百越土著到南岛海洋文化》,北京:文物出版社,2012年。

族擅长造舟航海,"水行而山处,以舟为车,以楫为马,往各飘然,去则难从"。而明弘治年间黄仲昭的《八闽通志》,引用了更早的福建志书,提到"旧记云:闽之先居海岛有七种,卢亭、白水郎、乐山、莫徭、游艇子、山夷、云家之属是也"。① 显然闽越族也有明显的海洋民族属性。

泉州的土著居民就属于善舟楫的闽越人,福建曾发现的新石器时期文明遗址基本都属于贝丘遗址,②这种典型海洋民族的遗址在泉州境内也有发现。③ 秦汉时福建有闽越国,王城在闽北山区,势力应该没有延伸到泉南海岸。汉武帝时闽越王叛乱,被镇压后武帝以"东越狭多阻,闽越悍,数反复",于是"将其民徙处江淮间,东越地遂虚"。④ 因为这个事件,也有观点以为疍民是逃亡水上的无诸后裔。事实上,汉武帝迁徙的只可能是闽越国的上层贵族遗民,不可能将所有闽越人都迁往江淮。汉晋到南北朝,南下福建的北方移民极少涉足当时尚未开发的海湾和沼泽,这些地方是闽越后裔的天下,北方移民对水上居民的记载,零星有"安家""弥鳞"等描述。⑤

随着农业移民进一步深入海岸平原,唐宋时对闽南水上居民的记载大量增加。唐朝李大师、李延寿编纂的《北史》卷41《杨素传》有云:"疍家人古称'白水郎'或'泉郎'。"隋代杨素南下时,击败南安豪强王国庆部,"时南海先有五六百家居水,为亡命,号曰游艇子。智慧、国庆欲往依之。素乃密令人说国庆,令斩智慧以自效。国庆乃斩智慧于泉州(今福州)"。白水为泉,现在的福州和泉州先后得到"泉州"此名,或许就跟本地活跃的土著"白水郎""泉郎"有

---

① 弘治《八闽通志》卷12《地理·山川》,"福宁州白水江"条,台北:台湾学生书局,1987年影印本,第610页。
② 蔡保全:《从贝丘遗址看福建沿海先民的居住环境与资源开发》,《厦门大学学报(哲学社会科学版)》1998年第3期。
③ 泉州发现的最早的新石器遗址是金门富国墩贝丘遗址,属于新石器时代早期,其年代为公元前5000年至公元前4000年之间。还有新石器时代晚期的惠安涂岭镇蚁山贝丘遗址,年代在公元前2300年至公元前1000年左右。
④ 《史记》卷114《东越列传》,长春:吉林大学出版社,2015年标点本,上册第777～780页。
⑤ 《太平御览》引用三国吴时沈莹的《临海水土志》"东夷"条,提到"夷州民"(可能是台湾或琉球土著)安家和弥鳞。叶国庆根据《正韵》分析"弥鳞"=闽,应是闽越族自称。参考叶国庆:《笔耕集》,厦门:厦门大学出版社,1997年,第182页注。

第二章
泉州平原的开发与宋元市舶贸易

关。五代王潮、王审知入闽时得到了土著居民的帮助,"王潮……将兵攻福州,民请输米饷军,平湖洞及滨海蛮夷皆以兵船助之",①北宋泉籍名宦梁克家所著《三山志》有云:"白水江,旧记(侯官)县东北百七十里,寰宇记白水郎夷户也,亦曰游艇子或曰卢循,余种散居海上……乾符间,有陈蓬者,驾舟从海来,家于后崎,号白水仙。"②这是采用了东晋末年孙恩、卢循起义后残留的海上亡命者变成本地水上夷户的说法。又有宋《太平寰宇记》之"泉州风俗"条记载,"白水郎,即此州之夷户,亦曰游艇子……散居山海,至今种类尚繁,其居止常在船上,兼结庐海畔,随时随徙,船式头尾尖高,当中平阔,冲破逆浪,都无畏惧,名曰了乌船"。③北宋曾知泉州事之蔡襄所作之《杂说》云:"福唐水居船,举家仰止一舟,寒暑、食饮、疾病、婚姻未始去,所谓白水人之徒欤?"④他又有《宿海边寺》诗:"潮头若上风先至,海面初明日近来。推得寺南多语笑,蛋船争送早鱼回。"⑤南宋名宦刘克庄作诗描写兴化(今莆田)乡村迎神赛会:"村乐殊音节,蛮讴欠雅驯。"⑥这些记载描述了水上居民的生活和娱乐,显然唐至两宋闽南的江边海岸仍生活着大量的水上居民。

蛋民未必是闽越王无诸的后裔逃亡海上,也未必是晋末孙恩、卢循起义的余党,这些传说与上面所引的文献所共同说明的是,闽越族及其遗裔蛋民,也就是福建沿海的土著居民是一支善于航海、以海为生的人群,正如唐代诗人元

---

① 《资治通鉴》卷259《唐纪第七十五》,上海:上海古籍出版社,2017年标点本,第2937页。
② 淳熙《三山志》卷6《地理类六》,"白水江"条,福州:海风出版社,2000年校注本,第63页。
③ 乐史:《太平寰宇记》卷102《江南东道十四》,北京:中华书局,2007年点校本,第2030页。
④ 蔡学士(蔡襄)《杂记》:"福唐水居船,举家聚止一舟,寒暑、食饮、疾病、婚娶,未始去。所谓白水郎者,其斯人之徒欤?"淳熙《三山志》卷6《地理类六》,"白水江"条,福州:海风出版社,2000年校注本,第63页。
⑤ 乾隆《海澄县志》卷20《艺文志》,台北:成文出版社,1968年影印本,第2页b面。
⑥ 刘克庄:《神君歌十首》,《后村全集》卷23,成都:四川大学出版社,2008年点校本,第644页。

积有诗云:"白水郎行旱地稀",①北宋时曾官至宰相的泉州人氏曾公亮也说过:"濒海而居者,则曰蜑户。"②有一点要说明的是,当时闽南沿海的水上居民也被称为畲民。今日的畲族大部分是山居,生活于福建与江西的山区,与古时所称的峒蛮、峒獠是一支,但是一些福建古史记载中的畲与今日所说的畲族并不完全相同,反而与蜑民是一支。《读史方舆纪要》又引用《漳州丁氏古谱》,言当时的九龙江,"两岸尽属蛮獠",③"境连百粤,左衽居椎髻之半,可耕乃火田之余"。刀耕火种、左衽椎髻是闽越族群的特点,陈元光也作诗描述这些土著人群云:"较斧开林驱虎豹,施罟截港捕鱼虾。火田畲种无耕犊,阴隙戎潜起宿鸦。"④说明这些"蛮獠"的生活方式,既有刀耕火种,也有以海为田,畲蜑本是一家。今日漳州尚且有数个畲族自治乡处于滨海之地,尤其龙海市下辖的隆教畲族自治乡,与昔日以蜑民水产市场闻名的白水镇、⑤浮宫镇不过一乡之隔。前文提过东石港旧名为畲家寨,还有西畲、畲店等名,这些旧名与现今居于晋江市的 2000 多名明代迁入的钟、盘等姓畲族居民并无关系。

　　土著水上居民曾经与南下移民的汉民有过激烈的武装冲突。从上文提到的隋朝杨素击败南安豪强,令数百户土著亡命水上,到唐高宗时陈元光奉命南下平定泉(当时治地在今福州)潮间的"蛮獠啸乱",⑥从此北方移民开发了漳州。晚唐乾宁元年(894 年),黄连洞有"蛮"二万人围攻汀州,王潮派一万人平定。⑦南宋孝宗淳熙年中发生"海贼姜太獠寇泉南"的暴动,⑧"獠"指的就是

---

① 元稹:《送岭南崔侍御诗》,周振甫主编:《唐诗宋词元曲全集》,合肥:黄山书社,1999 年,第 8 册,第 2984～2985 页。
② 曾公亮:《武经总要》后集卷 1,北京:商务印书馆,泉州文库出版整理委员会 2017 年点校本,第 358 页。
③ 顾祖禹:《读史方舆纪要》卷 99《福建五》,"柳营江"条,北京:中华书局,2015 年,第 9 册,第 4545 页。
④ 陈元光:《侯夜行师七唱》,《全唐诗·全唐诗续拾》卷 8,"补四十三首",北京:中华书局,2013 年,第 10993～11002 页。
⑤ 海澄县方志办:《白水镇志》,内部资料,1998 年,龙海市档案馆藏。
⑥ 同治《福建通志》卷 2,"漳州府"条,台北:华文书局,1968 年影印本,第 5 页 a 面。
⑦ 朱维幹:《福建史稿》,福州:福建教育出版社,2008 年,上册第 146 页。
⑧ 《续资治通鉴》卷 148,"孝宗淳熙十年",北京:中华书局,1957 年点校本,第 3967 页。

闽粤沿海的土著居民,暴动在淳熙十一年(1184)春失败。① 对这些水上居民,《太平寰宇记》中提到唐代已经开始对他们进行部分招抚,"使不为寇盗",且在"贞观十年,始输半课"。② 蜑民以船为生,宋代沿海船户户籍单列,称为"海船户",船户必须向官府登记入籍,只有入籍之船才有营业的合法权利,③然一旦入籍,亦必须承担沉重官役,尤其南宋朝廷供给依赖海运,亦经常轮番抽调民间海船为军事防御之用,关于福建海船户有"朝廷向来将福建沿海人户舟船籍定数目,分作甲、乙、丙三番,轮流差使。其当番之人前半年告报,不得外出,行之既久"的记载。④ 如此沉重负担,使船户躲避占籍的必然为数众多,而且《太平寰宇记》的"泉州风俗"条称白水郎为"夷户",也证实了他们与汉人编户在户籍上是不同的。

水上居民在宋元进入国家编户的也许不多,到宋元时,他们与汉人族群的分野依旧十分明显,更大规模地编入户籍应是在重新实行了一套比较严谨的户籍制度的明初,⑤但是他们惯于海洋生活,是海上运输的主力,是宋元泉州港海内外贸易事业的重要组成部分,是泉州湾海洋生活传统的源头。清人笔记《西山杂志》记载唐代泉州航海家林銮的事迹:"唐开元八年,林知祥之子林銮……试舟到渤泥,往来有利。沿海畲家人俱从之往。"(此处的沿海畲民即为蜑民)。北宋时谢履描述晋江沿岸,有诗"岸隔诸蕃国,江通百粤舟"。⑥ 元代庄弥邵《罗城外壕记》歌咏南门外的晋江港口,"潮流参错其冲要,渔歌响答于阛阓"。⑦ 此罗城外壕正是为便利囤货于城墙外晋江边的外国商人所建,所谓

---

① 《宋会要辑稿·兵十三·捕贼下》,北京:中华书局,1957年影印本,第178册,第13页。
② 乐史:《太平寰宇记》卷102《江南东道十四》,北京:中华书局,2007年点校本,第2030页。
③ 廖大珂:《宋代海船的占籍、保甲和结社制度述略》,《海交史研究》2002年第1期。
④ 王结:《文忠集》卷82《大兄奏札》,文渊阁四库全书本,集部,第25页a面。
⑤ 蒋楠:《泉州平原的开发与水上居民的定居》,《福建论坛(人文社会科学版)》2009年第4期。
⑥ 王象之:《舆地纪胜》卷130《泉州·诗》,北京:中华书局,1992年影印本,第3753页。
⑦ 道光《晋江县志》卷9《城池志》,《中国地方志集成》,上海:上海书店,2000年影印本,福建第25册,第116页下。

"一城要地,莫盛于南关,诸蕃琛贡,皆于是乎集"。以上可见,唐宋元泉州港的水上交通、海外贸易中,水上居民均扮演着重要的角色。原有的本地土著居民、陆续迁入的外地移民和逐渐进入国家编户的水上居民,一起构成了宋元时期的泉州湾居民,参与泉州的发展。

第二节 沿海平原的开发与海洋生计模式的形成

目前比较普遍的观点是中国国内的统一市场至少要到清初至鸦片战争前才发育成型,[①]但是区域性的贸易网络在宋朝已经有一定规模,[②]沿海到腹地便利的交通和农业剩余产出能够给港口贸易提供源源不断的商品,这是泉州港崛起的前提。宋元泉州港的繁荣,是基于区域经济的发展和内部分工的形成,而泉州平原和闽南腹地经济的发展,首先仰赖于唐代开始的大规模水利建设。大规模的水利建设改善了泉州平原的农业条件,泉州在能够供养更多人口之余,区域内部也渐渐形成了为海外贸易而生产的经济结构。宋代开始,泉州的人口压力不断上升,农业已经无法赡养众多人口,泉州不得不选择海洋生计模式,内容不仅仅是对外交易,还有商业化的农业与手工业生产。

一、泉州平原的水利建设与开发

北方移民从陆路南下,选择的定居地点不在沿海平原,反而多在闽北和山区谷地,因为沼泽斥卤的土地与海潮侵袭是历史上福建沿海平原长期面临的问题,而且华南常见的寄生虫和瘴气在密林与沼泽里会更严重,"它们之间的

---

① 吴承明:《论清代前期我国国内市场》,《历史研究》1983 年第 1 期;李伯重:《中国全国市场的形成,1500—1840 年》,《清华大学学报(哲学社会科学版)》1999 年第 4 期。

② 包伟民:《宋代的粮食贸易》,《中国社会科学》1991 年第 2 期;漆侠:《宋代经济史》,上海:上海人民出版社,1988 年,下册,第 930~942 页。

过渡地带才是适宜的定居地"。① 故而当福建刚开始开发时,闽北和山区是比较发达的区域。唐代福建设县增加到 25 个,除了恢复废县和大县析置之外,新置的县有古田、尤溪、长汀、宁化、龙岩、漳浦,除漳浦外都是山区县;五代时福建置县 12 个,其中除了同安县以外,其余从顺昌到长泰,都是山区县,可见从唐到五代虽然福建持续开发,但是沿海平原的开发仍然要滞后一点。诚如克拉克所言,北方移民在泉州的第一个定居点正是位于丰州九日山下、西晋武帝太康九年(288)建立的闽南最早佛寺建造寺(即延福寺前身)附近。它其实离晋代的晋江历史岸线不远,但由于位于山边,地势并不算低。沿海平原开发的滞后,与地理环境的复杂和生产技术的落后有关,是晚唐至两宋的水利工程改变了福建沿海平原的生态环境,带来了沿海平原的开发和经济的腾飞。②

福建较大规模的围垦造田活动是从唐代后期开始的。③ 整个唐朝福建的水利工程数量急剧上升,上升幅度仅次于浙江。最先开拓的是莆田北洋平原和南洋平原,到唐元和年间(806—820 年)二者均已粗具规模。但是晚唐水利工程和双季稻、④茶叶种植等农业经济的发展,尚未能改变唐朝福建经济相对落后的境况。⑤

两宋时期福建水利工程数量已经居全国之首,两宋福建有 402 项水利工程的记载,经济最发达的浙江也不过只有 302 项记载。⑥ 402 项水利工程记载中,又以沿海的福清、莆田、泉州、漳州等地为最。福建沿海现今保留"埭""堤""塘""港"等名字的地方,过去都是水利工程的所在地,"凡诸港、浦、埭、塘皆古

---

① Hugh R. Clark, *Community, Trade, and Networks: Southern Fujian Province from the Third to the Thirteenth Century*(《社区、贸易与网络:3—13 世纪的闽南》),Cambridge:Cambridge University Press,1991,p.12.
② 厦门大学历史系:《福建经济发展简史》,厦门:厦门大学出版社,1989 年,第 2 页。
③ 唐文基主编:《福建古代经济史》,福州:福建教育出版社,1995 年,第 126 页。
④ 唐文基主编:《福建古代经济史》,福州:福建教育出版社,1995 年,第 135 页。
⑤ 郑学檬:《宋代福建沿海对外贸易的发展对社会经济结构变化的影响(代序)》,《中国古代经济中心南移和唐宋江南经济研究》,长沙:岳麓书社,2003 年。
⑥ 冀朝鼎:《中国历史上的基本经济区》,北京:商务印书馆,2014 年,第 45~46 页。

人填海而成之,所谓闽在歧海中也"。①

泉州平原的农业条件在福建四大平原里处于下游。泉州的晋江中下游平原以晋江为主要水系,平原面积345平方公里,为福建省第四大平原,面积尚且小于在北宋太平兴国年间才从泉州划出去独立的兴化军(今莆田市)南北洋平原的464平方公里。这块平原的田土,早期都浸泡在水中,是靠大量的水利营建,从沼泽、滩涂中改良而来的。《泉州府志》提到泉州平原时说,"东南称泽国,而泉复环巨浸,以为田,宜乎引之不竭,疏之有归矣。乃土沙碴而势低洼下,潦则崩溢,旱则龟坼。故湖、塘、陂、埭诸筑凿,化毒田为甘壤,昔人求此至详也"。② 唐贞元五年(789年),泉州平原修建了最早的大型水利工程常稔塘(又名尚书塘),《晋江县志》记载该塘临近今泉州市区的东湖,水由清源山诸坑而下,灌田三百余顷。③ 之后又有仆射塘(建于唐元和二年,即807年,与尚书塘同在三十九都棠阴里)、天水淮(始建于唐大和三年,即829年,在三十五都、三十七都交界的登瀛里。其地曰"南洋",田滨海而苦咸卤,宋景祐四年重修)、烟浦埭(位于晋东,五代始修,宋代成型)、六里陂(始建于五代,陂在郡城南关外,自二十七都至三十五都永靖、和风、永福、永禄、沙塘、聚仁六里,"内积山之源流,外隔海之潮汐,纳清泻卤,环数十里无田不资灌溉")、④天水淮、清洋陂(宋熙宁间晋江县令危雍筑,在三十一、三十二都沙塘里。万历《泉州府志》记载尚能溉田一千八百顷)、七首塘、留公陂(始建于南宋,临近洛阳江)等等。

这些水利工程中最重要的是烟浦埭、六里陂和七首塘,烟浦埭与六里陂是合为一体的,烟浦埭连接到陈埭等海埭以抵御海潮侵蚀田地,同时与六里陂共同收集晋东平原上的九十九溪之水以为灌溉,⑤《八闽通志》云:"广袤五六十

---

① 同治《福建通志》卷56《风俗·晋江县》,台北:华文书局,1968年影印本,第1139页上。
② 乾隆《泉州府志》卷9《水利》。
③ 道光《晋江县志》卷8《水利志》,《中国地方志集成》,上海:上海书店,2000年影印本,福建第25册,第93页上、95页下。
④ 道光《晋江县志》卷8《水利志》,《中国地方志集成》,上海:上海书店,2000年影印本,福建第25册,第99页。
⑤ 九十九溪全长49.33公里,流域面积350.8平方公里,在晋江县境内长20公里,流域面积137平方公里,是晋东平原重要的灌溉河系。

里,襟带南乡三十六埭,绵亘永靖、和风、永福、永乐、沙塘、聚仁六里,水源凡九十九所,县田三分之一仰溉于兹。"①建于南宋王十朋知泉州事之时的七首塘与烟浦埭同在晋江东部平原,七首塘乃是沿塘、沙塘、芙蓉塘(俗称后洋塘)、龟湖塘(在二十四都,长一千八百余丈,阔八十二丈,深一丈。东至塘后村,西至石狮亭,南至塘岬村,北至大洋。灌田三千八百余亩)、洑田(俗称港塘,在二十五、二十六都聚仁里塘市等乡)、象畔塘(俗称塘头塘、龙塘)、古宅塘共七个大水利工程的总称,主要在南宋修建,②它们收集雨水和细小溪流,以为灌溉之用。明万历年间状元庄际昌在《修洑田塘记》中描写道:"吾邑负山带海,田亩不能十之五,佃作而食者半在邑之南。其为灌溉潴蓄之利,曰溪、曰沟、曰塘。"③除了灌溉型水利工程外,由唐至宋元,在泉州沿海,还修建了大量埭田,实行与海争地。闽南最大海埭烟浦埭,宋乾道年间所修的海岸长桥、天水淮等都是复合型水利工程,都有这种功能,使得原来"海滨之地咸流浸润不可田,昔人因筑大堤以止其流,而内蓄涧水以溉田,殆千余顷"。④唐至宋晋江所修埭田多达125处⑤,在福建很是突出。

大量的水利工程改善了泉州的农业条件。宋元时期,福建已经成为全国有影响的以水稻耕作为中心的农业区,⑥闽南又是福建最早种植双季稻的地区,平原稻作亩产量可能达到2～3石,是福建地区的最高水平,⑦李伯重论证

---

① 弘治《八闽通志》卷22《食货》,"泉州府水利"条,台北:台湾学生书局,1987年影印本,第1146页。

② 据民间文献《龟湖塘规序》记载,龟湖塘始建于北宋蔡襄知泉州事时,南宋王十朋时率众重修。

③ 道光《晋江县志》卷8《水利志》,《中国地方志集成》,上海:上海书店,2000年影印本,福建第25册,第96页上。

④ 蔡清:《修海岸长桥记》,道光《晋江县志》卷11《津梁志》,《中国地方志集成》,上海:上海书店,2000年影印本,福建第25册,第135页上。

⑤ 陈鹏:《唐宋时期泉州的农田水利建设》,泉州历史研究会编:《泉州文史研究》第二集,北京:中国社会科学出版社,2006年,第189～203页。

⑥ 厦门大学历史系:《福建经济发展简史》,厦门:厦门大学出版社,1989年,第6页。

⑦ 陈衍德、张天兴:《宋代福建各地农业经济的区域特征》,《厦门大学学报(哲学社会科学版)》1990年第2期。文中引用了12世纪学者陈傅良"闽浙上田,收米三石,次等二石"的记载(《止斋先生文集》卷44《桂阳军劝农文》),论证闽南良田能与江浙相提并论。

南宋后期江南的平均亩产不过一石多些。① 此外,苏基朗估算,1080年泉州的可耕地为18856顷,这个数字在1182年大幅增长到35775顷,人均粮食产量也跃升了64%,从1080年的人均201公斤增长到1182年的330公斤。闽南地区(包含兴化军和漳州)的人均产量增长幅高达69%,远超福州25%的增长幅度,②泉州的增幅和人均产量低于闽南其他地区,然而这是泉州的粮食生产大量为经济作物生产取代的缘故。

总而言之,通过大规模的水利建设,由唐至宋,泉州渐渐变成农业发达的海边沃野。然而本地日益增加的人口,对泉州平原的供养能力提出了更高的要求。

二、生计模式的转变

闽南经济的发展和北方的动荡给泉州带来了持续高增长的人口。唐高宗时陈元光带部队南下开发漳州,既而五代十国时闽国王氏经营福建,招徕难民,这些都给闽南带来大量人口。闽国后期,留从效为清源节度使,管理泉漳二州,南唐朝廷封其为晋江王,他鼓励垦荒,对泉州的开发颇有贡献。留从效的继任者陈洪进开始在泉州大兴水利,在任时修建了陈埭、重修了天水淮等水利工程,陈埭镇的名字因此而来。北宋太平兴国三年(978年),陈洪进向宋太宗献上泉漳版籍,泉漳二郡(含莆田、仙游二县)正式纳入宋土,当时两郡合计有14县,共151978户,编户齐民已经多达314932人。③

到北宋时期,泉州已经是全国8个望郡之一,曾经的帝国边缘、南方荒野,变成了人口稠密、少事农桑的商业港口。北宋初年,福建已经共有47县,比唐元和年间增加了23个县,人口是唐后期的6倍多,南宋初年人口又比北宋末

---

① 李伯重:《"天""地""人"的变化与明清江南的水稻生产》,《多视角看江南经济史》,北京:三联书店,2003年,第78页。
② 苏基朗:《刺桐梦华录:近世前期闽南的市场经济(946—1368)》,李润强译,杭州:浙江大学出版社,2012年,第81页。
③ 徐光烈译注:《续资治通鉴长编选译》,成都:巴蜀书社,1988年,第371页。此外泉漳二郡的水域岸边还有大量未登入户籍的土著居民。

年增长31%。而早在北宋元丰间,福建的户均耕地已经不足11亩,只是两浙路户均耕地的二分之一。① 人口的增加意味着土地压力的增加,正如南宋惠安人谢履《泉南歌》所云:"泉州人稠山谷瘠,虽欲就耕无地耕,州南有海浩无穷,每岁造舟通异域。"福建的自然条件本来就无法与江南比拟,"闽之俗土瘠人贫,号为甚富者,视江浙不能百一"。② "七闽地狭瘠,而水源浅近,其人虽甚勤,而所以为生之具,比他处无有甚。"③ 而两宋时期又是我国历史上的一个干旱期,南宋乾道六年(1170年)六月,提举福建常平茶事郑伯熊云:"福建路八州军府县,自入夏以来,阙少雨泽,其上四州军府虽时得甘雨,犹未沾足,早禾多有伤损;下四州军亢旱尤甚,晚种有不得入土者。"④ 泉州即为下四州之一。在嘉定、绍定年间知泉州事的南宋名臣真德秀之《西山文集》中亦有大量的"祈雨青词"。自然条件的恶劣及人口压力的增大,使得宋代泉州光靠本地的农业产出,根本无法养赡州民。

总而言之,虽然两宋时泉州的水利建设和农业生产技术比前代有了很大进步,然而本地日益严峻的土地人口比造成的压力也在步步紧逼,这迫使泉州人民需要采取其他途径获取生存资源。此途径,正是以海为田,从滩涂、从渔场、从海外贸易中获取财富。而宋元时期的泉州,因人口增长和农业生产发展,已经具备了从事海外贸易的条件。

福建地区的对外海上交往可以追溯到东汉建初八年(83年),"旧交趾七郡贡献转运,皆从东冶(今福州)泛海而至"。⑤ 在闽南,最早的记录是南朝梁太清二年(548年),有一位印度僧侣拘那罗陀由南海到都城建康(今南京),南朝陈永定二年(558年)又来到泉州,住在九日山翻译《金刚经》。拘那罗陀两次到过

---

① 元丰三年(1080年),仅拥有北宋垦田总数2.4%的福建路,却拥有总户数的6.3%,平均每户只有耕地10.6亩,同时期的两浙路户均耕地为20.3亩,江南东路为37.4亩,江南西路为35亩。见漆侠:《宋代经济史》,上海:上海人民出版社,1988年,上册第72页。
② 真德秀:《西山先生真文忠公文集》卷2《奏答》,上海:商务印书馆,1937年,万有文库标点本,第2册,第22页。
③ 方勺:《泊宅篇》卷3,北京:中华书局,1983年点校本,第15页。
④ 《宋会要辑稿·食货五十八》,北京:中华书局,1957年影印本,第149册,第5812页。
⑤ 范晔:《后汉书》卷33《郑弘传》,西安:太白文艺出版社,2006年,第248页。

泉州港（时名晋安），最后去世于中国，这是最早的关于泉州对外交往的记载。①

9世纪时，据阿拉伯人伊本·考尔大贝所著之《道程及郡国志》云，中国有四大海港，即交州、广州、泉州、扬州。又有《新唐书》卷41《地理志》记载"自（泉）州正东海行二日至高华屿，又二日至黽䨲屿，又一日至流求国"。此"泉州"在当时究竟是指福州还是今泉州，研究者们存在着争议。在五代闽国王审知统治时期，福建的海上贸易为寺院豪族占据了大片不纳税土地的闽国提供了急需的税源，此时，作为闽国都城的福州无疑是闽国的重要港口。且考古工作者在20世纪80年代清理王审知墓时，发现的墓志铭中记载道"……敕号甘棠港。至今往来蕃商，略无疑恐"。② 参照唐代后期的诗歌《送泉州李使君之任》在"云山百越路，市井十洲人"一句前特意强调了"分符重汉臣"，③则此"泉州"为泉（武荣州）福二州分家前的"福州"（包括武荣州与后来的福州）。唐代后期以及闽国王审知经营的重点贸易港是福州的可能性比较大。但是唐五代时期的福建海外贸易并不局限在福州，在与泉州相邻的漳州，南唐保大十六年（958年），三佛齐国镇国李将军贩卖香药到此，建了一所普贤院，并在法堂梁上亲笔用"番书"题名。而泉州作为福建第二重镇，从唐至五代十国时期，商贸地位伴随着人口和农业的发展而处于上升的态势。1953年，晋江出土了一方唐代墓志铭，为《郑季方墓志铭》，④当中提到这位名叫郑季方的官吏，本身是清源（即泉州）人氏，曾以军方的身份为官府做买卖，进行海上贸易，后来病逝于越州的会稽郡（今浙江宁波）。清代蔡永蒹《西山杂志》里也记录了唐代林銮从晋江东石启航南下的民间传说，二者互证，推测泉州港在唐代至少在福建省

---

① 《重修延福寺碑铭》，庄为玑：《古刺桐港》，厦门：厦门大学出版社，1989年，第101页。

② 福建省博物馆、福州市文物管理委员会：《唐末五代闽王王审知夫妇墓清理简报》，《文物》1991年第5期。

③ "分符重汉臣"，暗示了主人公职位应是封疆大吏一级，理论上应就职于福州。戴显群：《再论〈道程及郡国志〉所记唐代四大贸易港之Djanfou——质疑日本学者桑原骘藏所谓泉州说》，闽都文化研究会编：《海外福州人与海上丝绸之路》，福州：海峡文艺出版社，2017年，第276~283页。

④ 墓志铭原文为："唐故泉州北界营将朝请郎诚太子宾客季方郑公墓志铭并序。……会昌中，刺史武功公征之，披以戎服，委军事之，货傅利市，以充府库。"全文见粘良图著、连心豪校：《晋江史话》，厦门：厦门大学出版社，2004年，第21页。

内已有相当地位,已经有泉州人主动地从事海外贸易,招徕番舶贸易。①

五代闽国时期,泉州在王审邽、王延彬父子(898—930年)的治理下,与王审知统治的福建北部保持了相对独立的关系。② 王氏父子治泉颇有成效,史书记载当时的泉州"疲人尽泰","仍岁丰稔",③而海外贸易无疑是泉州政权重要的财政收入来源。《十国春秋》里记载王延彬治泉时注意招徕外国商人,削减交易时的税收,且主动派海舶出海贸易,"凡三十年,仍岁丰稔,每发蛮舶,无失坠者。人因谓之'招宝侍郎'"。④ 王延彬死后闽南进入一段动荡期,期间闽国为南唐所征服,泉州及漳州最终于944年由名义上效忠南唐的留从效控制。留从效治理期间,继续支持海外贸易的发展,修建了货栈和仓库,将瓷器、铁器贸与番邦赚取"金贝"。⑤ 他的继任者陈洪进也持续了这一方针。在将漳泉二州纳土归宋前(978年),陈洪进不仅给南唐上贡,也给北宋上贡,贡品均有万斤乳香,还有象牙等物,显然这些东西只有通过海外贸易才能获得。

从王延彬的努力始,到留从效和陈洪进的推动,⑥泉州的海外贸易水平渐渐提升。最重要的是,隋唐五代福建交通条件的改善和泉州地方经济的发展,使泉州港具备了聚集和提供外贸商品的基本能力,为泉州取代福州、进而又取代广州的港口地位打下了基础。

---

① 《重修延福寺碑铭》,庄为玑:《古刺桐港》,厦门:厦门大学出版社,1989年,第101页。

② Hugh K. Clark, *Community, Trade, and Networks: Southern Fujian Province from the Third to the Thirteenth Century*(《社区、贸易与网络:3—13世纪的闽南》),Cambridge:Cambridge University Press,1991,pp.40-43.克拉克认为王延彬曾试图挑战福州的宗教中心地位是这种相对独立性的一项证据。

③ 于兢:《恩赐琅琊郡王(王审知)德政碑》,五代十国时期碑铭,现存福州闽王祠。

④ 《十国春秋》卷94,北京:中华书局,1983年标点本,第3册,第1363页。

⑤ "泉城市,旧狭窄,至是扩为仁风、通淮等数门,教民间,开通衢,构云屋……岁丰,听买卖,平市价,陶器、铜铁,泛于番国,收金贝而还,民甚称便。"《留氏家谱》卷3《宋太师鄂国公传》,泉州市图书馆古籍室藏。

⑥ 苏基朗在《刺桐梦华录》里认为留从效和陈洪进三十年统治期间,是泉州快速发展的起始阶段。见氏著:《刺桐梦华录:近世前期闽南的市场经济(946—1368)》,李润强译,杭州:浙江大学出版社,2012年,第22页。

首先，宋元时泉州及其腹地的陆上交通已经对商品的流通不造成大的障碍。① 有宋一代，泉州建造桥梁115座，兴化军是46座，漳州50座，福州18座。在泉州所造的宋桥中，晋江就占了43座。② 很多桥梁的建筑都具有商业意义，③洛阳桥、五里桥等著名工程的建成，极大地改善了泉州区域内部的交通条件，使泉州区域内生产的经济作物和瓷器、纺织品能够顺利地运往各个港口。

其次，长途贸易网络提供了进口谷物的机制，也提供了销售商品到帝国其他地方的渠道。宋代的人口高峰导致泉州地区的粮食供应很早就依赖国内其他地区④，至迟到12世纪晚期，依赖进口谷物的经济模式已经建立，泉州每年50%的粮食需要从区域外进口。⑤ 所以克拉克和苏基朗都指出宋代泉州的经济模式和贸易网络提供了一种机制来大量进口谷物：本地农民专门生产经济作物，包括荔枝等水果和纺织品，甚至放弃种植而转向手工业。从《诸蕃志》《岛夷志略》的记录可知，⑥泉州不仅出售自己生产的产品，也在转口贸易中将浙江、江西的货物销售到海外。泉州自身和泉州与中国其他地区之间内部分工的扩大⑦，使泉州的整个生计模式能向为海外贸易服务转型。

对于泉州，最重要的就是其腹地的经济基础，是腹地经济支撑了海外贸易的繁荣。两宋之交的泉州港取代广州港，不仅仅是因为地方官吏默许的走私

---

① 徐晓望根据《八闽通志》统计宋代福建比较有规模的桥梁达到478座，泉州每县平均有20座，兴化军每县平均更高达27座，比较不发达的漳州也修建了大量小型桥梁。徐晓望：《宋代福建的交通与金融》，收入氏著：《宋代福建史新编》，北京：线装书局，2013年，第180页。

② 傅宗文：《宋代福建沿海的商业化浪潮》，《中国社会经济史研究》1989年第3期。

③ 吴泰：《安海在宋元时期泉州港海外贸易中的地位》，《海交史研究》1985年第2期。文中引用南宋泉州太守王十朋的《石笋桥》诗来说明这点，诗云："论功不减商舟楫，遣利宜书汉平准。莫将风月比扬州，二十四桥真蠢蠢。"

④ 宋代福建的粮食危机严重到民间产生广泛溺婴的风气。

⑤ Hugh K. Clark, *Community，Trade，and Networks：Southern Fujian Province from the Third to the Thirteenth Century*（《社区、贸易与网络：3—13世纪的闽南》），Cambridge：Cambridge University Press，1991，pp.3-4.

⑥ 傅宗文：《沧桑刺桐》，厦门：厦门大学出版社，2011年，第228~230页。

⑦ 厦门大学历史系：《福建经济发展简史》，厦门：厦门大学出版社，1989年，第10页。

贸易,也不仅仅是因为泉州港离帝国核心的距离更短,最重要的原因是当时的福建作为泉州港的腹地,两宋时期的开发程度大大超过广东,能够就地为泉州港提供大量外贸商品。

桑原骘藏引用阿拉伯旅行家伊本·胡尔达兹贝(Ibn·KhodaKhanfou)的说法,指出泉州是9世纪中期广州之下的大港。① 桑原骘藏认为Djanfou指的是泉州,现在也有学者认为指的是福州或宁波。无论Djanfou指的是哪里,总之,直到北宋时期,广州的地位都远在泉州之上,北宋朝廷的市舶岁入,广州占到九成。然而广州虽然由唐至宋都"万商云集,香药珍宝积载如山",②它却有一个致命的弱点。曾华满论证广州是唐代广东唯一的例外,广州城墙之外仍是蛮荒之地;科大卫更进一步证明,北宋于971年统治广州100年后,这里仍然是帝国的边缘之地,③北宋155年里广东一共出了189名进士,而福建的数字从961年到1124年的165年间出了2501名进士,④两地的开发程度显然不可同日而语。

从泉州湾宋代沉船⑤和广东南海一号宋代沉船⑥的考古发掘成果可知,瓷器是出口货物的最大宗。隋唐五代时期,福建的陶瓷生产已经有了一定规模,窑址主要分布在闽北和沿海地区。在闽南泉州一带,南安、晋江、惠安、同安、永春等县共有唐五代窑17处。两宋时期到元代的窑址,泉州境内共发现163处,其中德化42处、南安50处,永春9处,晋江12处,同安加上厦门11处,惠安1处,以生产青瓷和青白瓷为主。在泉州,窑址密集度堪与浙江龙泉、

---

① 桑原骘藏:《蒲寿庚考》,陈裕菁译,上海:中华书局,1929年,第3～4页。
② 曾华满:《唐代岭南发展的核心性》,香港:香港中文大学出版社,1973年,第68页。
③ 科大卫:《皇帝与祖宗:华南的国家与宗族》,卜永坚译,南京:江苏人民出版社,2009年,第31页。
④ 方慧、戴显群:《宋代福建进士的地域文化特征》,赵麟斌主编:《闽台民俗述论》,上海:同济大学出版社,2009年,第349～360页。
⑤ 泉州湾宋代沉船的主要出土货物是香料、药物、钢铁器、陶瓷、铁钱、棕麻编织物、果核等等。福建省泉州海外交通史博物馆编:《泉州湾宋代海船发掘与研究》,北京:海洋出版社,1987年,第24页。
⑥ 南海一号的始发港是泉州,船上货物主要是产自泉州德化窑、磁灶窑,福建闽清义窑,浙江龙泉窑和江西景德镇的瓷器。

江西景德镇相提并论。① 福建其他地区和浙江、江西等地生产的瓷器也源源不断地经由泉州销往海外。② 元代,周达观所著的《真腊风土记》记载了他亲眼看到当地人使用泉州产的青瓷器。③ 相比之下,广州宋代外销瓷生产基地在《广州文物志》中只提到了西村窑址,且该窑址没有发掘出南宋造型的瓷器,推测北宋末年已经废弃。④

除了瓷器外,纺织品、金银铁器,甚至蔗糖、干果蜜饯也是重要出口商品。在纺织品的生产能力上,陈洪进献漳泉版图后,于宋太平兴国二年(977)贡泉州土产葛,数量已经多至二万匹,⑤而在唐代,泉州的纺织生产能力不过是上贡绵二百两的水平。⑥ 在商品的精致程度上,在宋元时代,泉州出产的"泉缎"已经成为名品,旅行家伊本·白图泰都在其《游记》中写道,"刺桐城极扼要,出产绸缎,较汉沙(杭州)及汗八里(北京)二城所产为优",苏颂也以"绮罗不减蜀吴春"诗句来称赞泉州出产的绸缎。1342 年,元朝遣使至印度,赠印度国王的礼物中有绸缎 500 匹,其中 100 匹为刺桐城所产。⑦ 在农业生产能力上,虽然泉州的粮食产量少、粮价高企,但是农民大量种植荔枝、龙眼、茶叶、甘蔗等经济作物对外出售。以荔枝为例,宋代该行业里产生了包买制度,促进了生产和销售,行销海外,蔡襄在《荔枝谱》中提到福建荔枝的销售情况:"东南舟行新罗、日本、流求、大食之属,莫不爱好,重利以酬之。"⑧嘉靖《惠安县志》还有"宋时王孙,走马埭及斗门诸村,皆种甘蔗煮糖,商贩辐辏"的蔗糖贸易记载,《诸蕃志》也记载占城、真腊、三佛齐、单马令等地都从泉州进口糖和酒。这些商品的

---

① 唐文基主编:《福建古代经济史》,福州:福建教育出版社,1995 年,第 258 页。
② 李知宴、陈鹏:《宋元时期泉州港的陶瓷输出》,《海交史研究》1984 年第 6 期。
③ 周达观:《真腊风土记》"欲得唐货"条(北京:中华书局,1981 年校注本,第 148 页),列出了广受海外欢迎的中国商品名录,包括"真州之锡镴,温州之漆器,泉州之青瓷器及水银、银朱、纸扎、硫磺"等等。
④ 刘波:《广州海洋文明遗迹与文物》,广州:广东人民出版社,2002 年,第 54 页。
⑤ 《宋会要辑稿·蕃夷七》,北京:中华书局,1957 年影印本,第 199 册,第 7840 页。
⑥ 《通典》卷 6《食货六·赋税》,北京:中华书局,1988 年点校本,第 124 页。
⑦ 唐文基主编:《福建古代经济史》,福州:福建教育出版社,1995 年,第 257 页。
⑧ "故商人贩益广,而乡人种益多,一岁之出,不知几千万亿。"蔡襄:《荔枝谱》第三,《左氏百川学海》第三十册癸集上,第 4~5 页。

生产,主要是在乡村中完成的,此外,盐、茶叶也都在泉州乡村中被大量生产,用于出口。相较之下,当时广州出口的商品以金银铅锡等五金原料和铜钱为主,加上布帛与瓷器,而金银铜钱的流失为宋朝政府所警惕,屡次下令禁止。且广东的农业水平在宋朝不及福建,①随着海外贸易的扩大,广州港越来越受到腹地生产能力的制约。

许多历史学家认为,中国历史上第一次商业革命开始于唐宋晚期,其次是明末清初。罗威廉认为两次商业革命的差别在于"常规化",②跨区域贸易主要存在于宋,方式是点对点,应对暂时的不足;晚明商业革命则不只是跨区域贸易的扩大,而是其常规化。不过克拉克认为泉州中古经济的特点,正是商业贸易的常规化③,使本地农民的产品不再只是为了泉州城的消费而生产。正是海洋生计模式的确立,推动了泉州港成为中古时期中国第一大港。

三、地方精英与宗族社会的诞生

泉州平原在开发过程中,随着财富的积累,产生了第一批地方精英和世家大族,以家族为经济单位进行水利开发、农业生产和海上商业贸易。习惯于海洋生计模式的宗族社会在宋元时期初步诞生,他们亦将泉州港鼎盛时期的海洋传统承袭下去。

克拉克在《晚唐至宋木兰溪流域的地域社会、文化与家族结构》一书中将闽南精英群体出现的时间定在了唐代,他认为属于广义闽南的木兰溪地区最早的世家可以追溯到唐代,如主持修建木兰陂的李宏,号称唐宗室后裔,天宝

---

① 两宋时期福建水利工程数量已经居全国之首,两宋福建有402项水利工程的记载,经济最发达的浙江也不过只有302项记载。广东省虽然也有很大发展,但仅有40项记载。见冀朝鼎:《中国历史上的基本经济区》,北京:商务印书馆,2014年,第45~46页。
② 罗威廉:《近代早期的中国城市》,《史学月刊》2014年第4期。
③ Hugh R. Clark, *Community, Trade, and Networks: Southern Fujian Province from the Third to the Thirteenth Century*(《社区、贸易与网络:3—13世纪的闽南》),Cambridge:Cambridge University Press,1991,p.6.

末入闽。① 泉州也类似,唐代福建第一位或第二位进士欧阳詹家族因开闽之先的功名而兴盛。当然,唐代闽南地区还没有发展到农业剩余产品能为当地带来巨大财富的程度,②当地存在一些豪族,但是他们势单力薄,距离政治中心十分遥远。唐末,来自河南光州固始的移民跟随王潮兄弟南下,大军包围泉州一整年,直到886年,一些本地家族(如鉴湖张氏)主动配合了王潮兄弟,王潮军队围泉州一年,以廖彦若身死,王潮占据泉州成为刺史为结局。③ 在王审邽、王延彬父子之后统治泉漳的留从效和陈洪进,严格来说也属于本地精英。《宋史》卷483《列传第二百四十二》对留从效的记载是永春人,而陈洪进是当时尚属于泉州的仙游县人。

　　五代十国的分裂期也给新移民、新家族提供了崛起的机会。④ 陆游在《傅正议墓志铭》里说道:"唐广明之乱,光(光州固始)人相保聚,南徙闽中,今多为大家。"⑤这些新精英的后代将在宋元时期登上全国性的政治舞台,他们的家族扎根泉南,则卷入了海洋生计模式。泉州的尤氏来自跟随王审知入闽的河南光州固始人沈思礼,据说娶了王审知的女儿,为避讳(沈与审同音)将沈去掉三点水为尤。据《晋江沪江尤氏族谱》记载,⑥裔孙尤永贤是大海商蒲寿庚的部属亲信,"至元十四年宣授虎符昭威将军,管军万户,总管漳州,知府尹。当攻泉城九十余日,公晨夜血战,城赖以安。上功陞怀远将军万户侯。十七年徵入觐,陞怀远将军万户。建宁路总管兼府尹。十一月,进镇远将军加九锡"。

---

① 《兴化府志》卷48《李宏传》,福州:福建人民出版社,2007年点校本,第1138~1145页。

② 苏基朗:《刺桐梦华录:近世前期闽南的市场经济(946—1368)》,李润强译,杭州:浙江大学出版社,2012年,第10页。

③ 王潮军到南安后兵变杀掉原将领王绪,既而北上。泉州本地家族的代表张延鲁追到沙县,犒师挽留王潮,以驱逐当时的泉州刺史廖彦若。朱维幹:《福建史稿》,福州:福建教育出版社,1984年,上册,第144~145页。

④ Hugh R. Clark, *Portrait of A Community: Society, Culture, and the Structures of Kinship in the Mulan River Valley (Fujian) from the Late Tang through the Song*, Hong Kong: The Chinese University Press, 2007, pp.37-38.

⑤ 陆游:《渭南文集》卷33,杭州:杭州古籍出版社,2015年校注本,第4册,第75页。

⑥ 清代乾隆年间族人尤大行整理编辑,民国年间增补刊印,收入蔡庆伟等主编:《闽南涉台族谱汇编》,福州:福建人民出版社,2014年,第28册。

第二章
泉州平原的开发与宋元市舶贸易

尤永贤参与了蒲寿庚背叛南宋的行动,因对元朝有功而升官,后"又授占城充马八儿等国宣抚使,奉旨昭谕。盖南毗国航海逾年,始至八儿国,宣上威德,国人从风而靡。以治舟以归"。① 发挥专长,为元朝出使海外,尤氏家族也因此在元朝一代风光无限。

随着经济发展和海外贸易的兴盛,宋元时期又有另一些世家大族形成。一些家族致力于修筑水利工程、改造海岸线。宋元时期泉州平原的大量公共工程建设,与强宗大族的发展互相促进。由曾埭、宋埭等地名可推知,这些水利设施的修建,除了官府与寺庙的作用外,② 主要是大姓家族的参与。工程建成之后的使用与维护也往往掌握在这些家族手中,正如晋江庄姓大族之于洑田塘,石狮芝山刘氏之于海岸长桥。在泉州平原的开发过程中,这些较早定居、成为国家编户齐民的家族通过兴修水利、开发平原,为自己家族在本地的生存发展打下了基础。新开垦的土地也大多为大姓家族掌握,《淳熙三山志》记载道"海退泥淤沙塞,瘠卤可变膏腴之类",因此许可小民依法在沿海开发埭田并登载纳税,后来"绍兴五年(1135年),提刑司奏漳、泉、福州,兴化军各有海退淤田、江涨沙田",被"豪势之家诡名请射,岁有增广",却不曾"自陈"或"请税""登载簿籍"。③

---

① 《晋江沪江尤氏族谱》,蔡庆伟等主编:《闽南涉台族谱汇编》,福州:福建人民出版社,2014年,第28册,第326页。

② 宋代泉州佛教盛行,所谓"泉南佛国",寺庙占有大量寺产,南宋中期甚至可能占到田产全额的十分之七。(袁冰凌:《海上贸易与宋元泉州农业经济特色》,《中国社会经济史研究》1992年第3期。)在此情况下,如洛阳桥、六里陂等公共工程,在官府出面、民间集资之后,往往还能得到僧人、寺庙在财政上的襄赞。明人叶春及《惠安政书》之《地里考》记载:"邑志,宋海舶无禁,利入甚富,且易。不捐之于桥梁道路,则以崇奉释氏,无所爱惜。然宋之释氏,其捍海为田多不税之,故释氏亦富,其余力及于桥梁最多。"(叶春及:《惠安政书》,福州:福建人民出版社,1987年标点本,第23页。)林仁川与荷兰学者费梅儿(E.B. Vermeer)在《历史上泉州的水利工程及其管理》(《中国历史地理论丛》1997年第3期)一文中也指出泉州水利建设"在官民合资中还有一种值得注意的现象,是由寺院与官府合作修建……不过在泉州的水利工程中,大部分是由民间集资兴建的"。泉州隔邻的兴化军,也是由宗族和宗族组织主导了平原开发与水利建设,见郑振满:《莆田平原的宗族与宗教》,《历史人类学学刊》2006年第4卷第1期。

③ 淳熙《三山志》卷12《版籍类三》,"沙洲田"条,福州:海风出版社,2000年校注本,第63、139页。

《宋史》中有"南渡,三路舶司岁入固不少,然金银铜铁,海舶飞运,所失良多,而铜钱之泄尤甚"之论,①中国铁器铜钱彼时在海外大受欢迎,是广州港和泉州港的重要出口货物。故宋时泉州冶炼业也很发达,在石狮祥芝半岛发展成强宗大族的芝山刘氏,最初正是以冶铁为业,加入海外贸易的生产链条。《芝山刘氏大宗世牒》中记载其地"多有铁砂,出铁岁额五十五贯七十文,解送建宁府,曰铁税钱。宋理宗庆历三年立法禁止具贩下海……祥芝铁炉之名至今传也"。②

还有一些世家大族因海贸而恢复了地位。苏基朗的《刺桐梦华录:近世前期闽南的市场经济(946—1368)》以苏颂后人燕支苏氏的遭遇,来论证海上贸易浪潮下外族群体与本地富裕家庭之间的紧密联系。苏氏在元初曾因当时的官府遭受了重创,而后其中一支皈依伊斯兰教并与蒲寿庚家族结亲,于是到14世纪中叶,这个支系已经拥有900亩耕地和5个荔枝园的不动产,苏氏的复兴是因为他们参与了海上贸易。③

在海上贸易的浪潮中,闽南海洋传统的来源——本地土著水上居民也开始向宗族社会转型。外来农业移民最早在晋江流域定居时,选取的是晋江北岸一带,也就是泉州郡城的所在地,最早的水利工程也是靠近郡城的东湖、尚书塘等。随着开发的继续,宋代的水利工程集中到了晋江南岸,甚至是晋南的滨海地带,这个土著居民的传统水上聚居地被渐渐开发,令他们的水上生活空间受到挤压。平原的开发是双向的,一方面平原获得发展后不论是农业移民还是疍民都能从中得到好处,导致人口增加;另一方面破坏了疍民原有的生存空间,他们要么上岸定居,要么迁徙到其他避风海湾。部分疍民定居意味着平原的开发虽然以农业居民为主,却不可能完全没有疍民的参与,有的疍民家族甚至由此发展成强宗大族。由于年代久远,且我们手中掌握的泉州家谱的修撰年代最多只能追溯到元代,所以没有这方面的直接证据。但是依旧可以从一些海陆变迁与水利工程修建的关系和部分水上居民定居的时间上推测出来。

汉以前晋江出海口远比现在宽阔,后来泉州城的地块完全为海所包围,只

---

① 《宋史》卷186《食货下八》,北京:中华书局,1985年标点本,第13册,第4566页。
② 《兴志名山类兼建置土产》,《芝山刘氏大宗世牒》,石狮市博物馆藏。
③ 苏基朗:《刺桐梦华录:近世前期闽南的市场经济(946—1368)》,李润强译,杭州:浙江大学出版社,2012年,第127~128页。

是个岛屿,而晋江南岸海岸线极为曲折,形成许多"U"型海湾。到唐代,由于晋江冲积的作用,不仅泉州城周边形成连绵的大片冲积平原,连同比较靠近晋江出海口上方的海湾也已经变成陆地,但是沿水利工程以下的几个"U"型海湾依然存在,这里也应是土著水上居民集中的地区。这些"U"型海湾是在宋代消失的,消失的原因是大面积地修建水利工程,从唐代海岸线到宋代海岸线之间,这块地区共有沿塘、沙塘、龟湖塘、洑田塘、拱塘、象畔塘、烟浦埭、吴埭、苏埭、陈埭、下埭、洋埭等等一系列水利工程,又有海岸长桥捍卫海潮,把陆地向外延伸,原有的"U"型海湾则变成七首塘内湖,储水以为灌溉之用。明人何乔远言:"凡诸港、浦、埭、塘,皆古人填海而成之,所谓闽在歧海中也。"①海湾的消失迫使土著居民改变原有的生活方式。《陈埭丁氏回族宗谱》中记载元末丁氏祖先在陈埭定居时,这里已经有张、林、陈、李等"巨姓",清代丁氏复与岸兜五姓构讼,张、林又在其中,"丁保之产荡原为世业,专以蛭为利;而林翰修、张肇绅等,则以网为业,专捕鱼采鲑为生活者也",显示张、林是世代渔民,与丁氏的滩涂养殖业有所区别。

海陆的变迁令其他海湾的土著居民也有同样的经历,而且若近海的传统渔业、水产养殖业因海陆的变迁无法提供疍民充足的生活来源,他们也会像无法从本地农业获得生活来源的农业移民一样,以其他的方式补足。对于唐代以后的泉州来说,最便捷的新生计来源就是海外贸易。土著水上居民们是泉州湾最早从事海外贸易的人群,海外贸易的财富反过来又帮助了平原开发,土著居民完全可能因此获得更多的上岸定居机会。

在宋代已经成为繁荣海港的安海,唐代旧名"湾海",海岸线向内凹折蜿蜒,利于船只长期泊驻。唐开元八年(720年),航海家林銮率沿海畲家人启航东南亚的东石澳就属于安海港范围,②这一带的土著居民(畲家人)早有海外

---

① 顾祖禹:《读史方舆纪要》卷99《福建五》,"柳营江"条,北京:中华书局,2015年,第9册,第4545页。
② 蔡永蒹:《西山杂志》之"林銮官"条:"唐开元八年,东石林知祥之子林銮,字安车,(循)曾祖林知慧航海群蛮海路,试航至渤泥,往来有利润,沿海畲家人俱从之往,(并)引来番舟。蛮人喜采绣,武陵多女红,故以香料易绣衣。晋海舟人竟相率航海。"《西山杂志》,泉州闽台缘博物馆藏清钞本,第65页。

商贸的传统。① 《安平志》载宋代安海"港通天下商船,贾胡与居民互市",②是水上居民从事海洋生产活动和商贸的重要港口,"至今乡人凿井为灌,往往得船缆、蛎房及海树"。③ 宋时御史白承休筑西埭,后曾姓大族续修之,因名曾埭,南宋绍兴间洪水流溃,县令王悦同乡人曾、韦二家修筑,又名曾韦埭;元至元间,又有西埭筑成,堰埭成田,与曾韦埭连成一片。④ 两埭相继建成后田土日见增加,使安海旧有的海岸线也向外推移,一部分旧港变得无法停泊海船,但是安海并未见衰落,到明代更变成"全民皆商"的著名商镇,这里的居民在土著疍民的带领下集体转换了生计模式。位于深沪湾的龙湖本来也是海湾,后来变成内湖,明初湖上仍有渔户缴纳渔课,⑤渔户中的留姓当是疍民无疑。一样定居在深沪湾的溜江村留氏家族,则早在宋元就已上岸,该留氏家族自称为五代泉州郡守留从效后裔,晋江民间传说中云留从效即为该村人(正史记载为永春人,⑥溜江《留氏族谱》称留从效是从永春迁居晋江),而且传说留从效年轻时以挑贩鱼鲜为生,卖完鱼后,每每顺手把鱼篮子往溪中一扔,自会顺水漂流入海,流到家门口,因此其家乡遂名"溜澳",这就是溜江村名字的由来,这个传说恰好说明了溜江留氏原本的身份。⑦ 溜江留氏在家族建设中将留从效作为始祖,以此来改变疍民身份,在村中建有留鄂公庙,方志称该庙始建于宋,⑧今已废,目前改祀广泽尊王。《留氏家谱》中记载留氏三十三代"尚贤公,景武

---

① 刀耕火种为"畲","畲"指的是土著居民的原始生产方式,与是山居还是水居无关。
② 《安平志校注本》卷2《地理志·城池》,北京:中国文联出版社,2000年,第38页。
③ 《安海志》卷2《山川》,上海:上海书店出版社,1992年安海志编纂小组标点本,第11页。
④ 《安海志》卷13《埭井》,上海:上海书店出版社,1992年安海志编纂小组标点本,第13~15页。
⑤ 道光《晋江县志》卷8《水利志》(《中国地方志集成》,上海:上海书店,2000年影印本,福建第25册,第94页)之"龙湖"条:"龙湖旧传与海通,涌沙界其中,或见龙出没焉;〔通志〕周十余里,旧系官湖。明初始征鱼税,米四石二斗六升,折银一两五钱零,隶河泊所征解,有渔户许、留、翁、林、吴五姓承纳。"
⑥ 《十国春秋》卷93《列传》,"留从效、陈洪进"条,北京:中华书局,1983年标点本,第3册,第1349~1351页。
⑦ 粘良图:《晋江史话》,厦门:厦门大学出版社,2004年,第39页。
⑧ 1996年被列为晋江市文物保护单位,庙内尚存宋代覆盆柱础及棱形柱。

公长子,授承奉郎,生一子曰希圣。性乐山水琴棋雅趣,自设海湾曰留湾,商船聚货市利",这是宋嘉定年间的事,可知与龙湖渔户留氏同族的溜江留氏宋时已经定居,且从事海外贸易获利。

布罗代尔在《菲利普二世时代的地中海和地中海世界》中提到,为了地中海地区贸易而进行的粮食、油橄榄、棉花和烟草的种植导致低地沼泽被改造为良田,而为了支付这些水利改造的费用,就必须进行大规模的远程贸易,16世纪地中海地区所有的水利工程都建设于威尼斯、米兰、佛罗伦萨等贸易大城市附近,①与泉州正是同样的情形。泉州平原的开发在宋代达到高峰,与海外贸易累积的财富有关,而泉州港在宋元的勃兴,既得益于北方移民对泉州的开发,也得益于土著居民的水上生活传统。在港湾变陆地的过程中,水上居民很有可能依靠在泉州这第一轮发展高潮中获得的财富,得到了参与农业开发、定居陆地的机会。在福建境内,近代尚有大批的水上居民活动于福州闽江口、莆田湄洲湾、泉州惠东地区、②泉州晋江流域、③厦门港、漳州海澄等地。④ 相比

---

① 费尔南·布罗代尔:《菲利普二世时代的地中海和地中海世界》,唐家龙、曾培耿等译,北京:商务印书馆,1996年,第87页。

② 惠东即崇武、山霞、小岞、净峰、东岭、涂寨、辋川等七个乡镇,该地区至今仍可找到疍民后裔,其服饰、习惯等带有明显疍民遗风。见郭志超、董建辉:《"咸水腔"探源》,《华侨大学学报(哲学社会科学版)》1997年第4期。

③ 新中国成立前在晋江东西两溪汇流口中下游的沿岸各村居民中,散居着船民,尤其是溪美以上的西溪两岸杂居着更多的船户,世代相传,自备船只,操船谋生,专业驾船者以欧为主要姓氏,所驾船只称"瓯船"或"溪鳖",为东西溪各船中最大型。船上有一家男女老少的卧室、货仓等,全家人以船为家,幼童自小即学习驾船技术,不与外界通婚。又有一些杂姓农忙时务农,农闲时以驾船为副业,不生活在船上。瓯姓船民属于疍民。(王国梁口述、叶青整理:《东西溪内河航运概况》,《泉州工商史料》第3辑,中国民主建国会泉州市委员会、泉州市工商业联合会编,内部资料,1984年,第29页。)20世纪50年代,欧姓和其他船民都被编入渔业大队,80年代后都居住在陆地。

④ 清代漳州和厦门的疍民一直见于文献记载,光绪《龙溪县志》卷10《风俗》(台北:成文出版社,1967年影印本,第106页上)有记载:"南北之澳,有水居之民焉,终岁舟居,俗呼之曰泊水。"道光《厦门志》卷15《俗尚》(台北:成文出版社,1967年影印本,第326页上)有记载:"……港之内,或维舟而水处,为人通往来输货物,浮家泛宅……妇曰白水婆。"厦港疍民在新中国成立后被组织为渔业公社。而对闽江口疍民,50年代尚有由省民政厅民族处进行调查并总结出《关于水上居民的名称、来源、特征以及是否少数民族等问题的有关资料》的调查结果。

厦门和海澄,近代泉州残余的船民人数较少,20世纪60、70年代建立渔民新村后已经悉数上岸。而关于泉州白水郎的历史文献记载,明清时期仅有明初方志中的"招岛民、疍户为军",显然宋元以来的泉州平原的开发和中心港市的兴盛,给泉州疍民提供了比较多的上岸机会。

要之,虽然五代两宋寺院经济在福建仍占据主要地位,[①]但得益于平原的开发和海贸的兴盛,泉州在宋元时期就形成了宗族社会的雏形,形成了以家族为单位的经济实体,将海洋生计模式从被动选择变成主动的选择。

第三节　刺桐港的极盛与海洋传统的确立

五代两宋时期,福建经济发展加速,商品经济有蓬勃的发展,内外贸易十分活跃,从而加速了福建经济结构的变化,如商品生产的比重增大,进出口增加,对外经济联系扩大。[②] 泉漳版籍归入宋土后,泉州的社会经济继续发展,港口亦日趋繁荣,宋元祐二年(1087年),朝廷在泉州设立市舶司,晋江磁灶镇的陶瓷和泉州所产的缎、绢遂成为外销的重要商品,刺桐港步入了黄金时代。

虽然泉州的海外贸易在五代时已经粗具规模,北宋初期穆斯林商人也已经在泉州形成社区,建于1009—1010年的艾苏哈卜大寺(圣友寺、清净寺)证明了当时泉州已经存在穆斯林社群,然而,在没有市舶司的泉州,从事海外贸易理论上说是违法的。

1060年代的泉州司法参军杜纯(1032—1095)的传记通常被用来论证泉

[①] 福建路在两宋是全国佛教最兴盛的区域之一,寺院经济一度在福建占据极其重要的地位,漳泉的寺田可能占到全部田地的一半以上,因此佛教寺院对宋元福建的公益事业贡献颇多,尤其以修建桥梁最为瞩目,数量超过另一佛教大盛区域两浙路。据统计,泉州一地寺僧参与修建的宋元桥梁最多达到21座,此外也大量参与和管理水利工程,宋代寺院需要特殊许可才得以免税,所以寺院对地方财政收入也很重要。黄敏枝:《宋代佛教社会经济史论》,台北:台湾学生书局,1989年,第119、127~145页。

[②] 郑学檬:《宋代福建沿海对外贸易的发展对社会经济结构变化的影响(代序)》,《中国古代经济中心南移和唐宋江南经济研究》,长沙:岳麓书社,2003年。

第二章
泉州平原的开发与宋元市舶贸易

州在 1087 年市舶司建立之前已经存在大量海外贸易。从《杜纯行传》中得到的讯息是当时法律要求所有载货入港的船只，不论运载的是中国货还是外国货，都必须经过官方港口的监督。① 监管机构还为此制订了一份税率表，税率通常在 10%～15% 之间，只要缴纳了关税，商人们便可以去他们想要去的任何一个港口，同时一些需求特别大的商品，则直接由官方用"和买"的方式进行垄断收购。而当时的泉州由于没有设立市舶司，并不在有征税权的官方港口之列。苏基朗在《刺桐梦华录：近世前期闽南的市场经济（946—1368）》中认为，在杜纯来泉州之前，泉州的地方官员便允许来访的海舶避开设有监管权的港口而直接驶入泉州以逃避关税，从杜纯墓志铭的原文来看，这个观点是合理的，这些地方官并没有对海舶的征税权，但是他们主动地参与海舶的走私，杜纯的墓志铭表明平均每年至少有两次、每次 20 艘的商船是这样到达泉州的，而参与的官员占到了泉州地方官吏的绝大多数。据此休·克拉克进一步认为，走私对泉州港在 11 世纪中期的快速发展至关重要，当时的泉州是走私者的天堂，因为泉州的清真寺早在 1010 年已经存在，所以外国人至少在 11 世纪早期已经聚集在泉州进行贸易。② 这个观点很好地解释了为何泉州能在 1087 年设立市舶司后很快就挑战了广州的地位，③迅速成为中国最大的港口。克拉克认为走私大部分是外国人所为，但是正如晚明倭乱与私商的情况所告诉我们的，这种走私，没有本地人的接应是不可能顺利进行的。

显然，刺桐港的黄金时代教给泉州地方社会的第一件事是：走私是有利可图的，国家的禁令是可以绕过的，这个认知从北宋到明代倭乱到清代海禁，被泉州地方社会贯彻到底。

---

① 晁补之：《鸡肋集》卷 62《杜纯行传》（四部丛刊影明本，第 6～7 页）提到杜纯在泉州事迹的原文为："改泉州司法参军，舶商岁再至，一舶连二十艘，异货禁物如山，吏私与市者，价十一二售，幸不谁何，遍一州吏争与市，惟守关詠与公不买一毫，人亦莫知。"

② 休·克拉克：《闽南早期历史研究的现代新趋势——〈刺桐梦华录〉书评》，王丽明译，《海交史研究》2008 年第 1 期。

③ 广州港的衰落除了与宋仁宗时广东的地方动乱有关，也与熙宁变法时设立的都提举市易司总辖各州市易务时为加强对海外贸易的管理，反而因任人不当、极力扩充事权，甚至拘拦番商货物，造成海舶不至的局面有关。熙宁七年，广州市舶司居然亏欠岁课十二万缗。见沈玉水：《略论福建市舶司的设迁问题》，《海交史研究》1988 年第 1 期。

北宋前期,随着广州港海外贸易的一度中衰,[①]而地理位置刚好处于南北航道中间的泉州港日渐繁盛。[②] 熙宁八年(1075年),陈偁知泉州事,颇有建树,他熟悉泉人行贾海外的情况,因而奏请在泉州设立市舶司,云"自泉之海外,率岁一往复。舟行当乘风便,若令远诣广州,必两驻冬,阅三年而后返",[③]以为广州港航道阻险,费重利薄,若置市舶于泉,则可以息弊止烦。陈偁的建议虽然没有马上获得批准,但已经引起了北宋朝廷的注意,熙宁五年(1072年),宋神宗始在泉州置市舶司事,到宋哲宗元祐二年(1087年),泉州正式设立市舶司。这个举措给帝国财政带来了重要影响,因为在设置泉州市舶司之前,每年的市舶总收入大约为50万贯,而泉州市舶司设立到1110年,这笔收入翻了一倍。

宋室南渡后,国土囿于南方半壁,在财赋来源上更加注重海外贸易的收入。建炎三年(1129年)十二月,管理宋朝宗室事务的南外宗正司由镇江迁置泉州。为满足政府的财政需要与宗室所费,南宋朝廷批准在刺桐港实施一系列优惠国内外舶商的政策。在海舶制造与航海技术的发展以及政府对包括跨海石桥、导航灯塔在内的一些港口基础设施建设和安靖海路、平抑海盗都予以了更多关注等因素的作用下,到南宋时期,泉州港的对外贸易更进一步。南宋高宗绍兴年中,身为泉州市舶司提举的林之奇记载刺桐港"通互市于海外者,其国以十数"。[④] 南宋地理学家周去非也在《岭外代答》中描述泉州、广州的海外贸易对象,自东北亚的朝鲜半岛,一直到东南亚的中南半岛、南亚次大陆及阿拉伯半岛、昆仑层期国(东非沿岸及马达加斯加岛一带)等地。[⑤] 南宋理宗宝庆元年(1225年),南宋宗室赵汝适提举泉州市舶司,于刺桐港询问蕃商,并参阅周去非的《岭外代答》一书,撰成《诸蕃志》。这是一本著名的南宋地理著

---

① 宋仁宗时,岭南侬智高起兵反宋,曾包围广州,这是北宋岭南最大规模的一次社会动荡,影响了广州的对外贸易。
② 南宋时人以泉州为界划分南、北洋。
③ 《永乐大典》卷3141,"陈偁传",北京:中华书局,1986年影印本,第2册,第1835页。
④ 林之奇:《拙斋文集》卷15《泉州东阪葬蕃商记》,清文渊阁四库全书本,第12a页。
⑤ 周去非:《岭外代答》卷2、卷3《外国门》上、下,北京:中华书局,1999年校注本,第55~126页。

作，记述了赵汝适从泉州番商那里得来的海外人文地理知识，涉及的国家、地区或部落达到 50 个以上。在南宋的官方文献中，泉州、广州两地市舶司相提并论，泉州市舶司的收入，占南宋全部财政收入的五十分之一左右。① 宋元鼎革并没有给泉州港的继续繁荣带来麻烦，元至正年间，摩洛哥人伊本·白图泰从泉州港登陆中国，他在游记中认为刺桐港是世界上最大的港口，"我看到港内停有大䑸克约百艘，小船多得无数"，②在泉州府城中聚集了无数的外国人和形形色色各种教派，这些事实充分表明了宋元时期泉州港的海纳百川。国内港口的转运贸易亦是泉州港在宋元时繁荣的原因之一，泉州是广州港与杭州行在之间的中点，不仅舶来商品会转运往各地，有时也或为两地间稻米的转运站；宋室南渡后，闽广二处市舶司发往杭州行在的香料货物，除小部分所谓细色者外，大多都由海道运往行在。③

不仅番舶频繁来往，泉州本土船只亦扬帆南下贸易。北宋雍熙至淳化年间（984—994 年），晋江安海李庄李公蕴随其父李淳安前往交趾贸易，并在那里定居，后任黎朝的殿前指挥使。大中祥符二年（1009 年），黎朝出现叛乱，李公蕴因平定有功，被朝臣拥立为国王，开创了安南李朝。李公蕴为王后，即遣使诣宋廷纳贡，被宋真宗册封为"交趾郡王"。南宋洪迈的《夷坚志》记载："泉州杨客，为海贾十余年，致资二万万。"④又有"泉州纲首（即船长）朱纺，舟往三佛齐国，亦请神之香火而虔奉之，舟行迅速，无有艰阻，往返曾不期年，获得百倍"。⑤《岛夷志略》的作者，元人汪大渊于元顺帝至正年中二度搭船从刺桐港离岸远航，至正九年（1349 年）时，他整理航海日记，撰成《岛夷志略》，记述了他游历的众多国家、地区和口岸。而延续许久的泉州官方祈祷海舶航行顺利的"祈风"仪式，亦是为了内外航行的海舶而举行。

---

① 吴泰、陈高华：《宋元时期的海外贸易和泉州港兴衰》，《海交史研究》1978 年创刊号。
② 《伊本·白图泰游记》，马金鹏译，银川：宁夏人民出版社，1985 年，第 551 页。
③ 李东华：《宋元时代泉州海外交通的盛况》，《中国海洋发展史论文集》第一辑，台北："中央研究院"三民主义研究所，1984 年，第 1~40 页。
④ 洪迈：《夷坚志·丁志》卷 6《泉州杨客》，北京：中华书局，1981 年点校本，第 588 页。
⑤ 南宋建炎八年所刻之莆田《祥应庙碑记》，碑文见郑振满、丁荷生：《福建宗教碑铭汇编·兴化府分册》，福州：福建人民出版社，1995 年，第 11~14 页。

宋元泉州城一个最引人入胜的地方，在于华夷杂处、各种外来宗教争奇斗艳，曾经存在过一个人数众多、拥有强大经济实力和一定政治实力的侨民社会，它必然会对侨居地的政治经济文化产生强烈影响，①阿拉伯裔的泉州市舶司提举蒲寿庚，甚至成为宋末元初的泉州一方霸王。但是考察伊斯兰教、摩尼教、印度教、景教等由蕃客们带来的宗教的活动遗迹分布范围，大体上，并没有超出泉州城及其近郊。宋时，番商依法不准居住于城内，因此"有宋一代，阿拉伯来华互市者多侨居各港埠，或于城内与华人杂居，或居有定处，谓之'番坊'"。在"番坊"中，他们有自己的"番学"、公墓和经过中国政府任命的侨民领袖——"番长"。② 在泉州考古发现中，涂门街以及东南郊至法石、美山一带发掘出的伊斯兰式墓盖是最多的，这与蕃坊番商在城东南隅设葬地的记载吻合，此外东郊、东门外灵山圣墓等地也是密集区。侨居的番客若欲离开府城，往他处贸易，需得到市舶司的批准，发给公凭引目后方可成行。崇宁三年（1104年），朝廷准许番商或其他土生番客越州过县，或进入汴京销售抽解博买后的剩余货物。南宋淳熙二年（1175）朝廷又下诏令，只准番商在停靠口岸销售，引起番商反弹，为此泉州市舶司特申奏朝廷，特准番商在本路各州军范围内销售，以缓和番商情绪。③ 由此事可知，番商并非不被允许在通航口岸城市之外进行商业活动。但是宋元时从国外输入的货物，最大宗的乃是香料，主要来自大食、渤泥、三佛齐等国家。海外学者把从中国广、泉等地到阿拉伯的海上通道称为"香料之路"，我国学者称之为"海上丝绸之路"，这种命名的不同大致反映了当时进出口商品的主要区别。④ 进口的香料主要消耗于上层阶级的熏香和宗教、祭祀仪式当中，泉州城百姓受影响也使用部分香料，但是这种毕竟昂贵的东西是不可能在中心城市之外大量销售的，因此番商即使离开泉州城往他处贸易，也只会直接前往其他中心城市，不会随意停留于郡城之外。但是由于元明时政治局势的改变，一些没有离开中国的阿拉伯商人后裔在郡城外的

---

① 王连茂：《"泉州学"与海交史研究刍议》，《海交史研究》1999年第2期。
② 桑原骘藏：《蒲寿庚考》，陈裕菁译，上海：中华书局，1954年，第47，88～89页。
③ 泉州海关编：《泉州海关志·市舶司篇》，厦门：厦门大学出版社，2005年，第59，82页。
④ 葛金芳：《两宋东南沿海地区海洋发展路向论略》，《湖北大学学报（哲学社会科学版）》2003年第3期。

乡村定居下来,番客与本地居民的交往深化了泉州的海洋传统。

所以,刺桐港的黄金时代带给泉州地方社会的第二个传统是惯于接纳来自五洲四海的商业传承,接纳外国人与本地人通婚融合,在融合中,遥远的港口、昂贵的货物成为街知巷闻的杂谈。

比之番商在泉州多至形成"番坊"的规模,直接南下从事海上贸易的泉州商人,并不如明中后期那般多至能在南洋形成华人聚居的商埠的地步。但是在泉州城内的"聚宝街""排铺街"等地,布满行商坐贾,[1]首先令这些在城中活动的商人以及负责海陆转运的人们得到了来自海外贸易的好处。[2] 当时来到泉州的海舶是乘着涨潮从晋江海口顺流而上,再由小船将货物分装运到城中聚宝街等地,以此为生的,无疑会有惯于水居,擅长舟楫,以渔业或水上运输为生的土著居民。再有,海外贸易所带来的收入,对泉州地区的桥梁建设大有帮助。南宋绍兴年间是泉州市舶司税入最多的年代,这时也正是泉州桥梁的造桥高峰期。[3] 当然,不同于明清时期成为泉州沿海乡村全民运动的向海外发展的状况,在宋元时期,海外贸易对于泉州城之外的乡村社会的影响,除了上面所述的在府城和南洋经商的商人和水上运输业者分享了贸易利润外,还有就是为了满足海外贸易需要而进行的一些商品生产上面,这在某种程度上改变了泉州经济腹地的生计模式。

全民卷入海洋生计模式在信仰上的表现是接纳土著水上居民的海神。宋代是我国民间信仰大爆发的时代,官府为了绥靖地方,给予许多民间信仰以官方认证,纳入国家祀典。北宋时泉州港初始崛起时,官员们在九日山祈求海舶顺风顺水,所祝祷的海神是"通远王",陈泗东先生考证"通远王"是出身永春乐山的隐士,死后被奉为山神,神庙为昭惠庙。[4] 又有胡小伟的《宋代的"二郎

---

[1] 王四达:《宋元泉州港繁荣原因新探》,《华侨大学学报》1989年第2期。
[2] 南宋吴自牧记述杭州海商"若欲船泛外国买卖,自泉州便可出洋","只到台、温、泉、福买卖,未曾过七洲"(《梦粱录》卷12,"江海船舰"条,清学津讨原本,第15a、15b页),是以泉州与其他国内港口之间还有一批人以转运贸易为生。
[3] 庄景辉:《宋代泉州的石桥建筑与海外交通》,《海外交通史迹研究》,厦门:厦门大学出版社,1996年,第52~67页。
[4] 陈泗东:《泉州海外交通与海神信仰》,氏著:《幸园笔耕录》,厦门:鹭江出版社,2003年,上册,第57~75页。

神"崇拜》一文,认为灌江口二郎神信仰与通远王有诸多相似之处,怀疑通远王是二郎神信仰入闽以后的变相。① 总之,通远王显然是一个属于农业居民的神祇,而这个山神出身的海神,在南宋以后很快地被妈祖所取代。妈祖林默娘出身兴化之湄洲岛,湄洲岛至今仍有疍民生活,而妈祖原本的身份是疍民中的巫女,②妈祖信仰实际上就是水上居民的信仰。土著水上居民以船为家,行止俱在船上,流动性很大,妈祖信仰轻而易举就能从湄洲湾流传到隔壁的泉州湾,南宋理宗时封妈祖为"护国助顺协正嘉应善庆显济妃",元代兴化又再归入泉州管辖,元朝廷称妈祖为"泉州神女",全面取代通远王的海神地位。这个变化说明官方认定的海神,并不受作为海上活动主力的水上居民认同,最终还是水上居民的海神信仰取得胜利,这是这些土著水上居民在泉州港兴旺过程中的重要地位决定的。明清时代福建沿海常见的"王爷"信仰,实际上也是一种水上居民的信仰,"王爷"的起源不是水上漂来王船就是水流尸,被漂达地点的渔民收葬祭拜而建立庙宇,"王爷"巡境不是用神轿,而是用王船更说明了这种信仰的缘起。

海神信仰是刺桐港黄金时代留给泉州地方社会的第三个海洋传统。

小　结

总而言之,宋元泉州中心港市兴旺所带来的财富促进了泉州平原的开发,许多水利工程和桥梁都是在港市兴旺以后建设的。港市的兴旺与平原的开发,令泉州得以在政治、经济和文化上全面进入帝国中心,也让一些曾经隶属"夷户"的土著居民转变身份,登陆成为合法编户。宋元官方对海外贸易的开

---

① "昭惠"是朝廷屡次颁给灌江口二郎神的庙谥,通远王的事迹"丘山降雪"也疑似模仿二郎神的事迹"延州降雪",以泉州永春的纬度、高度,降雪是很难的事情,而且对农作物不会有任何好处。胡小伟:《宋代的"二郎神"崇拜》,《世界宗教研究》2003年第2期。

② 黄向春:《文化、历史与国家——郑振满教授访谈》,《中国社会历史评论》2004年第2期。

放态度令泉州曾经兴盛的走私贸易最终被中心港市的集中贸易取代,番商们因此集中于郡城之内。明清时期泉州人的海外拓展活动,并不是直接得益于宋元刺桐港的鼎盛,而是得益于五代宋元时期形成的海洋传统。宋元黄金时代的历史记忆,进一步强化了泉州湾地区的海洋商业传统。虽然这种传统在明初一度受到压抑,却始终缕缕不绝,一遇到合适时机,就会再度迸发。

宋代的泉州已经不再是帝国边陲的蛮荒之地,在农业移民和本地土著的共同努力下,土地开发,经济发展,贸易兴隆,这推动了科举文化的繁荣昌盛。泉州自唐代欧阳詹中进士,始开科甲之先河,然自唐到五代,中进士者亦不过寥寥数人,而这种情况到宋代有了根本性的改变。这固然与宋代取士数量较多有关,但是宋代开始,泉州开发程度的提高、经济发达、文风鼎盛才是主要原因。《宋史》所列《儒林传》和《道学传》中闽人17人,居全国第一;《宋元学案》立案学者988人,福建有178人,居全国第一。而宋代福建科甲最盛的三个地方,即为福州、兴化军、泉州,其中泉州的晋江和兴化军的莆田两县进士人数占福建进士总数的21％,[1]南宋的进士数量又较北宋为多。广义上的闽南可以包括宋代独立的兴化军,它与南部的漳泉共同被贾志扬(John Chaffee)称为"科举文化"的中心,根据贾志扬教授的统计,泉州府虽然按人均计算考取进士的比例远不如兴化,但是就进士的总数而言,依然能够跻身全国前十名。[2] 原本与广东并列为南方烟瘴之地的福建,到宋代已经向帝国的文明中心靠拢。

---

[1] 刘锡涛:《宋代福建人才地理分布》,《福建师范大学学报(哲学社会科学版)》2005年第2期。

[2] John W. Chaffee, *The Theory Gates of Learning in Sung China*(《宋代科举》), Cambridge: Cambridge University Press, 1985, p.197.

第三章 明清时代的政治控制

元明鼎革后,明太祖朱元璋为了加强对基层社会的控制,建立了"画地为牢"的里甲户籍制度与卫所制度。这些近似于绝对主义国家加强社会监控、加强边疆防卫的努力,在具体的执行过程中均为泉州地方社会的内在运行机制所消解,随着时间的推移而趋于异化或废弛。本章通过考察里甲户籍制度、地方治安与教化制度、卫所制度和海洋政策的演变,论述明清政治控制的地方化过程,揭示泉州基层社会的自治化倾向。

第一节 里甲户籍制度的异化

元末明初,泉州港先是受到十年动乱的打击,后又为明初海禁政策所压制,港口的海外贸易趋于衰落。但是海禁政策只是明王朝加强基层社会控制诸种手段的其中之一,里甲制度才是重中之重。

苏基朗在《刺桐梦华录:近世前期闽南的市场经济(946—1368)》中提到的

/ 第三章 /
明清时代的政治控制

元末泉州十年动乱,指的是波及福州、兴化、泉州三地的亦思巴奚兵乱。① 元至正十二年(1352 年),泉州城大兴土木,将城垣扩充为三十里,刺桐城达到极盛。一直到清末,泉州府城的面积都比省城福州还要大。② 但是元末的大规模叛乱与水旱灾荒,令泉州府城渐渐失去光芒。至正十四年(1354 年)安溪李大、南安吕光甫队伍一度围困泉州城;③同年八月,仙游的达鲁花赤倒刺沙又为另一支武装力量所杀。元朝政府无力控制地方的动乱,因此试图以义兵来镇压这些起义,④甚至招徕由波斯、阿拉伯人在泉者为戍军,正是由于这些异族戍军试图在泉州建立色目人的独立王国引起了十年叛乱。元朝政府重用色目人管理财政,给予他们很大特权,当时色目人赛甫丁与阿迷里丁经商于泉州,均因贸易捐官和保卫泉州港有功,被元廷任为义兵万户。元至正十七年(1357 年),赛甫丁与阿迷里丁起兵叛乱,这场动乱一直持续到 1366 年,蒙古贵族、色目人和汉族官兵都被卷入,波及范围囊括了福建重镇福兴泉三地。动乱可分为两个阶段,其中至正二十二年(1362 年),是由蒲寿庚的女婿那兀纳在泉州发动了第二阶段的叛乱。这十年战乱,对福州、兴化、泉州沿海一带祸害严重,尤其对泉州港破坏极大,一度造成泉州城"人相食"的惨剧。至正二十五年(1365 年),元朝下令陈友定讨伐叛军,战乱告平,然元朝灭亡后陈友定以泉州为基地负隅顽抗,泉州"继为友定荼毒",⑤洪武八年(1375 年),明军占领

---

① 多数观点认为亦思巴奚是波斯语"民兵""义兵"之意。见陈达生:《泉州伊斯兰教派与元末亦思巴奚战乱性质试探》,《海交史研究》1982 年总第 4 期;吴幼雄:《论元末泉州亦斯巴奚战乱》,中国航海学会、泉州市政府编:《泉州港与海上丝绸之路》,北京:中国社会科学出版社,2002 年,第 311~323 页;朱维幹:《元末蹂躏兴、泉的亦思法杭兵乱》,《泉州文史》1979 年第 1 期;庄为玑:《元末外族叛乱与泉州港的衰落》,《泉州文史》1980 年第 4 期。后两文均称为亦思法杭兵乱,此词指波斯古城亦思法军,今伊朗首都德黑兰东南"亦思法杭"城。
② 19 世纪泉州府城有 640 公顷,福州城则只有 505 公顷,见章生道:《城治形态与结构研究》,施坚雅主编:《中华帝国晚期的城市》,杨光庭等译,北京:中华书局,2000 年,第 84~111 页。
③ 乾隆《泉州府志》卷 73《纪兵》,泉州:泉山书社,1927 年影印本,第 19 页 a 面。
④ 上一章中提到的关于祥芝刘氏的记载中,可以看到西桥公刘君辅之子曾因募集义兵平定乱事而获得官职,故而元朝在泉州招集的义兵,并不仅限于阿拉伯人,宋元时期的阿拉伯人也不会到泉州乡村中去生活,故阿拉伯义兵的主要任务,应是卫戍泉州城。
⑤ 道光《晋江县志》卷 18《武功志》,福州:福建人民出版社,1990 年标点本,上册,第 465~466 页。

泉州,动乱时代才告结束。

安定之后的泉州,如其他地方一样,实行了明初朱元璋所创立的一套基层社会管理制度和军事制度。明初所建立的特色制度,一是户籍制度和里甲系统,重新确立了对基层社会的治理方式;二是普遍设立卫所,卫所在辖区内有实土管理的职能,在卫所和州县都有相当一部分的军户人口。这些制度对基层社会有十分深远的影响。

里甲制度是管理乡村社会的制度,其基本的设定包括"里"这个组织单位和乡村中社庙的祭祀系统,从社会组织、赋役缴纳和礼仪祭祀几个方面来实现对基层社会的控制。里甲制度是明王朝在地方社会建立其统治秩序的最重要基础之一,是把地方社会纳入明王朝的国家控制体系之中的重要措施。[1] 乡里制度在中国有着悠久的历史,唐代使用"乡里制",所谓"百户为里,五里为乡";[2]北宋时,在乡一级下设置了"管",[3]从北宋熙宁保甲法中又产生了"都"或"都保"。自南宋以后,原先只承担地方治安等职责的保甲头目,逐步承担了几乎全部的乡役,"都"就逐步成为乡级以下的固定建制。[4] 据泉州地方志记载:"本县(晋江县)宋分五乡,统二十三里。元分在城为三隅,改乡及里为四十七都,共统一百三十五图,图各十甲。明因之。"[5]明太祖下令"籍天下户口,置户帖户籍",[6]按里甲编制来编造黄册,以黄册来登载赋役,具体做法是:"以一百一十户为里,一里之中,推丁粮多者十人为之长,余百户为十甲,甲凡十人。岁役里长一人,甲首十人,管摄一里之事。城中曰坊,近城曰厢,乡都曰里。凡

---

[1] 刘志伟:《在国家与社会之间——明清广东里甲赋役制度研究》,广州:中山大学出版社,1997年,第35页。
[2] 《旧唐书》卷48《食货志上》,北京:中华书局,1975年校注本,第6册,第2089页。
[3] 杜正贞在对宋金元山西泽州地区的研究中认为"管"可能是一种在宋以前就存在的基层组织单位,在"管"下面还有村社组织。见杜正贞:《地方传统的建构与文化转向——以宋金元时期的山西泽州为中心》,《历史人类学刊》2006年第4卷第1期。
[4] 夏维中:《试论明初里甲制度的宋元渊源——以江南地区的"都"为中心》,《明清论丛》第四辑,北京:紫禁城出版社,2004年,第75~83页。
[5] 道光《晋江县志》卷21《铺递志》,福州:福建人民出版社,1990年标点本,上册,第484页。
[6] 《明史》卷77《食货志一》,北京:中华书局,1974年标点本,第7册,第1878页。

十年一周,先后则各以丁粮多寡为次。每里编为一册,册之首总为一图。其里中鳏寡孤独不任役者,则带管于百一十户之外,而名列于图后,名曰畸零。"①

除了把乡村纳入里甲系统,朱元璋还十分注重对户口的控制与管理,明初承袭部分元朝制度,将户籍与人口进一步细分,登记造册,以册籍来登载户口,派发赋役。"明初定闽中,即令民以户口自实。至洪武十四年,始颁黄册,式于天下。户目凡七:曰民,曰军,曰盐,曰匠,曰弓兵,曰铺兵,曰医令。各以本等名色占籍,十年则核其老幼生死而更造之。"②何炳棣称明初厘定里甲户役的结果是接近现代人口调查的人口统计数字,③可以说,户籍制度在实行之初,是相当成功的。

明初里甲制度的推行比较成功,并不等于没有漏登户口的现象。洪武十四年(1381年)福州府上报的数字是 94514 户,285265 口,仅仅是元朝后期数字的一半。在万历四十一年的《福州府志》里,这个数字被解释为乃是根据一项优免法令减轻该地赋役负担的结果。④明代福建各地的方志中记载的人口数字,多为洪武二十四年的数字,⑤而泉州府志与漳州府和延平府一样,没有留下洪武年间的数字。根据泉州方志里的记载,人口数字从元至正年间的 455545 口,直接就大幅跳水成嘉靖初年的数字 212903 口,嘉靖四十六年经过倭乱之后则是 169935 口。明初建立户帖制度,并不是单纯的人口登记,根本目的是要将人口与土地相结合,让"编户"办纳粮差,以保证赋役征派的顺利进行,黄册册籍正是政府掌握这些赋役的关键。明中叶以后,原本应该十年一造的黄册,实际上只是力保丁役"原额不失",并不关注人口的实际数字有多少。诚如何炳棣所说:"从女子人数在平均人口中的急剧下降以及男性比率的迅速

---

① 《明太祖实录》卷 135,洪武十四年正月,台北:"中央研究院"历史语言研究所,1962 年影印本,第 3 册,第 2143 页。

② 万历《泉州府志》卷 6《版籍志》,"户口",台北:台湾学生书局,1987 年影印本,第 461 页。

③ 何炳棣:《明初以降人口及其相关问题(1368—1953)》,葛剑雄译,北京:三联书店,2000 年,第 4 页。

④ 何炳棣:《明初以降人口及其相关问题(1368—1953)》,葛剑雄译,北京:三联书店,2000 年,第 10 页。

⑤ 徐晓望:《福建历史上几个人口数字考证》,《福建论坛(文史哲版)》1987 年第 4 期。

提高,可以清楚地看到从以全部人口为登记对象逐渐转变为只统计其中一部分的过程。"①这个"丁口"数字只是明初以一个户的人丁事产为标准衡量出一个户应出几个赋役意义上的需要纳税的"官丁"后,历经数代而固定下来的数字,不代表全部人口,甚至并不代表实际存在的成年男丁。② 再者,即使历经沿海倭乱,泉州府的人口数字也不可能是一个如此之低的诡异数字。从笔者所阅读过的滨海家族族谱来看,死于永宁城陷之类倭乱中较大规模战斗的人数与整个家族人口比起来并不多,一个大家族平均只有数人而已,因此嘉靖时期泉州府的人口数字并不可信。王铭铭的估算是洪武十四年的时候,泉州府七县人口总数为35万左右,③而《八闽通志》的记载则是泉州府在弘治二年有41824户,358874口,④这两个数字显然比较合理。

数字比较合理不意味着真实,明初泉州的确存在户口漏登,原因是泉州的一些家族在明初攒造黄册、厘定户籍时,上报的就不是真正的人口数字。故而即使明初的户籍制度已经是中国古代历史上最严谨的,35万这个数字也只是在逻辑上可信,而不是确凿数字。

漏登的部分原因是强宗大族在明初登籍时就掩盖了本族的真实人口,这种情况的产生与福建家族组织的发育较早有关。明初福建地方政府对于民间户籍的登记及黄册制度的推行,主要是采取两种办法:沿袭宋元旧册和由民间自报。⑤陈支平的《明代福建户籍失控与民间私例》一文指出,⑥采取这两种方法登记

---

① 何炳棣:《明初以降人口及其相关问题(1368—1953)》,葛剑雄译,北京:三联书店,2000年,第13页。
② 刘志伟:《在国家与社会之间——明清广东里甲赋役研究》,广州:中山大学出版社,1997年,第71~90页。
③ 王铭铭:《逝去的繁荣:一座老城的历史人类学考察》,杭州:浙江人民出版社,1999年,第35页。王铭铭在这里取信了万历方志中明朝中叶泉州因历经倭乱从而使户口折损过半的记录。
④ 《八闽通志》卷20《食货》,福州:福建人民出版社,2006年标点本,上册,第547页。
⑤ 洪武二年(1369年)明太祖诏令:"凡军民医匠阴阳诸色户,许各以原报抄籍为定,不许妄行变乱,违者治罪,仍从原籍。"见《明会典》卷19《户部六》,北京:中华书局,1989年标点本,第129页。
⑥ 陈支平:《明代福建户籍失控与民间私例》,王春瑜主编:《明史论丛》,北京:中国社会科学出版社,1997年,第175~190页。

户口,令明初福建地区的户籍管理及黄册制度,在其施行之初便已产生保存了宋元某些不实户籍和给民间隐瞒户口提供机会的弊端。该文列举了漳州南靖、泉州永春、闽北邵武、闽东霞浦几个例子,说明明初福建申报户口时,存在一个家族仅仅以一个虚应的户名申报的情况。在明初自实户口的过程中,国家既不可能有众多的基层工作人员来检查监控,家族又存在瞒报的可能,同样隶属于家族的里长也不会主动揭发。从晋江沿海的一些谱牒来看,由于家族组织发展较早,[1]有一些家族就是采用了此类做法。

位于今日石狮市中心附近大仑乡的大仑蔡氏家族,其族谱在嘉靖四十四年(1565年)的重修序言中记录道:

> 乡之居纯吾蔡族,余多先之供役于门下者,后以吾家中衰,耻称主仆焉,吾族溯自厚翁十有九世,先时之谱至十四世失焉,嘉靖戊午夏先君命以修谱,因取十三世道顼公所修之图为据……时甫书未及成编,边警猝至……一含方在鳌城,惟怀谱图历险以脱。[2]

蔡氏族谱中自称家族源于唐代,到嘉靖修谱为止已经在大仑繁衍了十九世。这个说法的可信度不高,因为从唐代开始的话当不止十九代,这一点在蔡氏家谱清代的序言中已经有子孙提出疑问。但是从资料中可知明前期蔡氏家族是拥有世仆的,[3]开始修谱的时间也比较早,因此至少在元末明初蔡氏家族应当已有一定的地位和人口规模,家族组织已经有了发展。嘉靖年间蔡氏修

---

[1] 广东珠江三角洲的家族建设比福建稍晚,福建许多地区在宋代即开始家族建设,而广东珠江三角洲则主要在明代进行。科大卫、刘志伟:《明清华南地区宗族发展的意识形态基础》,《历史研究》2000年第3期。

[2] 《大仑蔡氏族谱》之"嘉靖谱序""万历谱序",泉州图书馆古籍室藏。

[3] 世仆在明清时期并不少见。"中国封建政府的徭役和赋税,对非身份制的中小地主和自耕农民,是个很大的威胁。这些自耕农民和破了产的中小地主,他们为免役之故,常宁愿丧失自己的自由身份,而投靠于豪族大姓为其奴仆、佃户,称为'靠势'。这种农民流亡和大户苞荫,在明代初年即在进行中。"他们与古代的奴隶不同,是有自己的财产的,地主对于他们也不像古代奴隶那样,可以任意自由地处理。见傅衣凌:《明清之际的"奴变"和佃农解放运动》,氏著:《明清农村社会经济》,北京:三联书店,1961年,第68~153页。

成的族谱,含有三十三条极尽详细的附录,对族中各项事务都做了规定,其中有一些规定被强调为"祖法"。当中有蔡氏家族在明初被分为军、民、盐三户,在承纳赋役时使用虚应的户头的记录:

> 一区处赋役以省冗费,以节纷劳,以杜竞端。……吾族入明以来,应当军民盐三户,军民合而为一,盐则折而为肆。<u>其当之之法祖传至今不废</u>。但法虽存,而言无征,恐有不肖子孙出而变坏之,非我后人之幸也。兹特申明于后,其民户首名率以十年一次,随黄册改更,不复具载,十年之内依长次房轮值,一人为户长,免一石米差役,以偿其劳,直满虽不免米,复免一身差役以厚报之。凡本族中有田地业相买卖者,<u>依黄册设一私簿</u>,攒造某某旧管、开除、新收、实在若干,首揭云某年蔡某户内丁米小册,末云户长蔡某造,以便分派纳官并俾后有据。每房各分给一册,下次承值者仿此,如遇催征人役,于事于官,以户长一人策应。每年户长设一小帋,上书本户总官丁若干,总米若干,甲首丁米若干,赔貱若干,举监生员优免若干,仍分派某人份下,得丁若干米若干,该纳某项银若干,某某项银若干,随房分给,如官中分单之例,首揭云某年蔡某户内丁米小单,末云户长蔡某具。如有房分不完,以致官徵日急,则将不完者抵当,与户长无与。又如本户中有等子孙,专受诡寄者,如虽染一时之指,终则至于剜心之内,甚有累及其宗者。户长宜鸣众严革此弊,如否,坐以通贿,许族人责此闻官痛惩。其盐户首名,由向抵今不易,不知先世何由,分而为四支,又不审分在何世,大抵在我东轩祖上下三世间也,又所分盐户不随支派,盖有均亲而分者,有均亲而不分者,其一曰蔡温者,为十一世祖必端必明公之后也;其二曰蔡秀者,为十一世祖必昌公之后也;其三曰蔡礼者,为十一世祖宗绍公之后也;其四曰蔡郎者,为十一世祖宗嗣公之后也。盐随户,亦有户长之设,但不如民司之详耳。<u>其军户祖名蔡景凤</u>,洪武九年户抽充南京留守中卫,洪武二十九年(1396年)调凤阳卫,宣德三年(1428年)军名蔡习,照奉勘合将蔡习发泉州卫寄操,系中所第八百户李某下,此后继当。事例:祖议特优宗孙一人,免与。支派衰微、三丁以下者特矜免二十岁以下,五十岁以上者,念其老弱,亦免。子生员者,时奖并免其父。如应役,方入

学者即追役,父子并免,余依房分长次轮当,率以十年一更,其该当房分以阄为定,退役者本房再拈阄承当,期满方过别房。其军装每年众科贴银若干,随丁科派,亦责在户长,二十岁以下,六十岁以上与痼疾者免出,生员特免其身出,余通族不问杂职役及已仕者,俱出。成化二十年(1484年)勾丁,族仍会议以十年交代为太聚者,于是易以一世三十年之说,特推长房丁蔡进应役,进即愈杰,嘉靖九年(1530年)将营丁蔡椿补役,装贴依旧,后并其贴而亡之,抵今役尚未有代也,此则祖法之变甚矣。盖自愈杰出徒应役后,彼此久不相闻,八十余年间祭扫吊贺之礼废而相资助相纠正之义亦固以不举,含欲会众参酌,不失祖规,而未之暇。然一派专应军役,不与民盐或亦一便,可相安无事,长久行之耳。姑述其概,以俾本末有稽云。<u>其蔡温、景凤等名于道项图无之,想系一时之捏名也,及蔡习则系的名矣</u>。

明太祖朱元璋划分天下户籍,福建沿海乃以军、民、盐三种为主,被佥点为军户的家族极多,数量仅次于民户,像大仑蔡氏这样一家分为三种户籍的并不罕见。蔡氏有军户户头一个,民户户头一个,盐户户头四个,总共六个户头,除了民户户头外,其他户头都不是以真实户首登籍。材料中谓"民户首名"尚且遵从黄册十年一更造的规定,"随黄册改更",但是族中还有"私簿"来处理族内缴纳赋役的分派,这应是修谱当时的嘉靖时期的情况,因为明后期黄册失效,户名的作用仅仅是承担定额化赋役。大仑蔡氏以农业为主,离海滨尚有一段距离,本来并不从事渔盐,但明初福建民户常见被佥点为盐户的,①这是因为明代盐户的来源,既有前代遗留下来的,也有佥点附近殷实人家拨充的。蔡氏的四个盐户户头都是虚名,一分为四的理由不详,笔者手中现有的大仑蔡氏族谱不见详细世系,不清楚东轩祖到底是何时代的人物,因此无法得知这四个盐户户头究竟始于何时,但立于明中期以前应是无疑的,可能这四个盐户户头相对蔡氏的家族规模来说,仍然能起到隐匿人丁的作用。"又所分盐户不随支派,盖有均亲而分者,有均亲而不分者",则所谓十一世祖必端、必明、必昌、宗

---

① 曾玲:《明代前期的福建盐业经济》,《中国社会经济史研究》1986年第4期。

绍、宗嗣五人,并非出自同一房支,蔡氏同一世同一支派的子孙,有人分为盐籍,有人分为民籍,而同样为盐籍的,却是隔了房的堂亲。

能清楚确定的是,早在洪武九年被抽充南京留守中卫的军户名蔡景凤,就不是真实存在的户名,而是蔡氏家族为了解决族中轮充军役的需要捏造的户名。《太宗实录》卷39永乐三年(1405)二月丁丑条记载,①巡按福建监察御史洪堪上疏言十事,其五曰:"福建军役,洪武中先以三户垛集,正、贴轮当,后贴户多抽入伍防倭,而又令轮当垛集之军。"福建一地在洪武年间先后施行垛集法和抽籍法,则大仑蔡氏的军籍应是来源于抽籍。抽充军和垛充军中经常存在的轮充现象,②令各军常到卫不久即逃,再勾再逃,而军伍实际上长久处于缺人状态,因而轮充在正统元年(1436年)时被明政府在军政条例中明文禁止,嘉靖三十二年(1553年)复又重申禁令。③这种情况的产生即与抽充军的子孙以各房轮充为理所当然有关,而这种行为出现的前提,是被抽充军籍的家族已经形成较成熟的家族组织。蔡氏家族到成化年间,才因轮充不便而推举一家固定应役,并提供军装费用一直到嘉靖年间。总之,作为大仑望族的蔡氏家族,利用明初制度的漏洞和大家族的优势,以区区六个户头就涵括了整个家族的人口,这意味着人口的隐匿和赋役的逃避,对整个家族的发展来说是有好处的,对国家来说则意味着控制不力。

在永宁卫附近的梅林李氏家族之《梅林李氏族谱》"重修小引"中,也提到已经分家的两房合作登记了一个户头:

> 吾祖自沙堤徙梅林,时有二房,筑前后二室,分阄以居,长子得前,次

---

① 《明太宗实录》卷39,永乐三年二月丁丑,台北:"中央研究院"历史语言研究所,1962年影印本,第1册,第654页。

② 抽充军是由丁多民户中抽取一丁为军,遇有"父子兄弟不和"的情形,往往"互相推诿","每人一年,往来轮流",亦称抽籍。垛集则凑数丁为一单位,由其中垛一为军,而以出军之户为正军户,其余为贴军户,共同负担一名军役。福建本地产生的军户,多属此二类。见于志嘉《试论族谱中所见的明代军户》(《"中央研究院"历史语言研究所集刊》1986年第57本第4分)和《明代军户世袭制度》(台北:台湾学生书局,1987年,第10~46页)。

③ 张可仕:《南枢志》卷89,"军丁不得更番私替"条,台北:成文出版社,1983年影印本,第6册,第2356页。

子得后,故有前后房之传。长以登字为行,次以宗为行,故户头有李登宗之名。①

梅林李氏以阄书来分割财产、实行分家,这已经与明清时期福建家族分家的一般做法一致,同时虽然分家各过,两房却联合起来登记并使用一个虚构的承担赋役的户名。已经分家的家族尚且如此,证明这种以合族之力虚构户名应付国家的事例绝不在少数。

因大多数学者都认为明初户帖制度的推行是中国传统社会中最为成功的一次人口和财产的普查,而且明太祖朱元璋出于保证赋役来源的考虑,在立户籍时尽量分割大户,鼓励以核心家庭来进行登记。②朱元璋曾规定:"人户以籍为断,禁数姓合户附籍",③鼓励民间以一姓一户入籍,所以这些"户"在一般情况下,应可视为一个个实际生活中的家庭。④但是泉州沿海基层社会,却因明之前家族组织已经出现,可以在内部分爨各过,同时在外部联合使用一个与真实人物、人口无关的户名,因此黄册上的一户,有时根本就是一个有许多小家庭的大家族。这样在明初,泉州沿海乡村家族就已经产生了别的地区比如广东在明中期里甲衰弛以后才出现的承担赋役的户名与真实家族、人户、人口脱钩,甚至数个分支家族使用一个户名的情况。一些家族正是利用这种方式在明初就虚捏户名,或隐瞒人丁、减轻赋役,或为族内分担轮充军役的任务服务。在福建其他地方,也有这种情形的存在。

里甲的重点在于承担赋役和作为国家最基层的行政组织,除了作为供应赋役的单位外,还具有行政、司法、教化等社会管理职能。由于明朝采纳了以

---

① 《梅林李氏族谱》,石狮市博物馆藏。
② 万历《泉州府志》卷6《版籍志》,"户口",台北:台湾学生书局,1987年影印本,第461页。"户口"中在前面引用过的"各以本等名色占籍,十年则核其老幼生死而更造之"的记载后面,是"民父母存,若亡而兄弟出分,及赘婿、乞养子归宗另爨者,听异籍。惟军籍有清勾,虑其以异籍为规避,禁不听"的文字,明初政府除对军户有"例不分户"的规定外,在对民户登籍时,鼓励一家一户式地入籍。
③ 《明史》卷77《食货一》,北京:中华书局,1974年标点本,第7册,第1878页。
④ 梁方仲:《明代黄册考》,刘志伟编:《梁方仲文集》,广州:中山大学出版社,2004年,第296~332页。

朱熹为主的宋儒治国思想,关于乡约和基层社会教化的内容也被引入了里甲制度。从大诰三编到《教民榜文》的颁行,朱元璋希望里社能通过会饮和读誓,实现教化,以求能"和睦乡里,以厚风俗"。《教民榜文》是通过设立里老,并以里甲为基础,结合里社、社学、乡饮等制度,以调节民间纠纷,施行教化为特征的制度性规定。《教民榜文》的颁布,可以视为明朝乡约制度的初立,[①]里老被赋予了掌管基层司法诉讼的权力,[②]每里一百户内还要设立社坛和厉坛,从教化、礼仪上来控制基层社会。

在理论上,里的编制必须遵从一百一十户为一里的原则,但在实际操作中,尽量不越过村落的自然边界,同时绝对不会越过都的区划。所以一般来说,里的边界不会与村社、社区的自然边界产生冲突,因此已经存在家族、村社的组织也没有被里甲制度冲散,家族可以跨里、甲发展,[③]继续在里甲系统内发挥作用。里甲制度利用了原有的家族组织和社区的资源,其框架与内容也影响了家族社会的发展,为基层社会的自治化提供了组织资源。宋代泉州沿海的乡村基层社会,在乡里制下已经有社庙的存在,当明太祖试图在乡村中建立一个礼仪祭祀体系的时候,宋元时的"社"就被继承发展下来。在明朝官方的推行下,由里社组织派生出来的里社祭祀制度成为乡村社会的基本制度之一。明中叶以后,福建的里社大多与被斥为淫祀的民间神庙合二为一,[④]而在里甲制度中发育起来的民间传统社区组织,许多表现为神庙祭祀组织。

从石圳李氏家族的例子,我们也可以看到明太祖的理想在基层社会发生了走形。石圳村在晋江福全所的北面,李氏家族于元朝末年从福州迁徙到此。

---

① 常建华:《乡约的推行与明朝对基层社会的治理》,《明清论丛》第四辑,北京:紫禁城出版社,2004年,第1~36页。

② "命民间高年老人理其乡之词讼……命有司择民间耆民公正任事者,俾听其乡诉讼,若户婚田宅斗殴者,则会里耆决定之。事涉重者,始白于官,且给教民榜,使守而行之。"见《明太祖实录》卷232,洪武二十七年四月壬午,台北:"中央研究院"历史语言研究所,1962年影印本,第4册,第3396页。

③ 下文将会提到的祥芝半岛东埔邱氏家族分属于军、民、盐三个户籍,且不在同一甲、同一里。

④ 郑振满:《明清福建里社组织的演变》,郑振满、陈春声主编:《民间信仰与社会空间》,福州:福建人民出版社,2003年,第335~353页。

与李氏开基祖望山公一起迁徙到石圳的还有许多户人家,包括了郑、林、吕、陈、许、徐、黄等姓氏,到今天石圳村依然是以李氏家族为主,兼有一些杂姓。明初时这些家族"版籍各定,各有户长之编,胥公纳粮",被编在同一里之内承担赋役。李氏家族第二代就获得了功名,望山公的两个儿子于洪武十七年成为庠生。李氏族谱中望山公本传记载:

> 澐前之溪夹膏田数千亩,烟火数百家……开创公讳隆基,字兴国,号望山,美姿容,通文学,娶氏奉乐泉公至孝,不惟尽物而且尽志,乐泉公与同徙居者数十家皆心友也……洪武初更定版籍,公与陈蔡诸家同为编户之长,班居其七,乃七甲也,年输税惟谨。

望山公长子璀一之子西岐的传记则是:

> 西岐公讳硕德,字瑞凤,望山公之长孙,静翁之子也,父祖同居共爨,至公时戴发含齿日繁,业始瓜分而四矣。公营运生涯,天若相之,不二十年,日长万金,建缘筑刘山庵,割田为租,召僧主持,方丈中高设钟鼓而十班公事会议于此。公年在人下,而推位者辄尊为人上,一出语人无不唯……本宗璨字兄弟公居其首,而业产又最,故县役里务推公是任,属户数十家,往往岁首越三日登门再拜,即定以三限之期(属户钱粮定以三限日期秤纳),①计其丁产,酌其岁额,额外毫无取焉。至期如约而至,罔敢后先。公不越户庭而粮税每课最(公不必到十户催科而自纳),十户不苦冗食,而惟正有常供(馈遗之礼),岁节常例内其威德之服人如此。澐前腴田,一望连阡,尽公家田亩,望山近地一概园林,尽公家版籍。
>
> 考证:按西岐公之筑澐前溪也,采石千百,挑护田为崖,欲为后人无穷之岐业。进井有张姓者秉宙,其名平日善诙谐,出口成俗句,公方鸠工治岸,砌石两旁,酒饷且至公呼其名而语之,曰汝素能四句,试言之,赏之以尽醉。其人已酣,即大言曰石圳老官实有钱,打石筑溪作田乾,一千年田

---

① 括号中为原谱中注解,系原文。

五百客,一人弄来只二年。公不悦其语,然以为高阳徒,亦不介意,后二年后大风拔木,洪水崩山,满望阡陌流为荒墟,人以为口谶(上云细人戏谈,脱口为谶即此)。公卒于弘治癸丑(1493 年)。①

又有西岐公三子图三公毅翁的传记如下:

公讳阳珪,字元璧,号毅翁,璨一公之三子也,丰姿魁梧,言语温和……自澐田崩流之后父兄已置之若弃矣,公补直……漏开垦荒芜,兼以治产,有陶朱之方,运筹有计然策,故家事日兴月长,富仍父风而威望过之……下数十编户不识本官,惟知本管,岁首之上寿如旧三限之上纳如旧。完约者有赏,后税者有罚,虽忧楚之囷有怨者,间有角雀之争,片语斥之,两造帖然,不待直之公府也。刘山庵群议公事,每鸣钟十班毕业至,公乘轿升临,席居上首,有画诺咸供指麾,皆承奕世豪闻,人人推尊故也。公生于天顺六年(1462 年),卒于嘉靖廿一年(1542 年)。

以上几条资料,大概能够说明从元末到明中期大约 200 年的情形。且不提李氏家族来源的真实性,由于其家族发展得比较好,李氏家族从明初开始就是里长。上引资料提到,第三代西岐公之前,李氏家族依旧是一个"同居共爨"的大家族,之后因生齿日繁,望山公的四个儿子就此分家,而长房和二房在分家后,依旧分别担任了里长。② 李氏家族家业颇厚,因此被列为里长,石圳周边的土地大多都属于李氏,"尽公家版籍",里中其他家族极可能是李氏家族的佃仆。从集会公议到修理水利,里中其他人户都要听从李氏号令。③ 李氏家族的第三代西岐公建了一所名为刘山庵的寺庙作为里甲议事的地方,从西岐公到其子图三公,在刘山庵敲钟集会甲首时,俨然一方霸主,赋税不是李氏上门催征,而是各甲首主动上门缴纳。在地方事务上,"下数十编户不识本官,惟

---

① 以下材料人物之生卒年为笔者从世系中摘出,并经过简化,原传无。
② 图三公的堂弟图五公曾以里长的身份处理争执。
③ 梁方仲:《明代一条鞭法年表》,《梁方仲经济史论文集》,北京:中华书局,1988 年,第 485~576 页。

知本管","间有角雀之争,片语斥之,两造帖然,不待直之公府也"。应该听命于国家的编户服从于某个强势家族的管理,而里长的职役虽不是官职,却加强了这种权威。这就是说,在里甲制度的框架下,形成了以大族控制为特色的地方社会自治化。

明初规定,乡村中必须设立申明亭,以为里长、老人处理里甲内部事务的"衙门"。但是刘志伟在《在国家与社会之间——明清广东里甲赋役制度研究》一书中指出,除了只见过在一些县以上治所曾经有过申明亭外,在乡村中几乎没有任何痕迹。① 根据设置社坛和厉坛的规定,里应该是一个祭祀单位,但是它不一定是以社坛和厉坛为中心,这个中心可能是宋元一直流传下来的神庙,也可能是一座新建立的寺庙。在石圳李氏的例子中,是刘山庵承担了这些功能,成为社区事务聚集的中心。这是因为,明政府在建立起里甲制度的时候,"一方面需要重组地方社会组织,另一方面也需要与既有的地方组织取得妥协,这是一个国家政府与地方社会之间的对话过程"。② 所有的国家制度在地方推行时,都有可能因地方自身生存发展的固有需要而产生变形。在里甲衰弛的时候,由里社发展而来的神庙祭祀系统,成为家族组织进行社区整合的普遍方式。

明初的赋役制度是建立在比较健全的里甲体制的基础上的,而明中期以后,编户齐民大量地脱离里甲户籍,这才是泉州嘉靖时期的户口数字可观下降的真正原因。这些国家掌控不到的人口成为"逋户"、甚至是游荡的"盗寇",明中期全国性流民起义正是肇因于此,倭乱亦是得到了这些人作为人力补充,福建正是继广东之后的全国第二动乱大省。③《惠安政书》载该县总户数为4195户,其中绝户达549户,④户口逃亡现象严重,《惠安政书》里数次提到惠安山

---

① 刘志伟:《在国家与社会之间——明清广东里甲赋役制度研究》,广州:中山大学出版社,1997年,第55页。

② 刘志伟:《在国家与社会之间——明清广东里甲赋役制度研究》,广州:中山大学出版社,1997年,第56页。

③ 刘志伟:《在国家与社会之间——明清广东里甲赋役制度研究》,广州:中山大学出版社,1997年,第97页。

④《惠安政书》4《总图表至三四都图表》,"惠安县"条,福州:福建人民出版社,1987年点校本,第67、68页。

区聚集了逋逃的"漳民"和脱离国家编户控制的"峒丁";临近晋江的惠安县十七都山区,"广薮大泽,最宜苎、茜、荻、樵之属,畲丁赁种,贾竖贩易。是都以上,多为漳民藏匿";同样与晋江相邻的十八都,"则设桴鼓闻于海上,沿江恐有失守,或峒丁啸聚,则邻北都者震矣"。① 在这些逃户中,其实有许多是明初刚刚成为合法编户的土著。据记载,"国初,因都分里,徙不出乡。厥后民无恒宇,不特甲首分裂四溃,里长亦徙他都"。② 此外,承担户役的户头变得世袭化,成为一个为家族所掌握的虚应户名,里甲户籍越来越不能实际地掌握具体的个人,以田随人的登记方法随着土地买卖的频繁,土地占有的实际情况与册籍上的记载益发遥远,原来的评定户等、佥派差役的标准与实际赋役负担能力之家的差距也愈来愈大,无数里长因轮值"大当"而至倾家荡产;③同时,随着白银货币进入赋税领域,逐步成为各种赋役征派同一采用的预算和支付手段,一场清查田亩、均平赋役、简化承担赋役方式的改革,最终汇总为一条鞭法。

明后期为了重新控制基层社会所进行的改革和努力,还是在里甲的框架下进行。如晚明赋役改革时曾要求重新丈量田亩,福全石圳李氏长房与二房世代为里长役,其族谱中就记载了李氏家族的李宗正督丈田亩的事迹。④ 但是里甲制在明初所设计的社会控制功能已经基本丧失,愈来愈只剩下赋税上的意义,里甲作为基层行政组织已失去效力。嘉靖"大礼议"对宗法制度庶民化的影响以及里甲户籍的世袭化,都给家族组织的新发展提供了契机。

明中叶以后的黄册制度,已经变成力保赋役原额不失,登记在册的"官丁"

---

① 《惠安政书》6《十一二三都图表至二十二都图表》,"十八都"条,福州:福建人民出版社,1987年点校本,第187页。
② 《惠安政书》12《保甲篇》,福州:福建人民出版社,1987年点校本,第363页。
③ 《福全石圳三房份李氏族谱》中就有数宗因"大当破家"的记录。道光《晋江县志》卷7《田赋志》(福州:福建人民出版社,1990年标点本,上册,第118页)记载:"独里甲之役,有甚为民苦者。始,坊里长在官专掌催钱粮,勾摄公事而已,其后乃以支应官府诸费,若祭祀、乡饮、迎春等事,皆责措办。浸淫至于杂供私馈,无名百出,一纸下征,刻不容缓。加以吏皂抑索其间,里甲动至破产,此其弊与宋等矣。"
④ 《福全石圳三房份李氏族谱》之"新庭公传":"公讳宗正,字日中,号新庭,虽承世代豪举,父祖厚荫,然不骄不汰……值兵火倾燔之余,稍盘情荡尘矣。轮年里役毫不苟取,输者乐与,与者罔怨,则无横征可知矣。朝例丈量,公督其役,破产倾赀,受劳受怨,皆为本宗公举故也。"新庭公生活在嘉万年间。

被固定化,①不反映实际人丁,而田地成为单一的征派对象。政府编造户籍的重点,越来越注重田地和税额,人口登记的意义在逐渐丧失。为了均平差役负担而对里甲正役、杂役的征派办法进行的改革,所采取的方法一般是把原来由各里甲轮流承担的费用直接摊派到全县的人丁田亩上。明代福建的里甲正役改革,始自正德年间御史沈灼推行的八分法和纲银法,以丁四粮六法科派。实行八分法和纲银法之后,里甲户不论当年是否轮充里甲之役,均需分摊有关费用,从而使值年里甲的负担大为减轻。②"一条鞭法"让差役负担定额化,而户籍编审亦形式化,"官丁"与实际上的丁口分离。民间从此再无必要去拆分里甲户籍以求降低户等避役,所以明中叶以后福建负担赋役的里甲户头,就完全变成了虚应户名,为家族世袭继承使用。与此同时,需要直接与官府打交道的力役愈来愈少,平民与官府除了纳税和提起诉讼之外极少有交集,所谓里长绝迹于县庭,生活中强宗大族的地位更形重要。官府的直接控制力量在基层社会日渐萎缩,而家族,尤其是强宗大族在基层社会自我管理中的地位进一步提高。

由于赋役制度和财政体制的改革,各级地方政府逐渐放弃了对于里甲户籍、水利设施及各种社会文化事业的管理权,将这些权利让渡给基层社会,从而导致了基层社会的全面自治化。这种自上而下的权力转移,促使民间形成相应的自我管理机制,推动了各种基层社会社区组织的普遍发展。③

清代对赋役征收制度实行了全面改革,里甲制也向图甲制转变,缴纳赋役的方式变为"自封投柜"。明清之间的赋役改革经过多次挣扎反复才最终确定,这些制度在泉州定型的时间大约是在复界时。"自封投柜"的源头是"易知

---

① "今庶民之家,登册者名为官丁,不登册者名为私丁。官丁纳钱约可三钱,私丁则里胥量其家之人口多寡、财力丰绌,而取其资以备衙门之用,亦其势也。有司编审之时,率视米多寡,量注丁口,皆非实数也。"见何乔远:《闽书》卷39《版籍志·户口》,福州:福建人民出版社,1994年点校本,第1册,第958页。

② 郑振满:《明清时期福建的里甲户籍与家族组织》,《中国社会经济史研究》1989年第2期。

③ 郑振满:《神庙祭典与社区发展模式——莆田江口平原的例证》,《史林》1995年第1期。

由单"制度。明朝中后期泉州已经实行"易知由单"制度,①用以替代粮长制,这使得里甲的任务更加繁重,地主大户因而恃强凌弱、规避徭役,加速了里甲制的败坏。② 为此福建施行了"十段锦"法,但是"十段锦"依赖原有的里甲,无法得到人口赋役的真实情况,所以效果受到影响。于是当一条鞭法推行时,一些地方官府就把向里甲征收赋役转而直接向个体"花户"征收赋役,发给花户登载税款的"贴",所谓"下贴于民",花户根据这个"由贴",就可自行封装钱粮,到县府投柜缴纳。这种做法越过中间阶层,可以避免里长和胥吏从中勒索取利。到万历二十一年(1593年),福建全省已经推行了这一制度。③ 清初杂役依然由里甲承担,赋役不均平,于是清廷整顿里甲,以田粮为准编审里甲,在一些地方有均田均役的举措。福建地方不靖,征敛加剧,赋役制度反而改革较慢。晋江县志里没有明确的关于康熙年间里甲整编的记载,但是从其他一些文献里可以看到,顺治年间,泉州地方官还在推行自封投柜。④ 郑氏归顺,沿海复界后,泉州复界地区都进行了整编,沿海基层社会重新划分地界,以人口、家庭为组织中心的里甲经过整编向以田地赋税组织为中心的图甲转变。里甲户籍的框架在一些地方存留,但是只是为田粮登记而存在,户口登记的意义已

---

① 梁方仲:《易知由单的起源》,《梁方仲经济史论文集补编》,郑州:中州古籍出版社,1984年,第152~157页。

② 陈支平:《明清时代福建的易知由单和自封投柜制度》,汤明檖、黄启臣编:《纪念梁方仲教授学术讨论会文集》,广州:中山大学出版社,1990年,第215~229页。

③ 陈支平引用福建巡抚许孚远万历二十一年的《置由票颁行八府一州》和《征粮票册行粮饷道》,认为名字虽然不同,但此时福建地方政府的"粮差由票"制度与清初的"易知由单"实质类似。陈支平:《明清时代福建的易知由单和自封投柜制度》,汤明檖、黄启臣编:《纪念梁方仲教授学术讨论会文集》,广州:中山大学出版社,1990年,第215~229页。

④ "丛荫坤,号遽裹,山东人。顺治十五年由举人知晋江县。旧时军旅频仍,赋重民贫,征赋者日进粮长而挟之。粮长弗能堪,则佣贫民代佚。持佚与受佚者皆计数取偿,费益多而粮益逋。又故事,止征比粮长,不问花户,黠者既贻累粮长,而愚者不知应输之数,任粮长飞移作弊,莫从稽查。签拘押追,胥役渔利,闾井骚然。荫坤下车甫浃旬,问民疾苦,鉴前失而反之。进粮长于庭,悉心开谕,令胪列花户姓名及应纳粮额,造具细册,榜而示之。令各照数赴柜投纳。其完不及数者,复令自为限期。于是输将恐后,里无追呼。"见道光《晋江县志》卷35《政绩志·文秩一》,福州:福建人民出版社,1990年标点本,下册,第1065页。

经完全丧失，国家控制人口户籍的方式转变为保甲制。①

清代康熙进士、安海人陈梦弼作《安海清丈记》，记录了安海展界后清丈的情形："甲子展界得面故里，而西埭崩坏，国课无措。六年起科，照户追缴，鞭扑官法如炉，赔纳骨髓已竭。西埭产米计六百余石，俱是安海各姓物业，何户无累，何户不赔！昔之迁界，只苦流离；今之复界，惨累身家。年复一年，其惨不知何所底也……康熙三十年（1691年）奉文界外清丈，蒙泉州府高公、晋江县李公劳心焦思，不阅月清丈造册，达部照新，就田问赋，有业有产，不至偏累。"②由于迁界地区的特殊性，在回迁后各乡各户需要重新厘定经界，给整顿里甲带来了契机。

《福全石圳三房份李氏族谱》也有相关记载：

> 公讳未，字仕侯，号秉达。当迁之时，遇庭讼，善于排难解纷争，恢复既定界，以外草木畅茂，土地荒芜，遗老失贤，经界不正，井地不均，谷禄不平，此仁政之居所大患焉，于是撰书辞具马币，即命有司推车就道丈量之，关系所攸，先叹斯时也，公退处乡间，晓于大义，乡中之人有属望焉，忽而州司来临，急于星火，间之人仓惶无措，推之为乡老，公慨然趋承其事，手捧册籍，化地形指划，坵假随之，官长信任，于公问其是非，商其可否，公应答如流，或先或后，或左或右，与有司驰骋于阡陌之间，弥缝其阙，无少差谬焉，夫而后经界正，井地均分，田制俸可坐而定也，非公之聪明才智，而能若是乎？于今尚存册籍，以备后之人查米虚实，所以保我子孙，勿替失。

---

① 《清朝文献通考》卷21《职役一》，杭州：浙江古籍出版社，1988年重排本，上册，第5043页。"顺治元年，置各州县甲长、总甲之役。各府、州、县、卫所属乡村，十家置一甲长，百家置一总甲。"下又有编者按语云："臣等谨按：保甲为弭盗安民之良规，国家定鼎之初，即举而行之，其后屡经申饬，为法甚详且备，此盖其权舆也。考十七年令民间设立里社，则有里长、社长之名，惟八旗庄屯以设领催，不更设里长。南省地方以图名者，有图长，以保名者，有保长。其甲长又曰牌头，以其为十家牌之首也。十牌即为甲头，十甲即为保长，又曰保正。是皆民之各治其乡之事，而以职役于官，沿诸古法变而通之，与民宜之。各直省名称不同，其役一也。"

② 《安海志》卷10《户籍》，泉州：安海志编修小组内部资料，1983年标点本，第91～92页。

柯琮璜在《安海源流考》中,则记述了清丈后编审图甲的情形:

(康熙)三十年,太守高公拱乾清丈田产,编岁、律、吕、调四图。晋南界外十里之地,屋基、坟山不丈,惟就田问赋,不至偏累,百姓德之。

《安海志》卷10《户籍》中,收录了《安海郑氏家谱》的有关记载:

晋江乃闽南首邑之地,共四十九都,计一百卅七图。分为仁、义、礼、智、信五柜,以千字文为图号。仁柜自天字至成,义柜而岁至食图,而信柜□□□□十七图。一图之内十甲,一甲之中十户。甲户之内丁米不计而递,年丁产正供仓米加派,各依甲户按期需派为定例。夫本户居之晋江八都义柜,词图一甲,①内户郑国兴也。岁见役等先请图内诸朋题氏帮贴,每户至本房兄弟□□□人,不可不知之耳。②

迁界地区经过整编,里甲转为图甲,户名与实际人户无关,仅仅是一个纳税的单位,且由各户自封投柜,图甲已经没有了明代里甲作为社会基层组织的意义。

无论是整顿里甲为图甲还是"粮户归宗",最终都令明初被详细登记的人口户籍转化为虚拟的纳税单位,政府掌握的是纳税的"官丁",而非真实的户口。顺治八年(1651年)至乾隆五年(1740年)的丁数从来不代表人口。③ 康熙五十年(1711年)下诏永不加赋税,加上雍正时期的摊丁入地,连"官丁"的数字亦变得无关紧要。因此,"十八世纪三十年代初,当摊丁入地在全国绝大部分地区完成之后,长期实行的丁口编审暂停进行",户口该交保甲登记。保甲的主要目的在于治安及维持地方秩序。何炳棣指出了乾隆年间人口登记的

---

① 按《千字文》由"岁"字至"食"字部分并无"词"字,此处可能有误。
② 《安海志》卷10《户籍》,泉州:安海志编修小组内部资料,1983年标点本,第90页。
③ 何炳棣:《明初以降人口及其相关问题(1368—1953)》,葛剑雄译,北京:三联书店,2000年,第41页。

混乱状况,还专门指出了福建省从乾隆后期到道光三十年的人口数字的可疑。① 他引用了《清文献通考》卷 25 收入的一则道光年间上谕:"闽省保甲牌长人多畏避承充,皆由易于招怨。今拟将缉拿人犯、催征钱粮二事不派牌甲保长,专责以编查户口、稽察匪类。"在清代泉州方志和族谱中,几乎找不到关于保甲的记载,而保甲既编制于乡村之中,必定无法躲开家族的干涉,保甲无法实现人口管理的功能,那么它的治安、教化功能又如何呢?

第二节 地方治安与教化制度

里甲制度变异为赋税登记系统之后,明清王朝与士大夫们为了加强对基层社会的控制,努力推行各种维护地方治安与教化的制度,乡约就是其中之一。正德年间王阳明在赣南推行的乡约保甲制度,为诸多地方官、士大夫所效仿。泉州也进行了类似的试验,但并没有达到试验者的预期效果,反而为家族等地方社会自治组织所利用。明中叶以后泉州的许多民间自治组织,正是从乡约、保甲、铺境中发展而来的。

保甲与乡约同时都具备"弭盗"和"教化"的功能,但是与实行保甲的十家牌法相比,《南赣乡约》更侧重于"教化"。从宋代陕西蓝田《吕氏乡约》诞生以来,乡约就时常为理学家、士绅们视为规范地方社会的一种重要形式。明后期里甲制松弛,本来就没有很好地发挥过作用的官方设立的乡村教化体系更趋于崩溃,而王阳明的《南赣乡约》试图以约法的形式把人民组织起来。他认为,盗贼的产生是因为农民"弃其宗族,畔其乡里,四出为暴",只要"特为乡约,以协和尔民",②则里甲皆为顺民,地方当可安靖。叶春及在《惠安政书》之《乡约篇》中说:"嘉靖间,部檄天下,举行乡约。"《明世宗实录》卷 239 记载:"监察御

---

① 何炳棣:《明初以降人口及其相关问题(1368—1953)》,葛剑雄译,北京:三联书店,2000 年,第 63 页。
② 王守仁:《王阳明全集》卷 17《南赣乡约》,上海:上海古籍出版社,2011 年,中册,第 664~449 页。

史舒迁疏请申明祖制,县置四仓积谷以防荒谦,令有司自行劝相,或谕富民出粟,或听民聚会为之。立乡约以厚风俗,严禁令以遏强暴,择良民以司出入,请旌表以诱向义,因民上所利而不费,藏富于民而下不扰。"① 这条建议为明廷所采纳。隆庆三年(1569年)任泉州知府的朱炳如,"集父老讲明乡约"。② 万历初年的福建巡抚耿定向,下令在福建全省推行保甲乡约。③ 他试图寓保甲于里甲之中,行乡约于保甲之内,使上下相通,大小相恤,把"户籍分散,里图错居"的基层社会"通之为保甲""通之为乡约"。嘉靖以后推行的乡约制度,重申对社坛、厉坛等的祭祀,④理想化色彩浓厚,仪式非常繁琐。从叶春及《惠安政书》的记载来看,对里社中约誓、社学、祷告等等都有专门的仪式规定,如何入席,如何排序,如何退席云云,普通百姓绝不可能长期遵守之。

龟湖《铺锦黄氏族谱》中有一段关于嘉靖乡约推行状况的记载:

> 《省吾公墓志铭》:"龟之友人省吾公黄子雅兴义气……卒于嘉靖辛丑(1541年)。少读书,攻举子业,体薄弱受,病良多。于是废举子业,终其身以孝养焉。旧有塾舍,岁久为人所据,无逸翁直赎之,新其堂宇,延以师傅,公召族之子弟教之正句读明音画。前太守王公方南立乡约,令举公为约史,见有食约文奸者怒曰,与其设法以生事,曷若止之以省事哉。自是不复与约矣。……生弘治二年(1489年)壬子,享年五十。"

太守王方南即嘉靖丙戌(1526年)进士,泉州知府王仕俊。被举为乡约史的黄氏家族省吾公,原为读书人,致力于族中子弟的读书事业,原本此类人物应是乡约推行的中坚力量,但是乡约的繁琐与理想化决定了其在基层很难真

---

① 《明世宗实录》卷239,嘉靖十九年七月戊戌,台北:"中央研究院"历史语言研究所,1962年影印本,第6册,第4854页。
② 道光《晋江县志》卷34《政绩志》,福州:福建人民出版社,1990年标点本,下册,第999页。
③ 耿定向:《耿天台先生文集》卷18《杂著》,明万历二十六年刻本,第13页a面。
④ 《惠安政书》10《里社篇》(福州:福建人民出版社,1987年点校本,第247~248页)收入了对土地神、五谷之神的祭文。

正推行,黄省吾因而认为乡约纯属多此一举,是为"设法以生事",倒不如少一事来得好,遂不复与约。

晋江青阳的《青阳乡约记》碑刻,则表明了乡约沦为乡族大姓之工具的状况。碑文曰:

> 夫乡之有约,古也;而约正之名,委重于士者,自吾郡守方南王公始。……为蓝田吕氏之乡约,庶几俗可治而讼可省……然立之未久,官去而遂废者,岂法之病哉!其故在士夫以杜门谢事为高,而不屑于任怨;有司以权柄下移为讳,而不常以任人。法虽良而罔克有终者此耳!求能终其事以无负有司委托之初意,以压服远近不一之人心,予于方塘庄子见之。<u>庄子讳用宾,字君采,方塘其别号也</u>。与予少有师生之分,及长为同年之雅,予知其深矣。盖其天性聪敏,心事磊落,夙承乃考石泉公之训,年未三十联魁科第,由大行历刑曹,出为浙之金宪。方綮节古人,锐志当世,竟以忤时宰落职家居。而余羁薄宦,别之累年。<u>至嘉靖乙巳岁(嘉靖二十四年,1545年)</u>,予丁外艰而归,闻其为约正,甚整齐严肃,闲适有荣。□林君昭德、赞政赵君銮、岁廪生庄君苗、耆长张君文墨、庄君子泽、庄君朝采、庄君文宗、郡庠生庄子天兴相率诣予曰:"吾青阳一乡,合居二十七八都之民,烟火弗下数千,而附篱之乡累万,然未易以绳束而一之也。纨膏梁子弟,动逾礼度;豪家僮仆,恣意采樵;甚者强凌弱,众暴寡,以至盗贼横行无忌,民罔克胥匡以生。向者举方塘庄子于官,庄子辞弗获,而任之有年矣,乡民倚重焉。摭其实有可言者。吾乡有石鼓庙,旧宇倾圮,庄子捐己赀而一新之,于是崇明黜幽,迁佛像于其东西傍;而中为众会之所,悬条约于堂。至朔望,偕诸巨姓四十人抵其所而申明焉。<u>分为十甲,每岁庄姓协诸巨姓各二人分董其事</u>。务在相劝、相规、相友、相恤。有善者与众扬之,虽微不弃;有犯者与众罚之,虽亲不贷。抑强而扶弱,除奸而御盗,解纷而息争。由是凡子弟以礼相轨,僮仆以法相检,乡族以睦相守,鸡犬赖以宁,百谷果木赖以蕃衍,沟渠水利赖以疏。德辈嘉其行谊,欲镌诸石,敢丐公之文以垂不朽。"予闻其言而壮之。呜呼!……庄子弗获究所施于庙堂、藩臬,以被郡县,而施之乡党邻里者,如此亦可谓有功于物而不负所举者矣。视彼

退居乡里,毕生平之廉名而尽丧之,与夫虚糜廪禄,而民穷且悍,不能为之所者,相去竟如何耶?

此碑刻立于嘉靖二十四年(1545年),由四川布政使司左参政、邑人新齐洪富撰写,万历十六年乡人蔡应角、生员林清源等又重立。① 碑文中为约正的庄用宾曾取得高级功名,②具有士绅的身份,襄助其行乡约者多为庄氏子弟中有功名者。乡约中推行里甲制,分为十甲,每年由庄姓协助其他大族推出二人分董其事,乡约之会所亦是由庄用宾出资重新。此乡约,实际上就是庄氏家族与其他大族合作,共同管理地方公共事务,是以庄氏为首、以家族为参与单位的基层自治组织。青阳乡约以石鼓庙为议事中心,又与祭祀圈有所重合,自治组织以社区庙宇为事务中心是常见的做法。

府城有无乡约之推行尚不清楚,可以确定的是,卫城、所城、县城以及安海这样的市镇都有乡约的推行。叶春及之《惠安政书》中对乡约推行的记载表明因惠安县城一体划分里甲,故而各都图推行乡约亦是一致。道光《晋江县志》卷52《人物志·笃行之一》中记载嘉靖倭寇侵安平时守西门有功的蔡仲实,其父曾为乡约长,自己亦有份参与丈量校正田亩。③ 永宁卫的《重修鳌门陈氏族谱》④中记载其家族六世祖陈昊,"字志豪,赋性豪侠,尝为卫约长,排难解纷"。乡约并不是行政组织,其推行需要地方士绅的积极配合,因此如里长役一样,若乡约约正、副没有足够的经济实力,很快就会流于形式。而十家牌法本身即易于操作,对安靖地方的实际效用也更大,因此王阳明倡导的保甲制度比起乡约来说得到了较好的贯彻,尤其是在城市,乡约原本是指望它能够在官府势力

---

① 碑现存青阳镇蔡厝村石鼓庙,碑文见郑振满、丁荷生主编:《福建宗教碑铭汇编·泉州府分册》,福州:福建人民出版社,2003年,上册,第125页。

② 庄用宾行乡约的事迹在道光《晋江县志》卷75《杂志》(福州:福建人民出版社,1990年标点本,下册,第1822页)上有记载。县志中与乡约有关内容通共只有三条,可见奉行者罕。

③ 道光《晋江县志》卷52《人物志·笃行一》,福州:福建人民出版社,1990年标点本,下册,第1302页。

④ 石狮市博物馆藏。

第三章
明清时代的政治控制

所不及的乡村弥补保甲的不足的,①但是如同明初申明亭一类制度一样,显然乡约并没有起到其原本被寄予希望的令国家加强对下控制的作用,它要么被放弃不遵,要么被大家族利用为地方控制工具,转化为基层社会自治组织,以自行维护基层社会秩序。

从宋代举子仓出现开始,到明代乡约中包含的社仓、义仓的内容,给许多家族的家族建设提供灵感。国家关于基层教化与组织建设的理想模式,就是让社仓、义仓、保甲、乡约的方法互相结合,推行于地方乡村。《铺锦黄氏族谱》康熙时期的"祭田"一段中记载了黄氏一族公仓的处理方式:

> 祭田租未有也,万历二十年壬辰岁,改建祠堂告成,十一世孙一栋捐己田若干亩入祠堂以为祭祀之需,自是之后,岁祀有资……其假于本宗子弟□则记其多少而不计其贵贱,入则收其母粟而□□其子谷,务使贫乏毕周,无挟私无继富,以相保全生息而无苦于饥荒云尔。此非厚宗族而薄邻里也,孟子曰亲亲而仁民,仁民而爱物,法如是也。第本宗之人多者,恃恩不难于出而难于入,不难于给而难于均。凡出谷之时,须集谆叙堂商议妥当,然后公同给发,至收成时复预定日子,依期收纳仓中,借则公借,入则公入,非遇荒年,虽本宗子弟不得私借,虽余之至亲子弟不得藉口父兄所捐挟取一粒。岁所盈美者,存为修葺祠宇、纂修谱牒之用,若祭祀徭役,及乡里大事,自有别项支给,不许动支升合。

铺锦《江夏黄氏中镇派族谱》中有《南塘书院碑记》,②记载嘉靖己丑年(1529年)晋江知县重修龟湖塘水利,并将"淫祠"五通庙改建为社学的事迹。又有《叶公塘田记》,记载嘉靖十九年(1540年)晋江县推官叶遇春修葺水利之

---

① Kandice Hauf, The Community Covenant in Sixteen Century Ji'an Prefecture, Jiangxi, *Late Imperial China*, Vol.17, No.2, 1996, p.12.文中指出在赣南的实验中很难想象王阳明设计的机构庞杂的乡约能维持多久,其在实行过程中应当不会很顺利,而官府推行保甲较为急切,在城市中亦运作得相对较好。黄志繁的《乡约与保甲:以明代赣南为中心的分析》(《中国社会经济史研究》2002年第2期)引述了这一观点。

② 石狮市博物馆藏。

余在龟湖塘设立社仓的事。加上上文提到黄省吾曾为约正一事,龟湖塘周边曾推行乡约各项措施是无疑的。铺锦黄氏的公仓虽是起源于十一世孙捐赠的祭田,但祭田后专为祭祀之用,族中公仓的救济族人功能,实际上类似于社仓。

乡约盛行之时曾掀起一股"毁淫祀"的风潮,士绅们将这些"淫祠"或改为乡约之所,或改为社学,以求符合教化要求,但是这些庙宇,最终却往往又变回了"社庙",成为社区活动的中心,延续至今。由于继承了由宋到明初的祭祀传统,虽然与明太祖的设计并不完全相符,但社庙的系统在福建本身就保存得较好,①而乡约重申了明初制度中对一乡一里设厉坛、社坛以祭祀孤魂野鬼和土地神的要求,《惠安政书》之《里社篇》里提到关于社庙祭祀是"有事则告"和"有求则祷":"凡立乡约、延教读、编保甲,皆告于社。民自他境来,初预乡约保甲者,谓之入社。亦以告,告毕,即书姓名于籍……凡民有水火、盗窃、疾病、刑狱等事,必祷于社。其系一乡福痛苦者,约正令教读为文,付社祝行祷礼。"②明代的倭乱给沿海地带造成相当数量的平民死于非命的状况,乡约重申社、厉祭祀无形中迎合了民众对祭祀无主孤魂的心理需要。在沿海地区,乡约的厉坛祭祀规定在清代最终演化成了大规模的祭祀孤魂野鬼的中元普度习俗。如龟湖塘周边的十三乡轮普,由塘头(王姓)、锦亭(陈姓)、塘边(主要是蔡姓)、苏厝与郑厝、后宅(林姓)、铺锦(黄姓)、洪窟(洪姓)、塘后(黄姓)、后埭与松茂(吴姓)、山雅(吴姓)、鳌头(原张姓,后成废村,由铺锦黄氏与后埭等三吴共同替代轮值,此为黄氏与吴氏械斗的根源)、后头(吴姓)各村落按鼠、牛、虎、兔……的十二生肖顺序轮流主持普度,以纸扎的偶像普度公的交割来象征各家族、村落间普度轮值的交割,临近的祥芝半岛一带,也由伍堡、大堡、祥芝等十八乡组成轮普。这些大规模祭祀组织的背后,就是由社庙转化而来的神庙,祭祀圈也是一种自治组织。

乡约沦为大族和地域联盟争夺地方权力的工具,保甲铺境制度也面临了

---

① 万历初年福建巡抚耿定向在《牧事末议·保甲》(《耿天台先生文集》卷18《杂著》,明万历二十六年刻本,第13页a面)中提及:"访闽俗民间朔望礼拜社神,婉有古初里社之意,盖缘先贤礼教未泯也,就中行令乡长举行乡约,宣教圣谕,令民知相亲相恤之谊,盖教化行而民心得,而后法制可举也。"

② 《惠安政书》10《里社篇》,福州:福建人民出版社,1987年点校本,第343页。

类似的处境。

保甲之本意在于邻里相保以维护治安,其起源甚早,作为制度推行则始于北宋神宗时。正德年间南赣巡抚王阳明在赣南的实验包括了乡约和保甲,但是明后期保甲制并未被作为取代里甲的基层组织而被朝廷下令广泛推行,它主要是被作为加强治安、安靖地方的手段,为各地方官自行采用。嘉靖三十一年(1552年)的广东举人叶春及,在隆庆四年(1570年)出任惠安知县,至万历二年(1574年)离任。他所著的《惠安政书》是经过实际调查与审阅县衙册籍编写而成的,对当时惠安县的基层社会情况记载详细,是较为可信的史料,可为泉州沿海地区明后期历史研究之重要参考。查《惠安政书》,叶春及上任惠安知县前已经有保甲册的存在,那么保甲之行应早于万历。泉州地方志里关于推行保甲的记载则多在万历年间,如明万历三十五年(1607年)为泉州通判的殷光彦,驻地在安海,因其"镇素负殷富名,奸人虎视",他故而在当地"明保伍,饬游徼";万历三十五年任晋江知县的李待问,在"除火耗、均里役"之外,亦"申约束以训愚民,立保甲以稽鼠窃";万历三十九年(1611年)任泉州知府的阳思谦,以泉州"境多窃盗,甚且行劫"的缘故,下令"严行保甲",以求"俾比闾相警察,虽豪家亦愿备干揪,自是肱箧发扃之徒,无复有鼠伏鹰攫者"。① 之后又有万历四十八年任泉州府通判的闻宗望,因当时荷兰人已经驾着"红夷巨艘,跨据澎湖","郡邑戒严",遂向泉州知府建议严修保甲。同是万历间任晋江知县的张履端,亦因海氛不靖之故,"躬历海澳,严保甲之约,厉接济之禁",凡"勾引诸奸"者,必"立逮而置之法"。天启年间又有晋江知县姚孙榘,因"沿海迫饥寒者,啸聚剽掠"致使乡间不宁,故"为固圉计,编设保甲,以防内间,环卫雉堞,以壮外捍"。② 在保甲最先推行的地区,往往都有盗寇之患。

关于保甲法的具体编制方法,《惠安政书·图籍问》云:"今保甲,古之遗法。匪直亲睦,亦相纠察。……当书某处几家,某家几人,某人何为,或世居焉,或寄居焉,比邻而次。或十,或十以上为甲,又合而编某甲为甲,某甲乙之,

---

① 道光《晋江县志》卷34《政绩志》,福州:福建人民出版社,1990年标点本,下册,第999页。
② 道光《晋江县志》卷35《政绩志》,福州:福建人民出版社,1990年标点本,下册,第1005页。

计甲共若干,乙共若干,丁共若干。又错而综,都几姓,姓几族,族长一人为宗,亦以多寡为次。族之畸零,户之流寓者附。凡二帙:一,县考之;一,约正详之。有隐者举,不举,至有词于庭,稽帙无名者,不问;其为人所讼者,尤加罪之;且罪今所书,及约正之不举者。"①其基准的编制与里甲有类似之处,一甲大体以十家为起编点,编造的册在约正与县里各有一份存底,但是与里甲的编制有一个不同,就是家族被作为一个编造的单位、编造的重点,里甲编制时原则是不越过都的边界,但是一个家族却可能被分在不同甲、不同里,册式里登记的是一家一户,根本没有登记大家族的情况。而在保甲推行的明后期,福建地方的家族组织发展已经相当成熟,保甲编制无法躲开家族组织的干扰,家族内在于保甲系统之中。

叶春及认为,民众对保甲册籍的疑虑,"不过谓造版籍,将举而役我,万一有海上之警,又将驱我于戎行",惧怕官府利用详细登载人丁状况的保甲来进行人身控制,故而不以真实情况造报。王阳明试图以十家牌法来重新掌握地方社会的人口流动状况,以此来维系治安,根治盗贼,但是十家牌法不仅在赣南没有收到实效,②而且在全国各地的实施情况都与地方官们的期待不相符合。里甲制与保甲制都无法在实际上掌握人口的真实情况,保甲制下又有家族的荫蔽,那么沿海人口若想要脱离国家的掌控从而自由地流向海外,是完全能够在明后期的国家制度下找到漏洞的。

《惠安政书·保甲篇》记载:③

> 国朝以里甲任民,推择齿德,以为耆老。里中有盗,戍卒、罪人逋逃,及恶人不能捕者,里甲老人,集众禽之,具教民榜。盖时卫所以防大寇,巡司兵以缉细奸。间有如所云,不过老人里长,帅甲首追胥,申明亭外,未闻巡警铺;里长甲首外,未闻总小甲也。总小甲立,有司只以徒役烦之,亦不能任盗贼,故又变为保甲。……里变为铺,铺变为总……故予于乡约之

---

① 《惠安政书》1《图籍问》,福州:福建人民出版社,1987年点校本,第17页。
② 黄志繁:《乡约与保甲:以明代赣南为中心的分析》,《中国社会经济史研究》2002年第2期。
③ 《惠安政书》12《保甲篇》,福州:福建人民出版社,1987年点校本,第363页。

众,甲而编之,即以责之巡警,而统于保长。分铺而隶,不拘十甲一保之名,则庶乎简径易遵哉。……今姑存总甲,而责保长以扞御之事。都必有铺,铺有多寡。铺必有甲,甲有多寡。铺立总甲一人,小甲一人,保长一人,保副一人。都立耆老一人,社首一人。

从这段记载中可以看出,明初在里甲中的治安体系,以民众互相监督,里老处理简单诉讼为基础,辅助以民兵、巡警铺之类。保甲的甲建立在里甲框架之上,利用了其组织资源,设保长以"扞御之事"。铺作为基层地域划分应是在保甲推行之后,则境的出现应该更迟。"铺"出自于"铺递",原意为"急递",[①]属于驿传系统,后来却演变成"巡警"的意思,起警报和安靖地方的功效,因而有铺兵之设,府城通往各通衢市镇及要地的途中,如驿传一般会有数个铺点。城里的铺,挑选精壮丁口登籍,有职役之人与老幼残疾则免役,每铺夜里安排五人巡警。城外"各都各铺亦随地方,近者五人,远者十人巡警"。巡逻者须登楼眺望或沿乡巡逻以警戒,若有松懈,则罪在总甲,铺的制度变革后不再负担官府行都时的饮食费用,置办竹木等亦平价,铺中人户按序当役,一年服役不得超过一日,"总甲科敛重罪"。叶春及在谈论铺与保甲的时候说:"按,巡警者,行巡戒警云尔。今惟城中不废,各都则否。岁第应役于公,城中以车马辐辏最苛,缮梁、治道、竹木等,皆责办于铺。故总甲箕敛细民,岁有常,余始禁之。"铺在明初设计中有相当重要的功能,相对的,因铺而负担的赋役也比较沉重。叶春及认为若是巡警铺能一直发挥应有的作用,保甲其实是可以免掉的。所以铺境与保甲一样,都是为治安而设的制度,是国家的监控手段。在保甲与乡约的共同作用下,产生了华南许多沿海市镇中与铺庙、境庙结合的铺境制,铺境由此就成为城里社区的最小单位,从府城泉州到卫城永宁、所城福全,再到商业市镇安海,都有铺境的存在。铺所管辖的范围,就演变成地域的划分,广泛设立在府城市镇,与"急递"铺的位置刚好相反。

[①] 《惠安政书》1《图籍问》,福州:福建人民出版社,1987年点校本,第12页。

泉州府城有三十六铺九十四境。① 永宁卫城有三十二铺,今日只知其中二十五铺之名,分别为:秀山铺(西门外)、杏花铺(小街)、永清铺(土地宫口)、龙泉铺(场口)、宣化铺(晏公宫)、溪源铺(水关)、忠义铺(磨内)、顺风铺(北门城脚)、象山铺(城隍庙后)、开封铺(大街头)、东瀛铺(小东门)、莺山铺(后山、十三架)、龙顺铺(石盘街)、玉泉铺(北门)、英西铺(英西街)、金鳌铺(南门)、隘隆铺(白厝街)、洛阳铺(下营)、功义铺(三公巷)、海宁铺(大东)、康熙铺(所内)、启宁铺(后衙、东街)、樟脑铺(樟脑街)、埔尾铺(下营城脚)、双鲤铺(南门尾)。② 在《永宁郑氏族谱》的序言里有记载"于明朝洪武年间,从北京大义分派来闽福建泉州府晋江县二十都永宁卫内鳌北溪源铺东园境开基",③现今永宁城内也还有小东门境、南门境、三合境等名,可见永宁城是铺境俱全的,但是泉州城亦不过三十六铺九十四境,永宁卫城就达三十二铺之多,而境的数量又相对较少,没有泉州城内一铺下有二至三境的情况。福全所城就仅有十三境,而不见铺名,十三境分别为:育和境,境庙祀保生大帝、玄坛公;迎恩境,境庙祀杨王爷;泰福境,境庙祀福德正神;东山境,境庙祀临水夫人;游山境,境庙祀尹王爷、邱王爷,今已废;文宣境,境庙祀舍人公;英济境,境庙祀朱王爷;定海境,境庙祀关帝;威雅境,境庙祀土地公;岫山境,境庙祀四王府的四位王爷,今已废;镇海境,境庙祀观音菩萨;宝月境,境庙祀大普公,今已废;陈寮境,境庙祀保生大帝。福全所城外现存有三座祀坛宫,东门、西门、南门外各一,这些应是福全所建城后按规制立社坛、厉坛的遗迹。晋江安海亦有二十四境,分属五铺。④ 境是比铺更小的单位,比铺更为普遍地存在于各城镇中。

保甲强调了铺的作用,加之乡约推行时对社、厉祭祀的重视,从而演化出

---

① 详情见陈垂成、林胜利:《泉州旧铺境稽略》,泉州鲤城区地方志编委会、泉州道教文化研究会,内部资料,1990年;王铭铭:《逝去的繁荣:一座老城的历史人类学考察》,杭州:浙江人民出版社,1999年,第201~216页。
② 余焕煌、陈宣、郑耀、应梦:《清末永宁概况》,《石狮文史资料》第3辑,中国人民政治协商会议福建省石狮市委员会文史委编,内部资料,1995年,第84页。
③ 石狮市博物馆藏。
④ 五铺为安平铺、拱北铺、桥东铺、朝东铺、桥系铺。五铺各有总甲一名,管勾界内民事,策应官府,讯察善恶,勾摄公事。总甲由铺民轮当。《安海志》卷3《封域》,泉州:安海志编修小组内部资料,1983年标点本,第18~22页。

与社区庙宇结合的铺境制。在泉州城乡各地,铺和境都有自己的社区庙宇,以铺庙、境庙为中心,形成层级式、蜂窝状的神庙祭祀组织。境庙和铺庙都是社区内的活动中心,铺境就变成一种在官方划定治安集体的范围内组织的地域联盟。铺和境是事实存在的社区组织,起源于泉州府城的清代东西佛分类大械斗,其肇因即是各铺境关于普度时间、权力的争执,导致泉州三十六铺七十二境连同城外诸多村庄分成东西佛两方加入战团。铺境原本是国家支持的治安制度、实现监控的手段,最后却异化成按块分割的祭祀圈和民间的械斗组织,事实上跟国家监控背道而驰。

保甲和铺境之外,在基层社会,国家还倡导乡兵、团练,以求辅助国家军事力量安靖地方。但是乡兵在泉州发展到后来,成为乡族的自卫武装,造成了基层社会的军事化,甚至还为武装海商集团提供了血液,也是清代大规模分类械斗的根源。

大致说来,明代的军事力量可分为"军兵"与"民兵"两大部分,在州郡卫所,凡是隶属于军卫的军队,称为"军兵",此外则为"民兵"。民兵主要有隶属于地方巡检司的弓兵、乡里间自发性质的乡兵以及官府招募土著之人为兵的"土兵"。① 民兵在中国有悠久历史,②明初在全国普遍推行卫所制度,民兵制一度沉寂,③泉州方志中虽载洪武初立民兵万户府,简选民间武勇,编成队伍,以时操练,有事用以征战,事平复还为民,④但是无甚作为。土木之变后,因边

---

① 陈宝良:《明代的民兵与乡兵》,《中国史研究》1994 年第 1 期。
② 孔飞力在《中华帝国晚期的叛乱及其敌人:1796—1864 年的军事化与社会结构》(谢亮生、杨品泉、谢恩炜译,北京:中国社会科学出版社,1990 年,第 11~37 页)一书的《国家民兵制度的历史重要性》一节中针对雷海宗于 20 世纪 30 年代完成的《中国文化与中国的兵》一书中所持的中国"无兵的文化"观点,指出到 19 世纪为止,国家民兵的思想在中国已经有长久的历史,府兵制就是中国军事行政历史上最著名、最广泛的理想化了的民兵制度。
③ 隆庆《泉州府志》云:"我朝旧制,自京师以及天下设置卫所,编充军伍几至百万。令州县百姓供给粮饷,计天下田租之入,大半供军。军以卫民,民以供军,未闻卫所之外复有兵民之设也。"道光《晋江县志》卷 17《兵制志》,福州:福建人民出版社,1990 年标点本,上册,第 449 页。
④ 道光《晋江县志》卷 17《兵制志》,福州:福建人民出版社,1990 年点校本,上册,第 449 页。

境军事危机和国内流寇警报频发,卫所松弛,①其军事力量无法弹压,因此明中期后民兵开始流行。

万历《泉州府志》云:"乡兵不支工食,养之无道,教之无素,易以滋扰。"又"正统十四年以后,弘治七年以前,原设机兵民壮俱照旧存留,俱听本州县掌印官提督操演,缉捕盗贼……禁革买闲,勤其操练,免其杂役,器械有给,教艺有师,犒赏以信,鼓舞有方,则土著莫非胜兵"。② 因此与由地方政府专官负责,平时定期训练、免除杂役、又给予器械及军饷的民壮不同,乡兵不是军事化的地方部队,只在农隙之时才接受军事训练。从方志记载来看,乡兵有时亦有官府插手,嘉靖间甚至还有定额,但是这应该只是一个名色,明后期泉州乡间的武装力量大多是由地方缙绅或豪强自行组织统率,并无定额,亦非由专职的地方官员统辖,其职责以保护乡里为主,官府不加调遣,不发行粮。

团练本身即保甲制功能的一种,明代的乡兵团练,一般与保甲并称,与保甲制度关系极深。王阳明等在赣南进行的乡约保甲实验中,"十家牌法"即强调了保甲制中的团练功能。万历《漳州府志》之《兵防志》记载嘉靖二十四年(1545年),给事中袁世荣奏令"沿海府州县佐贰巡捕官,择其廉能材干者,另给团练札付一道,以督其事。各乡择材干一人为团长,授之冠带"。《惠安政书·图籍问》写道:"稽初制,甲有十,里之长统之矣。总甲之役,为机兵未设,藉之巡警,而或为守御计也。乃酿沙寇之变(指邓茂七起义),闽事之鉴岂远哉。今县有机兵,乡有保甲矣。"

乡里村社中自发组成的乡兵团练,受到了明初乡兵制度和明后期保甲推行两方面的影响。在明季倭乱里,的确有盗贼的成分,确实给沿海地区人民带来了重大的生命财产损失,闽南谱牒中多形容倭乱为"兵燹",有很多倭寇掘出家族墓葬、先人遗骸以勒索赎金,或者祖屋、祠堂、族谱焚于兵火的记载。乡兵的出现本身就多在社会动荡时期,是乡里百姓自我保护的军事组织。为了保

---

① 《惠安政书》3《版籍考》(福州:福建人民出版社,1987年点校本,第45页)记载:"民兵有何?弓兵也,机兵也。弓兵,祖制以讥察,若战御,非其所专任。机兵,因卫所之弊,而县各为守者也。迹之所养非所用,故至于募兵纷纷矣。"

② 道光《晋江县志》卷17《兵制志》,福州:福建人民出版社,1990年标点本,上册,第450页。

护家园,泉州沿海民间社会对倭乱采取的应对方式,一是筑堡,二是在乡里组织乡兵团练,这在明后期造成沿海基层社会的第一次军事化,习武风气盛行,甚至为南明朝廷和明末清初的郑氏集团提供了武装力量的部分来源。筑堡以御敌,在府城和卫城、所城之外十分普遍。顾炎武《天下郡国利病书》卷95《福建五·泉州府》中说:"泉郡东南濒海,接近岛夷,晋、南、同、惠诸邑筑寨,皆为备倭。嘉靖季年,倭寇充斥,村落之民多以寨坚人强得免。"嘉靖《同安县志》卷9《征抚》载同安沿海后埔等地在嘉靖十九年(1540年)间遇倭寇骚扰时,"旬月之间,筑寨百三座,结社百六十,守望相助"。又以商业起家的安海,是个十分富裕的小镇,除了是当时著名的私商港口,亦是倭寇时常劫掠之地。安海原本无城,嘉靖三十六年(1557年)因倭寇至,晋江知县卢仲田奉郡檄筑城及半,镇人刑部郎中柯实卿又自造石城百丈,且急拆东桥石料以筑城,安海方才有了可以拒敌自守的城池。①

《福全石圳三房份李氏族谱》之《图三公毅翁传》(上厅分长房四世祖列传),记载了民间自组乡兵团练的情况:

> 公讳阳珪,字元璧,号毅翁,璨一公之三子也……自澐田崩流之后父兄已置之若弃矣……公开垦荒芜,兼以治产,有陶朱之方,运筹有计……下数十编户不识本官,惟知本管,岁首之上寿如旧三限之上纳如旧。完约者有赏,后税者有罚,虽忱楚之罔有怨者,间有角雀之争,片语斥之,两造帖然,不待直之公府也。刘山庵群议公事,每鸣钟,十班毕至,公乘轿升临,席居上首,有画诺咸供指麾,皆承奕世豪闻人人推尊故也。……乡当海泊,有鱼游釜中者,海盗乘潮劫掠,大为滨海所苦,公会乡人团保甲,人有绵铠,家有利器,昏黑夕夕,鸣锣奋击,公总督其间进退□之,凶人闻名为之退舍……公生于天顺六年(1462年),卒于嘉靖廿一年(1542年)。

龟湖塘边黄氏家族的《铺锦黄氏族谱》之《新庭公传》,也有类似的记载:

---

① 柯琮璜:《安海源流考》,《安海志》卷1《沿革》,泉州:安海志编修小组内部资料,1983年标点本,第5页。

公讳天授,字雅任,新庭其别号也。……里中有公事辄推为祭酒,尝首陂役以身先劳,有惰怠及骜慢不受役者,公请于官得自笞治之,人咸畏服。嘉靖戊己之际……乱漳泉滨海之地,荼毒尤甚,有司以官兵脆弱不任御寇,议于村落各设寨堡,集练乡壮以自固,都人以公有材略,佥举公为督,号千夫长。公受事不惮艰阻,堵御有方,都人赖之,贼大炽,不可支,又乡兵难以行法……惊溃焉,散一日战败,公被贼掳,贼酋有江任□□□,公有赡□,未忍杀,欲降之,以好言诱之,曰黄千长尔今尚能率众敌吾乎。公曰:众溃矣,不然不敢避也。若生死之命何在。曰:不在吾,亦不在公,在天耳。若欲生乎?曰:蝼蚁尚惜命,余有父□□□□□欲生能从吾乎?曰:作贼则不能也。贼徒讳言贼,□公□为贼,左右大噪,欲刃之。公曰:毋噪也,若非贼而何,贼亦非龌龊人所能为,然天下岂有白头贼乎!海阔舟逢,人生会有相逢处,杀则杀耳。余第偿汝宿债。噪胡为者!江酋复曰:吾生汝,汝尚能再鼓众与我角乎?曰:不能也,众散矣,且皆亲戚父兄子弟,难以法令,纵合亦无用也!于是江酋始点头左右顾曰:此人倒老实,且寄颗头项上。命锁之柱间,属别夥有谋欲并江军者谍至,江将徙营以避,是夜,江酋乃亲至系所谓公曰:古道惺惺惜惺惺,黄千长吾亦不杀尔矣。予尔鼓一斧一,今夕余当拔寨他徙,汝为吾守空垒,掌漏鼓传更如故,至三更即斧断柱锁径逝耳□□□□以相赠,其营中收藏不尽,汝可悉□□□□逢无忘我也。公曰:诺。乃脱归。后二年江为官兵所获,公见之呼江曰:还相认否?江泪而颔之。公曰:吾向语若无白头贼,信乎?向语若海阔舟逢,不其然乎?今至此可奈何,余亦奈若何。江惟低头泪涔涔而下耳。居无何,□□□□村聚□□圯墟泽葵荒葛之景萧瑟不堪,公素□□不耐凉□,乱初定,靡有宁居。公乃尽斥其余赀盖新屋,令高大门庭……然生计日以窘促矣……时古山公令于粤之吴川,古山公未贵时公遇之善……有计然术,称善贾,以为吾乘此一涉足其地,或可资□润为经营谋,不至束手为瘘人子乎。及至吴川……致三年橐中又颇有余赢,方谋归而无禄即世矣。公生正德……卒隆庆壬申年。其时里中有同公为贼所得者,亲传其事述其语,为我道之,故甚悉。

民间以乡兵自卫是在保甲制推行以前就有的行为,但是保甲制里号召乡人以团练自卫、军事化的内容加强了民间的这种倾向。福全李氏的图三公,就是利用"乡人团保甲,人有绵铠,家有利器"的条件,组织乡人抗击倭寇。石圳姓氏较杂,李氏族谱中曾提到跟李氏一起定居的尚有十余家,① 但是李氏的长房、二房一直是里长,上述图三公亦是以农商为生计的里长,在里甲制度已经衰弛的明中期,因其家业殷富的缘故,依旧掌握着村落里公共事务的实权,刘山庵在石圳则一直起着社庙的作用。故而李氏的图三公是以里长的身份在领导乡团,令"下数十编户不识本官,惟知本管"。里甲本是明朝国家管制基层的组织单位,但是在里甲衰弛的背景下,石圳以李氏家族为中心形成了一个自治单位,大家族事实上操纵了这些乡族武装。黄氏家族中出面主持乡壮者,均曾掌管龟湖塘之陂事,②为村社家族中之头面人物,即所谓"里老"。铺锦是单姓村落,黄天授则是以经商致富,并无功名,成为乡族中头面人物靠的是经济上的实力。黄氏族谱的记载中对乡壮对阵倭寇的军事失败之原因提供的解释是"皆亲戚父兄子弟,难以法令,纵合亦无用也",一方面点出了以乡壮对付倭寇的缺点,另一方面也表明在铺锦这样的单姓村落,村堡即家堡、乡壮即家族武装的事实。在卫城、所城的组织抵抗倭寇侵扰上,一些社区精英的力量也替代了本应是附近乡村仰仗的最接近他们的王朝代表的卫所将官。世袭福全所正千户的蒋氏家族,其不承担军役的蒋君用一支,在嘉靖年间倭寇围城时,力排众议,坚持守城,③为此自捐货产达三千金之众,家道因此中落。《安海志》卷30《义勇》中所载召集乡兵抵御倭寇的黄仰和黄回青,一个是邑增广生,另一个

---

① 见本章第一节。
② 《铺锦黄氏族谱》之《新庭公传》:"新庭府君,生于正德辛未,卒于隆庆壬申……公慷慨仗义,尝请县给以掌陂,督乡兵以拒寇。"《石冈公传》:"公生弘治壬戌,卒于嘉靖甲子。见义勇为……又率乡人建祠湖西以祠先世名宦之有功于水利者。倭夷告变,则倡筑土堡,宗坊圹墟,则谋地营立。"
③ 道光《晋江县志》卷16《祠庙》(福州:福建人民出版社,1990年标点本,第396页)载:"蒋君遗功祠,在十三都福全,明万历间建,祀邑庠生君用。嘉靖之季,倭贼屠毁海滨,君用纠众保守福全孤城,出奇攻贼栅,连蹂五营,贼遂宵遁,人思其功,建祠崇报。黄凤翔为记。君用子光源,登进士,祠今废。"

也是袭父亲之冠带的生员,①杂姓村落的乡壮掌握在强宗大族手中,单姓村落的乡壮无异于家族武装,他们所组织的自卫活动是家族自卫、社区自卫。

从应对倭患的乡兵开始,泉州沿海乡村社会日益趋于军事化,又历经明末清初郑氏海上集团的洗礼,尚武、斗勇之风更浓。在泉州沿海地区的许多族谱中,都留有明末清初募乡勇以捍卫闾里,或是北上勤王,或是加入郑氏武装的记载。② 这种基层社会的军事化趋势,正是清代频繁发生乡族械斗的历史根源。

孔飞力在《中华帝国晚期的叛乱及其敌人》中,论述了面对19世纪白莲教、太平天国等叛乱时,清政府的正规军事力量无力对付,令官员士绅们纷纷

---

① "回青独与伯父伯善,终营守御,部勒义勇子弟。"《安海志》卷30《义勇》,泉州:安海志编修小组内部资料,1983年标点本,第359页。

② 《铺锦黄氏族谱》:"光燦,由天启甲子丁卯崇祯癸酉三科武举人钦选广东广海寨守备,覃恩敕授宣威将军,生于万历辛巳,卒于顺治癸巳。公幼习举业,投笔从戎。竟以严正不阿为忌者所扼归家,值清师入闽,诸无赖多乘间剽掠,公募乡勇以固闾里,阖族赖之,晚覆留心谱牒。""培基……中万历壬子武举人,生于隆庆辛未,卒于顺治丙辰……公骑射刀术无不精习,初关白入寇,尝散金募死士授把总以行报,平乃罢后登武隽永,投檄巡海道,为詹杨二公所爱,受命抚贼。"《铺锦黄氏族谱》之《迈伯公传》:"兄讳湉,改名而理,字愈达,迈伯其自号也。癸酉岁同余俱都以童子试……余幸得补诸生,而兄乃黜落。迨甲申乙酉鼎革矣……丁戌之际,兵乱四起,余浪走粤东而兄留守家园率宗子里人练乡壮自保,贼寇吴楚率千余夥来掠,兄督壮士数十人扼要据之,贼惊溃,斩获无数,里赖以安。时人方之曾祖新庭公。公生于万历癸卯,卒于顺治甲午。"《铺锦黄氏族谱》之《南宫翁六十初度叙》:"南宫翁……困郁于老布衣,意将有用于当世,而竟不得一试,其奇晚乃自放足迹遍天下,归而散叶衡门,其著书立说多感愤牢骚惊愚骇俗之语……既而又走上京、历齐赵、入豫楚、抵吴越……而屏迹乡村时海氛未靖,盗贼日起□□□乡人团子弟置寨堡,贼子至辄出□□□□□安所居成聚,又为之明其禁约,平争讼,属有公事先为倡率,人众咸服其公正。陂水利当兴者,率众兴之,酷役苛派难堪者,为晓于众,均分之。有豪帅肆虐于其地者,以礼法裁制之。昔人云大隐居城市……于是移馆郡城,杜门不出。"《福全石圳三房份李氏族谱》之《礼八公道参传》:"李志公,讳秉重,号道参……自幼随父远游流落四方,交结群雄,后往眉州,不生理,不安农耕,性好饮酒,习于弓矢,时因各处骚动,盗贼蜂起,豪杰各据一方,募兵勤王,扶立隆武,保全万民,而李志公(改名蔡志)招集死士之友,结纳智谋之人,倡议起兵,匡复帝室,战于二重(即江西二童关)……亲授总兵副将,镇守海山眉州等处地方,准许召募人马。及隆武失位,国运既转……复始告计归农,解散卒,变易姓名以保余年。时告归本家,有从事家丁二十余人,皆系智勇双全,与共事征战之人,当日本乡有渔船十五只,皆被兵丁强占毁折,独有张郑二家丁奋勇击退,而兵丁尽皆奔走无地而敦顾治兄之船,保全并十五只船。"

组织地方团练,与村社武装等一同组成了晚清地方军事化的普遍图景。而清王朝虽然得以维持,但付出的代价是中央政府权力的缩小和绅权的扩张。孔飞力认为团练与保甲之间的一个重要区别是文人—绅士所起的作用不同,一般来讲保甲职位是委派给普通百姓的,而对团练来说却不大一样,名流的合作是必不可少的。① 但是晚清的地方军事化最终令原本应与士绅保持距离、王朝曾经注意不让士绅掌握的保甲团练落到了士绅的手里,这意味着绅权的扩大,而绅权的扩大导致了地方自治倾向的增加,这是晚清地方自治运动的原因之一。孔飞力已经注意到在一些地方志里描述了明后期的一种团保制度,它形成于倭寇入侵期间,起因是正式的民壮民兵陷于瘫痪,农村地区只好自寻出路,②他指的应是民壮或倭乱大炽时沿海地区兴起的为官方所倡的系于保甲的乡兵团练。他也注意到南方农村里盛行的宗族械斗令南方农村处于持续的军事化状态,这些氏族组织为军事化的地方防御提供了组织基础。③ 但是他以为明后期由官方倡建的团保在清代已经消失,没有注意到明代华南沿海因寇乱而生的乡壮并不受控于官府,也不会随着官方制度下保甲的变动而消失,甚至也不如晚清那般掌握在士绅手中,它们是里社村落,尤其是家族自己的武装。当有寇乱时,他们组织起来捍卫闾里,无外侮时,则常常陷于宗族械斗。明代泉州沿海乡村家族的早期军事化是清代大规模械斗及持续军事化状态的根源,它也表明了孔飞力所谓的地方自治倾向早在明代后期的社会危机和社会变化中就已经出现,而且在清代规模更大、更普遍。早期地方军事化也令为乡族竞争、械斗而成立的大型家族联盟、社区联盟在清代变得普遍,如本书第四章将会提到的福全所周边村落的"五乡四股"联盟。械斗联盟和神庙祭祀组织,在清末显示的是基层自治组织的扩大化,社区认同的边界随之向外延伸。这正是受到西方潮流影响后,清末地方自治运动能够兴起的深层原因。

---

① 孔飞力:《中华帝国晚期的叛乱及其敌人:1794—1864年的军事化与社会结构》,谢亮生、杨品泉、谢思炜译,北京:中国社会科学出版社,1990年,第61~62页。
② 孔飞力:《中华帝国晚期的叛乱及其敌人:1794—1864年的军事化与社会结构》,谢亮生、杨品泉、谢思炜译,北京:中国社会科学出版社,1990年,第97页。
③ 孔飞力:《中华帝国晚期的叛乱及其敌人:1794—1864年的军事化与社会结构》,谢亮生、杨品泉、谢思炜译,北京:中国社会科学出版社,1990年,第77~79页。

第三节　卫所制度的废弛

明初在沿海各地设立军事卫所，严密监管海岸线，以执行海禁政策。王铭铭在《逝去的繁荣》中认为，这种边境管理制度正是明清中国是绝对主义国家的证据。但是随着时间的推移，卫所制度日益废弛，实际上对封锁海岸线是无能为力的。

在中国历代王朝中，明朝是第一个遭遇来自海上的外来势力侵扰的。东南海盗问题早已有之，南宋真德秀为此向朝廷上过《申枢密院措置沿海事宜状》，[①]但那些混杂了日本武士的倭寇是随着日本进入战国时代以后才出现的。洪武五年，明廷即命福建造海舟防倭。[②]

为了防止倭寇侵犯，明廷在全国海岸线上建立了一系列沿海卫所及其附属巡检司、水寨等，这是中国历史上首次沿着全国的海岸线构建了比较完整的海防体系。洪武二十年，江夏侯周德兴奉命入福建，抽三丁之一为沿海戍兵防倭。在泉州，除了设立在府城的泉州卫外，[③]又在滨海要地设置了永宁卫，下辖福全、崇武、中左(今厦门)、金门、高浦五个守御千户所，及祥芝、深沪、围头三个巡检司，此外，永宁卫城尚有左、右、中、前、后五个千户所。[④] 明朝兵制，

[①] 道光《晋江县志》卷5《海防志》，福州：福建人民出版社，1990年标点本，上册，第95页。

[②] 道光《晋江县志》卷5《海防志》，福州：福建人民出版社，1990年标点本，上册，第96页。

[③] 泉州卫在洪武元年(1368年)建立，卫指挥使司和下属的左、右、中、前、后5个千户所都在泉州府城内。

[④] 顾诚：《明代东南海防重镇永宁卫》，氏著：《隐匿的疆土：卫所制度与明帝国》，北京：光明日报出版社，2012年，第92~98页。该文指出永宁卫只下辖崇武等5个守御千户所是误解，永宁卫包括左、右、中、前、后千户所及安溪境内的白叶坂守御千户所在内，应下辖有11个千户所。一些永宁卫城内的族谱也可以证实这个观点，如《鳌江佘氏五房宽甫公五支止斋公分派房谱》(石狮市博物馆藏)关于十一世佘居滨有"妣施氏，永宁左所百户任女"的记载；《鳌门陈氏谱系》(石狮市博物馆藏)记录一世祖理斋公洪武间授永宁卫中所百户等可兹佐证。

/ 第三章 /
明清时代的政治控制

大抵以兵士五千六百名为卫,一千一百二十名为千户所,一百一十名为百户所,每一百户内设总旗二名,小旗十名,大小相维,编成队伍。① 除了卫所外,还有巡检司和水寨,明末蒋德璟的奏疏《策海》中云:"高皇帝既定天下,独以东南海警为忧,命汤信国公行登莱浙直,周江夏侯行闽,视要害地筑城,置卫所巡司,按籍抽丁,戍之陆。复置水寨,选军教习战船,防之水。水寨亦统以指挥,曰把总。无事往来会哨,有事则协力出剿,与卫所表里。自福宁沿海至泉漳可二千里,凡为卫所二十有五,巡司四十有五,而五水寨则福宁州烽火,福州小埕、兴化、南日、泉浯屿、漳铜山,各设副总兵、参、游统之,而受成于督府。"② 洪武二十三年,又下令滨海卫所每百户及巡检司需置办战船二艘,巡视海上,以防盗贼。

填充卫所的军士抽调自民间,周德兴奉命在福建、浙江沿海抽籍民丁为军,并分配卫所,《明太祖实录》卷 233 载:"诏互徙浙江、福建沿海土军。初闽、浙滨海之民多为倭寇所害,以指挥方歉言,于沿海筑城置卫,籍民丁多者为军以御之。而土人为军反为乡里之害,至是有言于朝者,乃诏互徙之。既而以道远劳苦,止于各都司沿海卫所相近者令互居之。"③ 因为本地人为军反而对乡里造成危害,于是以福建、浙江之人互调卫戍,但是不久又因路远不便,而将福建人调回福建各卫、浙江人调回浙江各卫。在各自省内,则是各府县对调戍守,务求不以泉人为泉州沿海卫所的军士,于是漳州的镇海卫就多是莆田籍和泉州籍的军士,崇武所的军士则调自玄钟所,永宁卫城的军士多来自镇东卫,福全所城中多福州人,但这仅是抽籍军的情况,上级军官则多来自跟随朱元璋较久的北方军伍。

---

① 道光《晋江县志》卷 17《兵制志》,福州:福建人民出版社,1990 年标点本,下册,第 449 页。
② 道光《晋江县志》卷 5《海防志》,福州:福建人民出版社,1990 年标点本,上册,第 102 页。
③ 《明太祖实录》卷 233,洪武二十七年六月甲午,台北:"中央研究院"历史语言研究所,1962 年影印本,第 5 册,第 3404 页。

明初军役的征派与里甲户籍制度相配合,军户出一人应役,法律规定军装①由留在原籍的军户资助,②由于福建在明初抽籍勾军时已经有众多成型的家族组织,有时一个家族被分为军、民、盐三户,而家族置办有族产以应公共开支,这样的情况下,整个家族都有提供军装的责任,这意味着即使分隶其他两种户籍、在户役册上已经属于独立的人户,实际上也负有连带的供应军装责任。③ 这种由军户家族或其隶属的整个大家族提供的军装,其来源并不长久而稳定。且不说军户家族自身的经济状况(按一户抽一丁,这个户在明初有以基本家庭划分的倾向,因此若非大家族,实际上军户家庭破产、绝户的概率相当之高),除了经济因素的影响,几代后血缘关系日趋淡薄也会影响原籍家族

---

① 由原籍金解户丁赴卫补伍,其沿途所需之路费以军户自备为原则,但政府有时亦对超过相当距离者提供若干补助。军户户丁自备的部分,包括了军丁到卫以后的安家之费,后来又加上为无妻者娶妻的费用,这些在军政条例中统称为"军装盘缠",或简称为"军装"。"军装"一词另外又用来指原籍户丁平时对卫军所提供的生活资费,这是卫军在有限的月粮以外一项重要的收入。军装并无定额,若军中富足则不需供送。于志嘉:《试论族谱中所见的明代军户》,《"中央研究院"历史语言研究所集刊》1986年第57本第4分。

② 原籍军户需供给卫军军装的规定,早在正统元年的《军政条例》中已经出现。不过,有关军装供应的具体规定要到弘治十年(1497年)才成立,对长期在卫所承担军役的军户,定"以五年为率,着令(原籍)户下应继人丁给与供送批文,就于户内量丁追与盘缠,不拘多寡",管解该卫,当官给与本军收领。军中生活富裕不愿供送者听,原籍军户自愿不时供送盘缠者,亦听从其便。于志嘉:《明清时代军户的家族关系——卫所军户与原籍军户之间》,《"中央研究院"历史语言研究所集刊》2003年第74本第1分。

③ 本章第一节提到了石狮大仑的蔡氏家族,其族谱有关原文即表明了这种做法。"其军户祖名蔡景凤,洪武九年户抽充南京留守中卫,洪武二十九年(1396年)调凤阳卫,宣德三年(1428年)军名蔡习,照奉勘合将蔡习发泉州卫寄操,系中所第八百户李某下,此后继当。事例:祖议特优宗孙一人,免与。支派衰微、三丁以下者特矜免二十岁以下、五十岁以上者,念其老弱,亦免。子生员者,时奖并免其父。如应役,方入学者即追役,父子并免,余依房分长次轮当,率以十年一更,其该当房分以阄为定,退役者本房再拈阄承当,期满方过别房。其军装每年众科贴银若干,随丁科派,亦责在户长,二十岁以下、六十岁以上与瘫疾者免出,生员特免其身出,余通族不问杂职役及已仕者,俱出。成化二十年(1484年)勾丁,族仍会议以十年交代为太聚者,于是易以一世三十年之说,特推长房丁蔡进应役,进即愈杰,嘉靖九年(1530年)将营丁蔡椿补役,装贴依旧,后并其贴而亡之,抵今役尚未有代也,此则祖法之变甚矣。盖自愈杰出徙应役后,彼此久不相闻,八十余年间祭扫吊贺之礼废而相资助相纠正之义亦固以不举,含欲会众参酌,不失祖规,而未之暇。然一派专应军役,不与民盐或亦一便,可相安无事,长久行之耳。姑述其概,以俾本末有稽云。"

提供补贴的意愿。①沿海卫所军士虽经调整,本省人尽量在本省服役,但依旧离开家乡,数世在卫所繁衍后,多有因各种原因而与原籍断了联系的,如此一来,就无法再从原籍获得军装补贴。②再者,明初福建征调军士,采取的是垛充与抽籍的方式,③这又造成一种情形,即三户为一个当军组合,其中正军户当军,另两户为贴户,军役是三户共同轮当,④军装则由贴军户提供。⑤石狮祥芝的《东埔邱氏族谱》就记载了这种情形,邱氏家族的思惠一支与另一图的

---

① 于志嘉:《明清时代军户的家族关系——卫所军户与原籍军户之间》,《"中央研究院"历史语言研究所集刊》2003年第74本第1分。

② 福建的大家族,在派出一支子孙承担军役时,经常是以订立契约的方式保证军装的供给,若契约因故遗失,历经数代、血缘单薄的原籍军户家族,往往就不再承认负有军装供给的义务。晋江福全所之《福全射江陈氏家谱》记载:"原旧本载吾祖自福宁州来,住福全所,带有合同阄书,福宁圹地厝地山荡田业俱载在上。历年该当年往福宁收取租税以及帮贴银两,计有百余金。此乃先人设立,使后世子孙源源来往,知为一脉联贯。亲亲之意,即在是焉。至永侯公,将阄书合同尽付之火,仅存族谱一本。既无凭藉,是以不敢再往祖里省亲戚坟茔矣。"

③ 朱元璋曾经公开警告那些蓄意违反国家政令的民户,要把垛集为军作为惩戒的手段:"众百姓,我说的言语听着,你若不听,便三家两家垛一丁为军。"(《全明文》卷30《大诰续编》,"逃军",上海:上海古籍出版社,1992年标点本,第1册,第665页。)抽充军是由丁多民户中抽取一丁为军,遇有"父子兄弟不和"的情形,往往"互相推诿","每人一年,往来轮流"。(《南枢志》卷89,"军丁不得更番私替"条,台北:成文出版社,1983年影印本,第6册,第2356页。)垛集则凑数丁为一单位,由其中垛一为军,而以出军之户为正军户,其余为贴军户,共同负担一名军役。因以正户、贴户轮充为原则,各军常到卫不久即逃,卫所于是勾取次户补伍,再勾再逃,表面上符合轮充的原则,而军伍长久处于缺人状态。于志嘉:《试论族谱中所见的明代军户》,《"中央研究院"历史语言研究所集刊》1986年第57本第4分。

④ 正、贴户都有可能轮当到军役,但是以正军户为第一顺序。正军户只一丁的情况下乃由有丁贴户补役,正军户负有的军役义务比较大。于志嘉:《明代军户世袭制度》,台北:台湾学生书局,1987年,第20页。

⑤ 贴军户提供军装时,有时也会采用军户家族订立契约的方式,同样,若契约损毁,此种义务即失效。泉州《留安刘氏族谱》载:"明制,民有里甲户籍,即宜照里均役,按甲出兵。降及有清,兵制已更,屯兵多用绿营旗兵,分驻各省,当兵与否,听民自便。惟于民田民地,增加丁粮,诚意美法良之兵制也。今清社已墟,民国成立,充当兵役之例永除,第轶事不妨存录,使子孙知祖宗立甲立户,良非无因也。明初洪武九年,刘姓帮本都五甲郭胡茅甲首林贵户丁林凤仔充当南京留守左卫军伍,林即正军,刘即贴军。吾祖有甲首刘宜纯,执原姓于黄。昔在隆庆二年间,有意充兵,改黄作刘,入户为侄。虽曰册报刘姓之侄,籍侄非侄,诚为军计,总在甲首论也。时因暴病不能行,迁延岁月,适奉勾文之文到永春本着令伍,度病不能行,恐违限,再议贴林凤仔之子林隆补伍。历来几次,众所周知,每年各丁该贴军装银二两,五年一次回收,共该银十两,帮贴铠甲刀械等费,两方有合同可据。……崇祯八年。"

109

尤寿生同充云南洱海卫,邱氏的民籍隶属于二十都二图六甲,尤寿生隶属十图,显示垛充的时候并不是同里甲垛充,这样形成的正军户与贴军户之间关系更远,时过境迁后军装根本不可能由贴军户提供。所以明初为保证卫所军士经济来源的军装补贴做法,随着时间的推移,益发无法维持下去。

其次,卫所军户不当军的多余人丁,称军余,隶官籍者,称舍余。这些多余人丁允许有别的营生,也允许部分寄籍卫所当地州县,同时负有帮贴正军的责任。军余与舍余在比照民籍办纳粮差之外,是第一顺序的勾军来源,由于回原籍勾军的难度大、程序烦琐、收效不彰,正统以后政府的第一项努力,就是促使军丁在卫所生根,这样一旦正军出缺,可以比较容易地得到补充。[1] 因此,明中期以后在卫余丁人数显著增加。顾诚先生在《明帝国的疆域管理体制》一文中认为,[2]明代卫所有实土管理的功能,西北、西南的卫所尤其管辖有大片土地。但是福建沿海卫所由于处在人烟稠密地区,实际上几乎没有实土管辖权,今日福全村隔邻的石圳在当时是独立编制里甲的民籍地区,而福全所城中也有大量的不属于军籍的居民,如早已在此定居的留氏家族。这意味着人口不断增长的沿海卫所生存压力也在不断增长,泉州沿海耕地本已紧张,即便卫所军余可以寄籍州县,也无法得到充足的土地以养赡自身。

另外,理论上军士在卫所的食粮来自屯田,[3]但是屯粮不仅有被上官侵占

---

[1] 于志嘉:《明代军户世袭制度》,台北:台湾学生书局,1987年,第78~79页。

[2] 顾诚:《明帝国的疆域管理体制》,《历史研究》1989年第3期。

[3] 朱元璋定鼎后着手订立了有关的军屯制度。最初的军屯制度是:"每军种田五十亩为一分;又或百亩、七十亩,或三十亩、二十亩不等。军士三分守城,七分屯种。又有二八、四六、一九、中半等例,皆以田土肥瘠,地方缓冲为差。又令少壮者守城,老弱者屯种,余丁多者亦许耕垦。其征收则例,或增减殊数,本折互收,皆因时因地而异云。"(《明会典》卷18,"屯田")为了解决耕作中的具体困难,政府对军士又"分给耕牛农具,教树植"。明初一般军士的月饷是月支一石。《明会典》卷18,"屯田"记载:"洪武三十五年……又令各处屯田卫所,每军岁征正粮一十二石。"这十二石,称之为"正粮",是屯种军士的军饷;收获量总数中除去正粮以外,叫作"余粮",作为当地卫所的军费(军官的俸给等)。到建文四年,对军屯的征则加以具体规定:"每军田一分,正粮十二石,收贮屯仓,听本军支用";"余粮十二石,给本卫官库俸粮"。总体来说,明初的军屯,规定每一卫所的军士十分之三守城,十分之七种田。农具、耕牛、种子多数由政府供给。每一军士种田一分(五十亩上下),每年领粮十二石,缴粮十二石(后来改为六石)。方楫:《明代的军屯》,存萃学社编集、周康燮主编:《明代社会经济史论集》第二集,香港:崇文书店,1975年,第6~11页。

的可能①,对于泉州来说,屯田的收入本身就不足以支持所有卫所军士,②还往往因山海阻隔、粮食不够,需要在卫所当地现场采买。③ 边地屯粮不足,明政府曾采用"开中盐法",以商人贩运来补充,辽东卫所也曾依靠海运解决军粮不足,可惜这些措施与泉州沿海卫所基本无缘。泉州屯田之收入不足以养赡军士,早在明朝前期苗头就已经出现,从第三代、第四代开始,军户就有另谋生路的,这种情形甚至不单单限于已经不承担兵役的卫所军余,而且包括卫军本身。由于屯田数量不足以供应卫军的生计来源,《崇武文献黄氏族谱》中记载其第三代人黄孔朝就"去儒而商……商游于潮州",黄邦潜"商游惠间,因往来于漳之南靖邑里,后乃携货贯贷南靖里中"。④ 黄氏从商的一支本身尚不是直接承担军役的,而《永宁南门境李氏族谱》所载第五世砺川公,其"发奋经营,多置产业,而家计有余,见房屋窄且敝……即与本伍邻舍求而重新起盖厅房,分为两行,屋架三落",可见至砺川公时他这一支尚在编伍之中,且早在其父第四世伯佑公在世(正统八年—正德三年,1443—1508)时已经是"操家有节,竭力经营,创有些少产业",砺川公之子也继续经商。

　　为了生计,崇武、福全等千户所的军士向渔民学习,以打鱼来补贴生活,⑤甚至连军官的生计也每况愈下。《福全蒋氏家谱》记载,蒋氏八代祖蒋镜在嘉靖间袭职正千户,当时有"本所军某海中网一宋砚",所中军士已经多以渔业为生。而熊汝达任泉州知府时下令清勘官屯银米之收放,发现千户蒋镜有侵渔军士屯粮之嫌,"积分厘至四百两,以侵欺边海钱粮罪革爵",遂将蒋镜拘禁于

---

① 福全千户所世袭千户职位的蒋氏八代蒋镜,即因侵渔军士粮饷被查办。
② 泉州诸卫所的屯田,泉州卫在德化者多,永宁卫在永春、安溪者多。傅衣凌先生在《明清时代福建佃农风潮考证》(氏著:《明清农村社会经济》,北京:三联书店,1961年,第154~189页)一文中引用民国《德化县志》之卷7《民赋志·屯粮》:"崇祯间邑令姚迟关详辞任文",指出明末德化屯田已悉归泉州势豪之家,即"迨来军无实伍,屯没世豪"。
③ 《陈埭丁氏回族宗谱》卷3《人物行传》之"丁启濬"条:"先是,自太仆告归时,见德化民上仓永宁卫,山海远隔,每挟金至市谷,守候维艰。"庄景辉编校:《陈埭丁氏回族宗谱》,香港:绿叶教育出版社,1996年,第82页。
④ 泉州图书馆古籍室藏。
⑤ 《崇武所城志》,"山水条",《惠安政书·崇武所城志》合集,福州:福建人民出版社,1987年标点本,第35页。其中提到"军民有傍岸取者曰拖网,有驾船出洋取者曰旋网"。

镇抚司中,"追银米纳赃",蒋氏"乃纠族人捐补而自捐金三百,于是祖职无改",甚至将所居房屋典与临近的石圳李氏家族,①才凑到足够的银两,其后家境远不如直接从事贸易的舍余蒋继勋一支。在这种情况下,沿海卫所将官军士的监守自盗,遂愈演愈烈。

韩振华、李金明之《明代福建的海外贸易》提到福建沿海卫所的将官利用麾下海船,私自役使军士参与走私贸易,可以追溯至洪武四年(1371年)福建兴化卫指挥李兴、李春私下派人出海行贾;②宣德九年(1428年)漳州卫指挥覃庸等私自到国外贸易,而巡海都指挥张翥等几位上司、同僚均接受了他走私货物的贿赂;③而永宁卫指挥佥事高璸在正统五年(1440年)役使其所督的海船出海贸易,导致船上军士溺水而亡。④

在《福全蒋氏家谱》中,有如下记载:

> 七代祖继实公。公嘉靖元年壬午十月袭正千户,到任掌本所印,两院兼出海捕倭盗,带浯铜游兵把总。管所事抚军士以恩,凡出汛者加例倍恤,兵卒用劝。于是,户侯阎君恭、陈君庆,率阖所人民勒碑怀恩,撰文者黄公澄也。其赞曰:伟哉!君侯引兹德惠,为山九仞,功在一篑……公少负异才,为府诸生,物色俞武襄大猷,以兄事焉,骑射精妙,颇长于海战,能着钉靴绕哨船栏杆外步走如飞。一夕,乘贼酋李文信拥姿姬酣宴,公驾桴突至,计擒之。众咸失色,遂并其妻妹缚入所,急足报捷。会当道攘其功不已,仍督解贼赃番货,同官嫉妒。复媒其与酋妹结为兄娣,受珍珠一斗,金一甓,蔷薇露万斤。公恚甚,酋送之登艇,自脱去,公亦弗更俘之也。或有孽公留酋妹数日,阴挟质子者,当望之益奢。公愤恨不应,落职听勘。

---

① 此事《石圳三房份李氏族谱》与《福全蒋氏家谱》都有记载。
② 《明太祖实录》卷70,洪武四年十二月乙未,台北:"中央研究院"历史语言研究所,1962年影印本,第2册,第1307页。
③ 《明宣宗实录》卷109,宣德九年三月辛卯,台北:"中央研究院"历史语言研究所,1962年影印本,第3册,第2448页。
④ 《明英宗实录》卷74,正统五年八月癸酉,台北:"中央研究院"历史语言研究所,1962年影印本,第2册,第1433页。

久乃悉输所获于酋者,分遗诸当道者,再复职,而公不能无后言矣。都督侯公讳国弼尝云:习静以计擒李文信,却走林凤诸酋,此异才也。其高见在诸贼船货物都不足属意,谨牵厥饶瓷二船以归,贼酋钩舡迎击,公将两船瓷器飞射铦碎,贼脚无站处。彼船渐重,我船渐轻,而彼坐受缚矣。公得酋贷,散给兵军,用命者殊,弗甚惜,可谓一时名将。惟耽声色,战胜而挟酋妹击暹罗铜鼓列阵进城,目无全躯保家之弁,盖鲜厥考慎庵公之恭恪。

蒋继实在嘉靖抗倭上颇有军功,得福全所民为之立怀恩碑,但这样一员将官,在与倭寇的交往问题上也并不算干净,甚至有可能与倭寇勾结,以职业的便利加入走私行列。

由于依赖军户家族的军装无法得到持续长久的提供,屯田收入不足且经常被侵占,加上军役本身即被多数人民视为畏途,军士的遁逃渐渐成为一个严重现象。从明前期开始,明政府进行了多次清军,依然无济于事,卫所实际兵额不断减少。据隆庆《泉州府志》"海防"条记载,泉州卫的操海屯种旗军,旧额六千一百四十七名,后来因逃亡等原因渐次裁减,到万历年间,仅存余丁一千二百三十六名,屯种军三百四十四名。而永宁卫的操海屯种旗军,旧额为六千九百三十五名,万历时就只有一千三百九十四名,屯种军七百八十三名,永宁卫中左千户所的八百五十间至万历时只存一百零二间,右千户所与中千户所、前千户所、后千户所的情况差不多,营房都只剩一百出头。福全千户所的差操屯种旗军,旧额五百七十五名,至万历时存操海军一百一十六名,屯种军一百一十七名。营房八百五十三间,在所城中;中左所的操海旗军旧额一千二百零四名,至万历时存六百八十四名,均折损近半。在如此情况下,加上沿海卫所将士的监守自盗,明后期海防的松弛可想而知。

第四节 海洋政策的转变

明初实行海禁，海岸线被沿海卫所监控，只有官方的船队和朝贡贸易能够往来海岸。这种政策在明初就遭遇了反弹，多有国人私自通番贩海。① 明中叶后愈演愈烈的倭乱，更加证明了这种海禁政策的愚不可行。

明永乐年间的郑和七下西洋，长久以来被作为中华帝国时代对外部世界开放的顶点，是中国探索外界最远、规模最大的一次。在这场规模宏大的远航中，中华帝国对外界的好奇心与自信心得到空前的满足。除了郑和的船队之外，与外界贸易的合法通道就是朝贡贸易。

洪武五年（1372年），明太祖命人出使琉球，琉球入贡，与明王朝建立了密切的朝贡贸易关系。洪武初年设立宁波、泉州、广州三处市舶司，指定各国进行朝贡贸易的海舶必须在对应口岸停靠，即"宁波通日本，泉州通琉球，广州通占城、暹罗、西洋诸国"。② 洪武二十九年，明太祖赐予闽中船工三十六户在琉球居住，这三十六姓中即有南安蔡氏家族。③ 但是三十六户琉球通事多为福州人，④泉州人只占了小部分。如此一来，明初与泉州合法通商的国家，仅剩下琉球一地，刚开始的时候，这样的合法朝贡贸易还算频繁，洪武五年，明太祖因"高丽贡献使者往来烦数"，谕令中书省限制其贡期和贡品数额，令遵从三年一聘之礼，贡物仅许所产之布匹十匹，对占城、安南、西洋琐里、爪哇、渤泥、三

---

① 明成化七年（1471年），福建龙溪人丘弘敏率众犯禁出海贸易，返回时被官军捕获，俱被斩首充军。《明宪宗实录》卷97，成化七年十月乙酉，台北："中央研究院"历史语言研究所，1962年影印本，第3册，第1850页。

② 《明史》卷81《食货志》，北京：中华书局，1974年标点本，第7册，第1980页。

③ 庄景辉：《明初三十六姓迁居琉球中的蔡襄后裔》，氏著：《海外交通史迹研究》，厦门：厦门大学出版社，1996年，第227~251页。

④ 成化八年福建巡抚张（王宣）以琉球通事三十六户多福州人，且福州离琉球较泉州为近，向朝廷申请将市舶司迁至福州，成化十年正式迁址。

佛齐、暹罗、真腊等国一并做此要求,①而日本因"叛服不常",期限更长达十年一次。惟有琉球"任其时至入贡"。② 永乐三年(1405年),明成祖朱棣还以"诸番贡使益多"的缘故,在福建置来远驿,在浙江设安远驿,广东设怀远驿以安置使者。明代市舶司的主管为市舶太监,当时泉州市舶司太监驻在福州,实权操在福州太监之手,泉州市舶司实际上渐渐形同虚设,官府遂有迁司之议。③ 成化十年(1474年),泉州市舶司正式迁往福州,对泉州港之主港——后渚港来说,琉球这个唯一合法的贸易对象也消失了,从此,后渚港沉寂数百年。

对于明政府颁给勘合的合法朝贡贸易,得利更多的是各个朝贡国,明政府的做法是"命有司凡海外诸国入贡有附私物者,悉蠲其税",④朝贡国能得到丰厚的收益。永乐十五年(1417年)还特别批准对琉球贡舶"附搭诸物货,都免抽分,照例给与价"。⑤ 琉球以入贡的马匹、硫磺等物品换取明政府赐予的瓷器、铜钱、丝织品等,泉州从这种官方贸易中所得其实十分有限。当时大部分商品并不是由泉州生产,比如《明英宗实录》卷251及卷182记载琉球贡使在苏州收买沙罗等物。但是有部分输往琉球的商品为泉州出产的瓷器,经过琉球的转口贸易被转卖到东南亚各地。

明朝的朝贡贸易只允许有限的番舶来华,与宋元大量外商进入中国土地完全不可同日而语,而私人贸易又遭到全面限制。明初,由于方国珍、张士诚残党未尽,倭寇出没,明政府遂将民间私贩活动禁绝,"禁濒海民私通海外诸国",⑥《大明律》又规定,"凡将马、牛、军需、铁器、铜钱、缎匹、细绢、丝绵私出

---

① 《明太祖实录》卷76,洪武五年九月乙巳,台北:"中央研究院"历史语言研究所,1962年影印本,第2册,第1400~1401页。
② 《明史》卷81《食货》,北京:中华书局,1974年标点本,第7册,第1981页。
③ 庄为玑:《古刺桐港》,厦门:厦门大学出版社,1989年,第322页。
④ 《明太祖实录》卷159,洪武十七年春正月乙亥,台北:"中央研究院"历史语言研究所,1962年影印本,第4册,第2459~2460页。
⑤ 《琉球历代宝案》第1集卷12,转引自庄景辉:《泉州在明琉交往中的地位与作用》,氏著:《海外交通史迹研究》,厦门:厦门大学出版社,1996年,第252~264页。
⑥ 《明太祖实录》卷139,洪武十四年十月乙巳,台北:"中央研究院"历史语言研究所,1962年影印本,第4册,第2197页。

外境货卖及下海者杖一百"。① 《明太祖实录》卷231记载洪武二十七年（1394年），"先是上以海外诸夷多诈，绝其往来，唯琉球、真腊、暹罗许入贡，而缘海之人，往往私下诸番贸易香货，因诱蛮夷为盗，命礼部严禁绝之。敢有私下诸蕃互市者，必置之以重法。凡番香番货，皆不许贩鬻，其见有者，限以三月销尽。民间祷祀，止用松柏枫桃诸香，违者罪之。其两广所产香木，听土人自用，亦不许越岭买卖。盖虑其杂市番香，故并之"。② 洪武三十年再次颁令，"申禁人民无得擅出海与外国互市"。③ 永乐二年（1404年），明成祖又下令把民间海船全部改为不适合外洋航行的平头船。④ 在成化、弘治之世，虽然出于朝贡贸易的需要而肃清海道，以利于外商往来，⑤但是依旧禁止人民私自出海贸易。正德年间海禁政策有所松动，但很快又在嘉靖年间达到登峰造极的地步，倭乱遂也以嘉靖年间最为严重，同时，明世宗时政府下令"一切违禁大船，尽数毁之"。⑥ 对于海上的船只，还采取保甲连坐的方式实施控制。

然而，保甲存在的问题在前文已有阐述，地方社会为了生计都会为走私贸易做掩护。据明人记述："闽地斥卤硗瘠，田不供食，以海为生，以津舶为家者十而九也。"不仅如此，"民本艰食，自非肩挑步担，逾山度岭，则虽斗石之贮亦不可得。福兴漳泉四郡皆滨于海，海船运米可以仰给，在南则资于广，而惠潮之米为多，在北则资于浙，而温州之米为多"。⑦ 在正常情况下，这些产米区贩

---

① 《大明律》卷15《兵律三》，北京：法律出版社，1999年点校本，第119～120页。
② 《明太祖实录》卷231，洪武二十七年春正月辛丑，台北："中央研究院"历史语言研究所，1962年影印本，第5册，第3373～3374页。
③ 《明太祖实录》卷252，洪武三十年夏四月癸未，台北："中央研究院"历史语言研究所，1962年影印本，第5册，第3640页。
④ 《明太宗实录》卷27，永乐二年正月辛酉，台北："中央研究院"历史语言研究所，1962年影印本，第1册，第498页。
⑤ 王日根：《明清海疆政策与中国社会发展》，福州：福建人民出版社，2006年，第254页。
⑥ 《明世宗实录》卷154，嘉靖十二年九月辛亥，台北："中央研究院"历史语言研究所，1962年影印本，第5册，第3488页。
⑦ 道光《重纂福建通志》卷87《海禁》，《中国地方志集成丛书》，第3册，南京：凤凰出版社、上海：上海书店、成都：巴蜀书社，2011年影印本，第223～224页。

运大米到福建就可以获得加倍利润,①若商船不通,米价还会随之昂贵。为了生存,早有闽粤人民冒充贡使,借朝贡贸易之机通番,走私之风更是日渐兴盛,明中叶以后,民间下海通番不绝。海禁、倭乱最严重的嘉靖时期,也正是走私贸易达到白热化的时期,其中的因果关系,一望便知。嘉靖之前,走私船尚且是各船各认其主,各自为政,嘉靖以后就变成呼朋结党的状态。加入走私的,不仅有商人平民,还有官员士绅和沿海卫所的将官军士。闽浙巡抚朱纨认为:"盖漳泉地方,本盗贼之渊薮,而乡官渡船,又为贼之羽翼。"②

福建本地土生土长的士绅商人,深知海外贸易为本地经济命脉所系,都是反对海禁的。嘉靖二十六年(1547年)提督闽浙海防军伍的抗倭名将朱纨,到任后革渡船,严保甲,厉行海禁,严禁商民下海,最后因屡遭福建籍官员弹劾,愤而自杀。③ 但是即使是朱纨,也承认闽浙沿海"小民迫于贪酷,苦于役赋,困于饥寒,相率入海为盗"。④ 参与走私贸易,或者从海外贸易中获利的有世宦大族,如世袭福全所正千户的蒋氏家族其不继承官职的蒋八公一支,以国内航线的海上贩运起家,一度福全所的"百家姓""万人烟"需仰仗其商业活动为生,

---

① 从漳泉运货到省城,由海路运者每百斤脚价仅银三分,而从陆路运却价增二十倍。胡宗宪:《筹海图编》卷4《福建事宜》,清文渊阁四库全书本,第28b页。
② 朱纨:《阅视海防事》,《明经世文编》卷205,北京:中华书局,1962年影印本,第3册,第2158页上。
③ "纨自巡海以来,革渡船,严保甲,搜捕奸民,获交通诸番者,不侯命辄斩。闽势家素为诸番内主,骤失重利,多怨纨。纨又数腾疏于明,显言大姓通楼事,且曰:'去外国盗易,去中国盗难;去中国濒海之盗易,去中国衣冠之盗尤难。'闽浙人皆恶之,而闽尤甚。主客司林懋和浙江按察御史周亮皆闽人,亮上疏论纨,请改巡视为巡抚,以杀其权,懋和与浙中大夫在朝者左右之,竟如所请。至是,纨以佛郎机事具状闻,御史陈九德遂劾执擅杀,纨落职,命兵部给事中杜汝桢按问,纨怒,自杀。"同治《福建通志》卷267《明外纪》,台北:华文书局,1968年影印本,第10册,第5064页上。
④ 郑晓:《与彭革亭都宪》,《明经世文编》卷218,北京:中华书局,1962年影印本,第3册,第2276页。

又与海寇多有联系；①也有的是以全村之力共同走私,这种情况尤其易于在国家控制比较松散的地方发生。如漳潮二州以盗寇之渊薮闻名,漳州海澄有一村落,"此村有林田傅三大姓,共一千余家。男不耕作,而食必粱肉;女不蚕织,而衣皆锦绮。莫非自通番接济为盗行劫中得来。莫之奈何";②还有如安海镇这般整个镇对私自通番习以为常,安海商人在明代的私贩活动十分有名。③

由于倭寇与海盗活动猖獗,大明帝国的东南海岸线已经失去控制。明一代最大的海盗浪潮,首先出现于嘉靖十九年到隆庆初（1540—1567年）,以王直、徐海、曾一本、林道乾、林凤等海寇为代表。部分海寇与倭寇力量的结合,曾严重威胁东南沿南居民的生计与安全。《海澄县志》记载,自嘉靖二十八年后,倭寇"十年之内破卫者一,破所者二,破府者一,破县者六,破城堡者不下二十余处,屠城则百里无烟,焚舍则穷年烽火"。④ 卫一即永宁卫,府一即兴化府。第二波是天启初到崇祯末（1621—1644年）,以颜思齐、郑芝龙等为代表。⑤

嘉靖倭乱的高峰过去之后,明政府渐开海禁。隆庆元年（1567年）福建巡抚都御史涂泽民请开海禁,"准贩卖东西二洋",东洋指的是吕宋、苏禄（今属菲律宾）等地,日本不在此列,西洋则交趾、暹罗、占城等地,⑥国内则在漳州的月港设立"洋市",正式确定为对外通商口岸。⑦ 但是船舶并不能自由出海,需要执有"引票"才能出海,而"引票"的数量相当有限,隆庆年间官方发放的"引票"

---

① 晚明福全所城著名的大商人蒋继勋（蒋八公）,其儿媳吴太恭人作为一个能干的寡妇及相国蒋德璟的祖母拥有极高名望。在关于她的传说里有一个故事描述了一伙海盗把数十瓮抢劫自商船的腌制鲑鱼作为躲避暴风雨的谢礼送给了吴氏,然而鲑鱼的下面是商人们为了防止抢劫而藏的白银,这些白银遂归吴氏所有;蒋八公自己曾因与海寇首领的旧情而连人带货幸免于难。
② 俞大猷：《正气堂集》卷3,清道光刻本,第4页b面。
③ 傅衣凌：《安平商人论略》,《安海港史研究》,福州：福建教育出版社,1989年,第81～93页。
④ 乾隆《海澄县志》卷21《艺文志·疏》,上海：上海书店出版社,2000年,第648页。
⑤ 古鸿廷：《论明清的海寇》,《海交史研究》2002年第1期。
⑥ 张燮：《东西洋考》卷7《饷税考》,北京：中华书局,1981年校注本,第131～132页。
⑦ 明政府早在嘉靖三十年（1551年）即在月港设靖海馆,万历年间改为督饷馆,公署在厦门。

数量总共才五十张。① 月港则是民间商舶请引、集中及盘验放行的唯一合法出航点，由月港起锚的船只，除了要缴纳税金外，对船只搭载的货物品种也有所限制，必须填写"印信官单"。即便如此，月港在万历年间依然空前繁盛，关税收入由刚开禁时的三千多两迅速攀升至万历四年（1576年）的万两以上，万历十一年（1583年）又高达二万多两。② 在月港兴盛的同时，私商贸易并没有因合法港口的出现而暂息：月港本身即是以走私港口起家；曾经率六十二里艘大船进军吕宋，对抗西班牙人近一年的林凤集团，后照旧返航潮州，万历初年依旧活跃于闽粤海面；而显赫一时的郑氏集团之郑芝龙，在崇祯元年（1628年）始接受明廷招抚。

明清鼎革之际，郑成功以福建沿海的金门、厦门两岛为据点，以海上贸易所得为经费，组织义师抗清。顺治十六年（1659年）郑成功、张煌言等率领舟师北伐，兵临南京，虽然最终失败，却令清政府为之震撼。加之清兵怯于海战，遂颁布大规模强制迁徙滨海居民的法令以对付郑氏武装力量，此即迁海，又称迁界。迁海令正式发布于顺治十八年辛丑（1661年），闽南沿海族谱中往往称之为"辛丑播迁"，同年稍早，郑成功跨海收复台湾。当时奉诏迁海的共有河北、山东、江苏、浙江、福建、广东六省，执行最为严格的自然是郑氏武装的基地福建。顺治十八年十二月，清廷颁布《严禁通海敕谕》，重申曰："郑成功盘踞海徼有年，以波涛为穴，无田土物力可以资生，一切需用之粮米、铁、木、物料，皆系陆地所产，若无奸民交通商贩，潜为资助，则逆贼坐困可待。向因滨海各处奸民商贩，暗与交通，互相贸易，将内地各项物料，供应逆贼，故严立通海之禁。"③清廷规定的迁界范围是沿海三十里地，实际执行中有所长短，多以地形和道路为准，但沿海一线的村庄必须迁徙是确凿无疑的。明代的沿海卫所亦均在迁徙之列。

清廷迁界的目的是斩断郑氏武装与大陆的联系，将脱缰的海岸社会重新控制在朝廷手中，故而派出大批兵马配合强制迁界。奉命迁界的沿海居民，被

---

① 王日根：《明清海疆政策与中国社会发展》，福州：福建人民出版社，2006年，第278页。
② 陈自强：《论明代漳州月港》，中共龙溪地委宣传部、福建省历史学会厦门分会编印：《月港研究论文集》，内部资料，1983年，第1～7页。
③ 《明清史料》丁编，台北："中央研究院"历史语言研究所，1951年，第3本，第257页。

强制在极短时间内离开家园,房屋被焚毁,田园被遗弃,居民仅能收拾衣服细软投奔于亲戚之家,许多人生业无着,乡族成员各自四散,迁界区域内的家族和社会组织被暂时性强制拆散。离开故里的人们,有的遂转至未迁界的市镇如石狮亭、青阳市谋生,①有的进入府城或远赴其他县;有的偷偷潜回故乡重操故业,为清廷巡界官兵捕获;②有的干脆投身郑氏集团,前往台湾,还有一些与迁界迁移方向相反,前往海外谋生。《福全石圳三房份李氏族谱》记载:"公讳德,字仲德。仲德公战争日烦之时,兄南弟北,颠沛失所……参商不见,离别番国,彼时兵马赶散,德翁由延建而奔走于吕宋之外夷矣。侦知圣朝荡平之秋,旋归故土。"即便村落没有被划入迁界范围的,有的也会因赖以生存的田地、海荡在迁界范围内而生计无着,流浪他乡。《铺锦黄氏族谱》云:"丙申遭牧马混戮之惨,③辛丑又遭迁弃之祸,我族人托处界边荒葛屯葵触目惊心,多有

---

① 永宁《梅林李氏族谱》之《定庵公序》:"当海氛未平,巡海大人苏公奏徙滨海居民,建龄公挈眷于桃源之坪上乡。时公才五岁也。及长,还故土,居晋之石狮亭经营生理,家道颇殷。公延请绅士修辑泉志,而纂修谱,诸公皆以公为盛德而推载之。"《福全石圳三房份李氏族谱》:"公讳秉矩,字仕玮,号胜台,承祖宗之基业,遵父兄之遗训,幼习诗书……世运不一,干戈骤起,迁移之谕既下,而巡界之兵马叠至,高堂大厦随复变为坵墟战场矣,于是扶幼携老……侨居外家(英林),将欲安身之计,而大兵又四出矣,几乎边地之场,至于流离辛苦,始复再徙宅,旋而移居青阳(住青阳二十二年)。"

② 《福全石圳三房份李氏族谱》之《璋四三公萃春传》:"公讳萃春,字敦茂……治农营生,不闻外事。兴家有日而迁移之诏既下,食不甘味,夜不安寝,而不遑宁处矣。而范氏(继娶)所生二子时已长大(二子谓仕亮,今在京城正黄旗熊大头名下效用,又次子仕尾,讳名鹿耀,今在正黄旗熊大头笔帖式任事),相随患难,跋涉艰苦,竟为巡界大人所获,爱其青俊,留为己子。"《璋六一公复春传》:"公讳敦,字复春,家世耕农守分乐业……孰知迁移之谕既布,遂荡柝离居,分散各天……而公于艰苦之际而以天年终,次子仕使不忍舍祖宗之乡间,出界营生,被大人巡界促获,今已进京效用,尚在未回,进仅有长子仕楚随母嫁永春。于是仕楚勤于营生,巧于经商,多积余资。至荡平之后,发回迁民,始复自永春,而挈家携春同归于我本乡石圳矣。"

③ 指的是永历时清军与郑氏武装在泉州拉锯,顺治十三年丙申(1656年)郑鸿逵拆安海城石为退驻金厦筑白沙等城,同年清贝勒统兵三万对付郑氏武装,郑成功传令安平等泉属士民,有愿相从者,悉渡金厦两岛居住。四月,清军屯兵安平,四出淫掠,六月部分安平人民迁居泉州城,六月二十八日,清军焚毁安平市,时人谓之"丙申焚毁"。见《安海志》卷35《纪事》,泉州:安海志编修小组内部资料,1983年标点本,第404页。此事影响波及安海临近乡村。

舍其乡里宗族以旅游四方者"。这些人离开故土往海外发展,正与清政府迁界的目的相反,反而脱离了国家的辖制。

清政府统一台湾后,在展界的同时,也开放海禁。康熙二十三年(1684年)三月,许闽、粤、浙三省如山东例,准予人民出海捕鱼和贸易;九月,康熙帝下谕正式开海禁。次年,清政府设立江、浙、闽、粤四个海关,并以澳门、漳州、宁波、云台山为法定对外通商口岸,设立海关管理征税。其中澳门后改为广州,漳州后改为厦门,①云台山后改为上海。② 由雍正至乾隆年间,沿海共有山海关、津海关、江海关、浙海关、闽海关、粤海关等六大海关,专门管理航海事务。但是,总体上海禁虽然放开,但是仍旧有很多限制性的禁令,且从康熙五十六年(1717年)至雍正五年(1727年)间,一度有十年时间实行对南洋的海禁。③ 禁令主要是对船只重量和人员数量进行限制,从合法对外贸易港口出发的商船,则必须持有官方发给的"票照",凭照方可出入港口进行贸易。商船和渔船分别要刻上"商""渔"字样以及省、府的编号,船户的姓名,船户、舵工和水手都要发给刻明了姓名、年貌、籍贯的腰牌;④在船与船上人员的管理上沿

---

① 厦门为闽海关正口,"闽海关旧为户部所管。每三年,部中选一员抵厦专理其事……大馆在岛美路头,凡洋商南北等船出入,皆到馆请验,惟米粟免饷,余俱有例。其自外来者,洋船则官亲登其上封仓,命内丁日夜看守,防其偷漏掩处,验明征饷。商船则遣人持丈尺,量测深浅计算所载多寡,分别征饷。自本地出者,则挑赴大馆报税,给单出水。小馆则随潮时,命巡丁遍查渡船,验其有无偷漏,其或隐匿不报,察出则执解大馆,以凭送究"。(《鹭江志》卷1《关津》,厦门:鹭江出版社,1998年,第28页。)闽海关除厦门总口外,还有分布于福州、兴化、泉州、漳州、福宁州三十二小口,当时隶属于泉州府的共有税馆10口,即泉州南门外馆、安海口馆、法石口馆、东石口馆、马头山口馆、同安刘五店口馆等,凡商船越省及贩往外洋贸易者,均由福建巡抚委派地方道台在上列口馆征税。
② 《福建航运史(古、近代史部分)》,北京:人民交通出版社,1994年,第219页。
③ 王日根:《明清海洋政策与中国社会发展》,福州:福建人民出版社,2005年,第334页。这一禁令对福建社会经济有严重影响,漳浦人蓝鼎元在《论南洋事宜疏》写道:"闽、粤人稠地狭,田园不足于耕,望海谋生,十居五六……南洋未禁之先,闽、广家给人足。既禁以后,百货不通,民生日蹙。沿海人民,富者贫,贫者困"(蓝鼎元:《鹿洲文集》卷3,厦门:厦门大学出版社,1995年,第54~56页),加以福建连遇灾荒,清廷于是在雍正五年(1727年)宣布解除南洋禁令。
④ 王日根:《明清海洋政策与中国社会发展》,福州:福建人民出版社,2005年,第343页。

袭了保甲制的做法,①需要同甲联名作保的执照,照内要填写船户年貌、姓名、籍贯及作何生业,以备汛口查验,船照与关票按例每年换发一次。开具船照、关票一般商船都能遵守,但是突出的问题是船照内固定填写的人名、人数与实际会有很大不同,且船户也未必能年年换照,②故而清政府对外交往的种种限制在实际操作中就打了很大的折扣。总的来说,清政府在海禁政策的推行上是比较宽松的,船只大小、船上人员往往都超过规定的范围,从展界后的康熙二十四年(1685 年)到乾隆二十二年(1757 年)之间的四口通商时期,泉州沿海地区从事国内贸易及南洋贸易的都很普遍,惟出洋船只需要向厦门海关挂验,出洋目的地更加扩大,比明朝更为发达。③ 四口通商时期,沿海各省的出洋海商以福建为最多,广东尚且次之,而福建的海商又基本都隶属于泉、漳二郡。

在海岸线上,清朝采取设立水师、防守海口要塞等措施来加强海防。沿海水师兵额总数几近十万,其中福建沿海额设水师两万七千七百余名,海口、洲岛、海岸要塞都在守备范围内,台岛归入版图后,尤为海防重地,单澎湖屿上已有额定兵员两千名。④ 在清政府的海防体系下,乾隆末年以前,中国海域相对安靖,同时东南沿海人民的海上活动并未受到阻碍。清乾隆末年至嘉庆中叶之间,闽浙的海盗一度成为严重问题,1795 年时出没于闽、浙、苏、鲁沿海之海盗船总数计约有六十余艘,分别属于独立的不互相隶属的小型海盗集团,以其首领之名被称为蔡牵帮、林发枝帮、张麦帮、纪培帮等,且在闽籍海盗林发枝的

---

① 明清两代共同实施了"连橹互结"的制度,将十船编为一甲。蓝达居:《喧闹的海市——闽东南港市兴衰与海洋人文》,南昌:江西高校出版社,1999 年,第 91~92 页。
② 王日根:《明清海洋政策与中国社会发展》,福州:福建人民出版社,2005 年,第 349~351 页。
③ 根据《从族谱中探讨安海人侨外之情况》(洪少禄:《从族谱中探讨安海人侨外之情况》,《晋江文史资料》第 3 辑,泉州:中国人民政治协商会议福建省晋江县委员会文史资料工作组编,内部资料,1983 年,第 29~40 页)统计,安海镇在明万历崇祯年间有谱可查的侨外者共四十六人,其中四十三人前往吕宋;顺治康熙间,出国总数为八十一人,散布于咬溜吧(巴达维亚)、三宝垄、旧港、暹罗、吕宋等地,往吕宋者仅剩下黄氏七人,应是与明末吕宋对华人的大屠杀有关;清中叶的乾嘉年间,侨外者六十人。
④ 王日根:《明清海洋政策与中国社会发展》,福州:福建人民出版社,2005 年,第 195~202 页。

引导下,安南阮氏政权的舰队竟然也进入闽浙沿海抢掠。① 与晚明福建沿海亦盗亦商的武装海上集团不同,这些海盗以从事劫掠为主,在内部组织及成员构成上受到血缘和地域的深刻影响:地盘在厦门以南至广东洋面上的朱濆帮,其弟、其叔、其妻都是帮中的重要人物,而在二十六名籍贯可考的朱濆同伙中,有二十三人的籍贯是福建,而且全部来自漳州府;同时地盘在厦门以北至浙江洋面的蔡牵集团,其六十七名福建籍帮众中大部分都是泉州府人氏,竟无一来自漳州府。② 这与明末清初福建武装海商集团囊括南北的人员构成形成鲜明对比。海盗的活动阻碍了海上交通,贸易和对渡受阻,一度令漳泉台三地民生困顿,蔡牵和朱濆于1806年以"反清复明"的口号攻打台湾,始令清政府下决心全力剿灭,嘉庆十四年(1809年)蔡牵被闽浙舟师歼灭。嘉庆以后,闽台洋面虽仍有海盗活动,但规模势力较小,东南洋面稍靖。

  清政府对海外贸易的态度,实际上是限而不禁。清代的海防目的并不是在于防范民众的海上活动,也并不积极于抓捕私渡南洋和台湾的民船、民众,其重心是在于巩固政权。此时东南洋面上的海盗不再有突破海禁,争取自由贸易的成分,反而成为海上贸易的阻碍。清政府与明政府关于海外贸易政策的共同点是对外商来华的限制比较严格,只开放极少数的口岸,番舶来华只能在限定的地点交易,这造成东西方海上贸易交汇的节点实际上从宋元的泉州、广州等大港退到了东南亚,西方殖民者掌握的巴达维亚、马六甲等地正是因此而繁荣起来。同时,明清政府对私人贩洋亦多有限制,迫使东南沿海人民只能以私商的方式主动扬帆南下,而明清两朝的海洋、海防政策,并不能在事实上形成一道有效拦截私商南渡的网,这是由地方基层社会的现实决定的。

  因此,虽然明清政府试图以种种制度压制海上活动,但是泉州民间的海洋传统却未曾中断,因为这些手段多数在地方社会的发展中被扭曲或抵消,有的部分甚至被乡族利用为争夺地方资源和自我管理的手段。泉州湾的居民在长期的海上活动中,自然而然就形成了流动的人群,社区的边界因此被不断拓展。

---

① 张中训:《清嘉庆年间闽浙海盗组织研究》,《中国海洋发展史论文集》第二辑,台北:"中央研究院"三民主义研究所,1986年,第161~198页。

② 张中训:《清嘉庆年间闽浙海盗组织研究》,《中国海洋发展史论文集》第二辑,台北:"中央研究院"三民主义研究所,1986年,第161~198页。

第四章　家族发展与地域联盟

明代普遍发展的家族组织,构成了泉州社会控制的基本单位,地方公共事务一般都在家族内部自行解决,或是由若干家族组成的地域联盟共同办理。基层社会的自我控制形式,深刻地影响了泉州人的海外拓展活动。本章先分别考察农业移民、土著居民、阿拉伯后裔和卫所军户家族的发展历程,再通过清末都蔡冤械斗的个案,探讨地域联盟的基本构成,以期反映明清时期泉州湾地域社会的历史特点。

第一节　农业移民的家族——以芝山刘氏为例

唐宋时期从北方南下的农业移民,拥有较为丰厚的资本,能够比较快地在本地立足,甚至发展成世家大族。宋元时期泉州水利工程的修建,大多与农业移民家族有关。第三章提到的石狮大仑蔡氏家族和龟湖塘畔黄氏家族,①还有洑田塘畔的柯氏家族,②均是宋元时代已经在此定居,定居的地点临近大型

---

① 龟湖塘修建时,黄氏祖先在塘畔构建了"宝光堂",以为里社聚会之所。
② 据《南塘柯氏族谱》(清抄本,泉州图书馆古籍室藏)记载,柯氏族谱最早的序言写于明永乐年间,明初柯氏为粮长,且世代为洑田塘陂首,本文第二章提到了柯氏家族祖先在洑田塘修建时,"里人柯栋设规建堂","柯公设陂规,捐逸老堂以祀土神",所以至迟在元朝,柯氏已经形成家族组织。

水利工程，生计模式以农业为主。早先定居的农业家族占据的是晋江南岸的肥美平原，但随着人口的增加，后来的定居者只能向更靠近海边的较贫瘠地带发展，宋末定居于石狮祥芝半岛的刘氏家族就是一个例子。由于定居的地点已经没有充足的肥沃土地让其保持耕种农业的生计模式，芝山刘氏不得不在围海造田之外，模仿了土著渔民的生计模式——以海荡为业或以海外贸易为业，事实上这也是所有定居在海岸线上的家族的最终生计模式，不仅农业家族、渔民家族如此，阿拉伯后裔和军户家族亦是如此。有一点要注意的是，农业居民和土著的渔民之间依然有着很大不同，因为投资参与海外贸易、滩涂养殖是比较容易模仿的，直接在船上讨生活则不容易模仿。宋元以来许多泉州人都加入了海外贸易，但农业移民出身的有可能还是以投资买卖为主，真正长期在海上搏命的是惯习风涛的渔民。比如芝山刘氏，虽然部分模仿了祥芝水上居民的生计模式，但是他们并没有彻底成为渔民，20世纪50年代划定村庄成分时，刘氏聚居的大堡村被划为农业村，处在渔业村祥芝蔡氏和东埔邱氏的包围之中。"芝山"之名指现今石狮市的祥芝半岛，祥芝半岛位于泉州湾的下沿。据《温陵芝山刘氏大宗世牒》所载，①其祖先为南宋抗金名将刘锜，②刘锜于宋绍兴三十二年（1162年）逝世后，被赐葬安溪，其孙刘逊（寓泉公）卜居于晋江长箕乡，"祥芝"一名来自刘逊之孙刘文聚出生时"百种灵芝俱生"的异象，长箕后遂改名"祥芝"。③ 刘锜并非福建人，《温陵芝山刘氏大宗世牒》却提到"我刘自鼻祖唐季入闽，居建安，又居莆阳，数传至皇祖极公，举二子，伯子讳锜"云云，似有可疑之处。但是祥芝刘氏家族开基祖先出身世宦大族的可能性很高，刘氏族谱自五世刘文聚开始即有详细生卒年月记录，且以刘文聚生于嘉定壬申年（1212年）推断，在时间上并无悖论。再者，祥芝刘氏家族史上最重

---

① 石狮市博物馆藏，抄本，年代不详。
② 刘錡（1098—1162）：秦州成纪（今甘肃天水）人，绍兴十年（1140年）曾大败金兵于顺昌府，绍兴三十一年为江淮浙西制置使。宋孝宗追封其为吴王。
③ "祥芝"一名的由来在《晋江县志》中被解释为朱熹到过此处。《晋江县志》卷4《山川志》（福州：福建人民出版社，1990年标点本，第86页）："芝山，即祥芝。在二十一都，上有'小山丛竹'四大字石刻。又有宋邱葵石刻诗。曰：床头枕是溪中石，井底泉通竹下池。宿客不怀过鸟语，独闻山雨对花时。"

要的人物、据称当过主簿的六世西桥翁刘君辅之继配翁氏为宋提刑翁顺之孙女,夫妇二人的合葬墓志铭由三山林兴祖撰文,①温州路同知知瑞州事朱文霆书丹,元朝泉州路左副万户秃鲁威篆盖,可见祥芝刘氏至少在元代确实已经是一方望族。

《温陵芝山刘氏大宗世牒》留有多篇宋元时期的文献。因祥芝半岛突出海中,常年北风朔朔,理学家邱葵在《金沙接待记》一文中写道:"道过塔山以北,弥望皆沙碛,遂风吹人,忽作鬼啸,篮舆咿轧。"②在《芝山慈济宫记》中又写道:"晋江之南,有山曰祥芝,即《清源志》所谓苌萁是也。余始闻之,西则山童而赭,东西则地瘠而凹,其居瘠而多厉。"此地土地硗瘠,沃土少而多石,并不是一个上佳的农业地带。刘氏最初的生计来源应该是农业,但是光凭农业去达成家族发展所需的积累的可能性不高。元代成文的《刘氏海荡记》有记载如下:

  泉郡祥芝,东南距海,其田地斥卤罕稀,其风俗淳庞仁美,西桥刘公……遂效伏羲之网罟制度,海浅深绝流而取鱼虾,又相海潮汐,其礁石湿生蠔蜐紫菜石花者取之。恐豪右之吞并也,册造海界,东至东洋,西至鲂鱼石,北至大坠,南至宝珠石,闻官丈产立户纳粮,为子孙祖业而世守之,与诸人同利不设禁之可为功懋而利溥矣。……昔公之入祥芝也,土瘠而民劳,然民劳则思,思海可以为田,以渔也。而智慧未开,法制未备,贸贸焉莫知所措,比公之来也,设经画以取鱼虾,有鱼虾以贸粟米,不数年间祥之民始熙,仰事俯育之有赖也。呜呼!昔人有言曰:吾不做儿孙,必做刘公,既丈产于己,而公利于民,异日者二十四派孙子,绳武克家,擢高科、跻膴仕,可拭目而观其胜矣。

乡进士直隶松江府训导清源王凤拜书
时元贞二年(1296年)

---

 ① 林兴祖,字宗起,福州罗源人。元至治二年(1322年)登进士第,曾在刘氏祥芝书塾执教。于《元史》之《良吏》中有传。

 ② 邱葵(1244—1333年):字吉甫,号钓矶,原籍清源,元初隐居同安县小嶝屿。邱葵为朱熹四传弟子,曾于祥芝刘氏书塾执教。在刘氏族谱上留有多篇记述。清乾隆《泉州府志》卷41、道光《重纂福建通志》卷187有传。

又有明代所写的《刘氏海荡暨平成桥由来承受纪略》记载:

> 谨按我刘海荡自始祖致政公于宋绍定间,闻□官丈产,受秋钞五百文,该米二斗。追我主簿西桥公加受秋钞二贯,该米一石,共办纳荡米一石二斗。册造海界东至东洋,西至鲂鱼石,北至大墬,南至宝珠石,荡志其明征也。至若后湾长桥扁曰平成者,虽始于沙门于宋末募缘为之,□未五十年而崩圮者再,追元贞甲午①我西桥公捐宝钞若干,大肆经营,始溥。我明国初,砌筑巡司城,将桥毁搬殆尽,仅存遗址。□当时桥头埠税,亦受秋钞米酒斗,桥志其明征也。桥海之利与民同之,历宋元我明三朝承管无异。

明成化十四年所撰之《创始网罟记》也有关于刘氏以海为生业的记载:

> 今祥芝刘姓讳椿,字孔龄,故家乔木子也。乃祖值元末,常义举义兵讨贼,辅卫一方,民生赖以全活者众。贼平功最,职受巡抚。……朝廷推恩及于世庶,乃获乌纱角带,荣耀于一乡也。……乃于读书之暇,耕农之余,缘祖海荡,堪以营生,故效庖义网罟之作,率祥芝一乡之民,驾一叶舟,为万民利不少矣。而民赖鱼为利也,取之不穷,用之不竭。可以换谷米,可以易布帛,至烝尝饔械器之需,冠婚丧祭之费,莫不资之以为用也。昔日事肩担,号饥啼寒之不足;今日事网罟,仰事俯育之有余。……况有大功德于民者,安可不立生祠,而血食于悠久哉!故书以颂功德者。
>
> 成化十四年四月既望
> 广东廉州府儒学训导驷行张道书

祥芝从唐代起已是一个传统的渔港,水上人家在此结庐避风。② 致政公即六世祖刘文聚,身为移民的刘氏在定居祥芝后不久已经转向开发海滨,以海为田,正是移民定居泉州沿海后生计模式转变的典型代表。"海荡"就是滩涂,

---

① 甲午年为元贞元年(1295年)前一年,此处记载可能有误。
② 蔡永兼:《西山杂志》,"祥芝"条,泉州闽台缘博物馆藏清抄本复印件,第154页。

可能还有一部分埭田,①除了海荡外,到西桥公刘君辅时还营建了祥芝北面的后湾平成桥。后湾平成桥始建于南宋绍定年间,其创设和淳祐、咸淳年间的两次重修都是由僧人募缘主持,到元代的重修就由刘君辅率领刘氏家族接手主持。海荡及后湾平成桥所附带的码头,刘氏都有向官府登记的合法产权,要缴纳赋税,即所谓"立户纳粮"。又从刘君辅时海荡的租税上涨可知,在刘君辅手上,海荡的面积还有相当幅度的扩大。②"西桥公"刘君辅把祥芝的开发和刘氏宗族组织的发展推向高峰,刘君辅生活在南宋淳祐辛亥年(1251年)到元至治辛酉年(1321年)之间,他因祥芝"土瘠民劳"而"思海可以为田",遂经营海荡,"设经画以取鱼虾,有鱼虾以贸粟米",最终不仅令刘氏一族家业甚巨,还带动乡里繁荣。刘君辅的第三个儿子刘椿以有官之身继续了这一事业,③令刘氏声望愈隆,再加上刘君辅对地方公共工程的热心,令刘氏宗族无可争议地取得了在祥芝一带的领导地位。刘君辅一生"竭力经营,于南安同安等处置田三十六庄计租八万四千石,外仍有山林地,税于祥芝本里"。刘氏将海荡视为"可以换谷米,可以易布帛,至蒸尝爨械器之需,冠婚丧祭之费,莫不资之以为用也"的生业,是通过对海滨的经营和仕宦两方面结合,才创置了一大份家业的。一个本来不是以海为业的家族,在几代内迅速适应了沿海社会的生存方式,同时也将"诗书传家""科第"这种生存方式的影响带到地方。刘君辅所置之田庄是一笔很可观的地产,且都为向国家纳税的官方承认所有权的土地,以此为资本,刘氏进行大量工程营造与宗族建设。刘君辅共出资修建或重修了后湾平成桥、金沙接待处、海会堂、刘氏书塾、刘氏祀堂、虎岫寺、芝山忠仁庙、芝山慈济宫、丰山岩等。其中金沙接待处、海会堂、虎岫寺、丰山岩是佛教庵寺,忠仁

---

① 在有关晋江陈埭丁氏海荡的记载里有"筑陂以捍海田,而瘠化为腴;履亩以征荡产,而什受其八","环江而负海,而海潮所往来处,其地卤洿,宜生海错诸鲜。居民爱产以为业,谓之海荡。沿海弥漫,一斗数十顷"等字句。见杨彦杰:《陈埭丁氏"海荡图"研究》,《中国社会经济史研究》1990年第1期。

② 海荡、码头缴纳的税目为秋粮,按两税法的原意,夏税征收于种植小麦的田地,秋粮征收于种植稻米的田地。

③ 刘君辅之主簿官职与刘椿之巡抚官职均未见于方志记载,刘椿在刘氏族谱中名字为刘叔和。刘椿官职巡抚应不可信,但他可能因为出资帮助消弭盗贼而获得官府嘉奖。因此祥芝刘氏仕宦之始并非通过科举。

庙与慈济宫属于民间信仰的地方神,刘氏书塾与刘氏祀堂与宗族建设发展直接相关,后湾平成桥则是属于嘉惠乡间、开发海滨的公共工程,且能给刘氏家族带来经济收益。刘氏积极地插手地方上的寺庙宫观,显然是试图从祭祀权力下手,取得地方的领导权。

在经济实力的基础上,刘君辅设立刘氏书塾,除了修造学舍及聘请林兴祖、邱葵等名师外,尚且给书塾"每岁捐租谷三百石,以为塾之廪","使师有岁俸,生徒有日膳"。对"有能应选者,以是津遣之;有登名荐书,欲会试于京者,悉罄其所有以兴之"。通过家族的资助而得以"取高科,躐臑仕者,每应一任,则必捐俸禄,以为塾廪之助;官愈高,廪愈厚",以求"是塾可以与吾族相为始终矣"。令读书仕宦与宗族发展互相促进。宋代是中国宗族发展的重要时期,理学家们把此前为世族准备的宗法制发扬广大,欧苏谱式的出现给广大普通民众提供了一个修立谱牒的范本。理学家张载曾一再阐述建立宗族的重要作用,宗族可以"管摄天下人心,收宗族,厚风俗,使人不忘本,须是明谱系世族与立宗子法"。① 在"礼不下庶人"、庶人只能在墓寝祭拜祖先时,为了不形成"僭越",往往采取在寺庙寄放祖先神主、在寺庙拜祭祖先的折中方式。②

元代成文的《海会堂记》记载如下:

> 我西桥刘公,一日念于众曰:"是堂由癸亥距今,又九十余年,将就圮矣。盍相与撤而新之乎?"众曰:"可"。至元甲午(1294年)冬,遂创公厅一所于堂之西偏。越乙未冬,新山门,作棂星门,众闻之如期响赴。佛宇、禅宫、僧房、庖湢,以次修治。堂之左近,为祠宇者二:有曰"正顺庙"者,则几年香火此土……有曰"章太尉居"者。况今祥芝诸公,其董役如某公,则有沿源疏流……其施役如某公,则有推波助澜……惟刘公续用居多。公名君辅,字仲佐,西桥其自号也。平生乐善好义,皆如此类。如工三项产

---

① 张载:《张横渠集》卷5《经学理窟·宗法》,北京:中华书局,1985年标点本,第1册,第101页。
② 唐宋时期不允许民间奉祀四代以上的祖先,一些家族为了祭祖护墓,往往在寺院中设立檀越祠,或是在祖坟附近创建寺院庵堂。见郑振满:《宋以后福建的祭祖习俗与宗族组织》,《厦门大学学报》1987年增刊。

钱,公皆以户知纳。余于此益信,公之视乡犹家,视人犹己,想公里而宰社也。……西桥公亦惟集祥芝诸公之长,故能济其美。咨尔同盟,而今而后,父诏其子,兄诏其弟,曰:西桥翁用志,实劳矣,非此为一身一家谋。如人结筏渡海,必维楫相。

岁丙申 三山林兴祖记《芝山刘氏宗谱》《温陵刘氏宗谱》

这座海会堂本是佛寺,但是"遂创公厅一所于堂之西偏"及"棂星门"却很有可疑之处。"棂星"即是天上的文曲星,"棂星门"一般存在于文庙,公厅亦疑似为祭祖之用,此外海会堂还附有别的民间神庙。创建这些寺庙,并非刘氏一家之力,但是刘氏在其中起了主导作用。以刘氏为中心,祥芝半岛上的家族一同修整了本地的庙宇宫观,合力进行地方上的公共工程建设,开始在祥芝半岛上形成一个共同管理公共工程、共同进行神庙祭祀的社区,家族发展比较有优势的刘氏在社区中取得了领导权。

同样由林兴祖撰写的《刘氏祀堂记》记载如下:

礼有以义起,祀堂是已。古无祀堂,有庙祭。祭有异名,庙有常制,自七至于三,凡未得与焉者祭于寝。寝近义,为人子孙欲极其孝敬之情,既惧夫僭,则曰祀、禴、尝、烝,祭名也;门、堂、室、寝,庙制也。不全用庙制,而以四祭之一名其堂,不衮不僭,义也,礼也。祥芝刘氏祠堂,盖取诸此。刘氏世为孝敬,西桥公克成厥家,中子叔和于其屋之东创祠堂一所,奉始祖制置使公、祖文聚公、考主簿公,岁时祭享唯谨。予至祥芝,刘氏以记请。余见夫今之人,韶非祭而略其先人之享祀,尊异教而奉以一世之田庐,视祥芝祀堂,不亦可记也欤?

公厅的创置时间在刘氏祀堂创办之前,西桥公刘君辅逝世后,其子孙才创祀堂一所用以奉祖先神主。林兴祖所作之《刘氏祀堂记》中关于刘氏建立祠堂的辩护说明了宋元时期理学在宗族、祭祖理论上的突破及民间是如何用灵活的方式实现拜祭祖先、构建祠堂的目的。理学的影响正是宋代宗族发展的重要原因,对刘氏家族在祥芝建造书塾、祠堂,推行教化作用很大。在邱葵所作之《芝山刘氏书塾记》碑文中认为"格物致知……修齐治平,此吾儒者有用之学也",对"罢黜诗赋,崇尚经学"表示了赞同。泉州视为"朱熹过化"象征的"小山丛竹"四字,在祥芝也有留存。① 在理学一统天下之后,"朱熹过化"往往被掌握话语权的文人阶层视为一个原本远离帝国中心的地带脱离"蛮荒"身份,正式进入帝国文明区的标志,宋元时代福建就是先通过海量数字的进士以及"闽学"的成就,与同样属于南方疠瘴之地的广东在文化层面上拉开了差距。宋代福建士大夫以理学改造建祠祭祖之方式,实现"敬宗收族"的目的,在基层社会的乡、里之外实现了"家族"这种新的基层组织。同时,他们也热衷于参与神庙祭祀活动,在他们的参与和改造下,民间神庙上接入国家祀典,下成为基层社会社区活动的中心。② 由于刘氏家族的经济实力及其与士绅的密切关系,刘氏家族在家族组织的构建和宗教、民间神庙祭祀上都取得了在祥芝半岛的领导权,西桥公甚至因其对地方公益的贡献,被塑像陪祀于祥芝慈济宫,陪祀制度亦正是由理学将儒家的做法引入民间信仰当中。

刘氏家族这样较早发展起来的家族为由明至清相继发展的水上居民、军户的家族组织提供了模仿的范本。以刘氏家族为领导的祥芝地区,以家族为单位共同进行公共工程的营建,掌握了地方上的祭祀权力,主导神庙祭祀活动。在这个过程中,从有限的记载里几乎看不到国家政权的活动迹象,却通过士大夫的活动、家族组织的运作达到了地方整合的效果。家族组织、神庙祭祀系统正是此后数百年泉州地域社会形成联盟的组织基础。随着祥芝半岛其他家族的发展,刘氏家族的优势渐渐没落,明代刘氏仍有科甲之名,尚且能维持世家大族的地位,但是到明清之际,迁界影响了原先的势力布局,与蔡氏争夺海荡的诉讼最终以失败而告终。家族的兴衰影响了祭祀权力的掌握,如今由刘氏西桥公一手建立的祥芝慈济宫由蔡氏掌管,忠仁庙由陈氏掌管,祭祀权力的转手凸显的正是家族的兴衰。

---

① "芝山,即祥芝。在二十一都,上有'小山丛竹'四大字石刻。"《晋江县志》卷4《山川志》,福州:福建人民出版社,1990年标点本,上册,第86页。
② 郑振满:《莆田平原的宗族与宗教》,《历史人类学学刊》2006年第4卷第1期。

第二节 水上居民的家族
——以祥芝蔡氏、东埔邱氏为例

在宋代以后的泉州地方文献中,关于晋江出海口及泉州湾沿海水上居民的明确记载,①目前仅存:"永乐四年,命丰城侯李彬等沿海捕倭,招岛人、蜑户、贾竖、渔丁为兵。"② 以往的一些研究者认为,旧时水上居民一直受到歧视,如到清雍正年间广东才允许疍民上岸定居。③ 然而,从明初招岛人、蜑户为军的记载和族谱资料看,明代曾提供水上居民一个合法陆居的机会。④ 在此过程中,泉州湾大部分的水上居民可能就此完成了身份的转变,抹去了土著的印记,并发展起自己的宗族组织。

陈支平认为,由于福建的区域开发是与中原士民的迁居紧密联系在一起的,这种避难、征服式的开发缺乏应有的政府控制力和社会秩序,来自不同地域、不同时期的北方移民为了取得生存空间和社会地位,聚族而居,借助家族的力量为自身谋求更多的政治、经济和社会利益。家族的兴衰有其背后的社会经济的必然原因,而家族本身则是凝聚社会控制力和抗争力的工具。⑤ 他指出了族谱修撰中有个可信度问题,非汉族群修谱会自动向汉族靠拢,族谱的

---

① 泉州笋江一带近代还有属于疍民的船户生活,新中国成立后归入渔民新村而在陆上定居。根据笔者 2018 年 7 月与笋江疍民后裔访谈记录,在新中国成立前他们没有受到明显歧视,跟陆上人可以通婚。
② 道光《晋江县志》卷 5《海防志》,福州:福建人民出版社,1990 年标点本,上册,第 97 页。
③ 经君健:《清代社会的贱民等级》,杭州:浙江人民出版社,1993 年,第 218~227 页。
④ 嘉靖《广东通志初稿》卷 40《户口》,明嘉靖刻本记载"其獠夷黎蛋,有愿附籍者,籍之",表明广东在明初推行里甲制度时,有相当数量的非汉人族群被编入了里甲户籍。转引自刘志伟:《在国家与社会之间:广东里甲赋役制度研究》,广州:中山大学出版社,1997 年,第 43 页。
⑤ 陈支平:《近 500 年来福建的家族社会与文化》,北京:三联书店,1991 年,第 256~257 页。

编撰是福建非汉土著进入汉文化体系的重要途径和方式。在萧凤霞和刘志伟有关珠江三角洲的研究中,也可以看到这种情形,提供了许多可参考的思路。① 对华南社会而言,地方社会变迁是在一体化的国家秩序的扩张之中发生的;宗族就是在国家政治及其象征下渗、经济发展加速的背景中,为地域社会控制权的合法化而进行的文化和历史建构。由唐宋到明清,国家制度的变化、国土的开发、经济的发展,为南部边陲的非汉族群不断提供了成为帝国合法编户身份的机会。在华南地区,宗族的意义就是在文化上给他们提供了一种身份洗白的机会,在法律上和文化上双重地认定其为帝国臣民。

同样有大量非汉族群存在的福建与广东,可能经历了类似的过程。在来自北方的移民不断定居本地之外,非汉族群也通过各种手段在法理和文化上取得汉人编户的身份。萧凤露、刘志伟《宗族、市场、盗寇与蛋民——明以后珠江三角洲的族群与社会》一文,提到明清至民国广东"迄今六百年间,而土著不知何往",这个问题与福建是基本一致的。该文以明初疍户被登记为军户,进而编入卫所,说明了明初国家如何把大批不在官方户籍册上的人口收编为编户齐民,而政府提供的机会或者设定的限制都造成了珠江三角洲地区人群的再划分。沙田开发是疍户上岸定居取得合法身份的重要契机,在珠江三角洲沙田开发的过程中,由于合法编户的田产所有权才能受到法律保护,因此明代国家通过户籍登记、赋税征收、收集军伍、经营屯田等方式介入沙田开发,在水上居民密集的珠江三角洲地区建立国家秩序。"珠江三角洲上新的社会秩序,是伴随着宗族的语言、入住权和入仕等多种元素形成的","即使对于那些由于经营商业而积聚了财富成为有钱人的蛋民来说,要在陆地村落或成熟的沙田上拥有合法居住的地位,还是需要创造一个'乡下'",即祖先或郡望,因而修谱修祠是登籍官册之外必须做的事情。

明中叶以后的动乱乃至清初的迁海,造成本地户口零乱,空掉的户籍在迁界结束的时候,也有可能被没有户籍的人所利用上岸,这些情况在福建沿海同样可能发生。但珠江三角洲的大规模宗族建设在明清时期,福建沿海的福州、

---

① 萧凤霞、刘志伟:《宗族、市场、盗寇与蛋民——明以后珠江三角洲的族群与社会》,《中国社会经济史研究》2004年第3期。

兴化、泉州等府则要稍早。造成这种情况的历史分野，最大的可能就是福兴泉三地北方移民到达和开发的时间早于珠江三角洲。以泉州来讲，宋元的海上贸易提供的商业契机已经开始给予水上居民大量的上岸定居机会。北方移民虽然是开发的起点，但是不应强调"汉文化复合体的基本性质是通过人口迁移从政治中心扩散出来而形成的"，也不应"强调边疆的族群的同化过程"。"无论作为商人、船主、小的军事头领、走私者、海盗，还是许多被标签为蛋民的人，在中华帝国晚期不同的历史转折点，以自己的办法，得以'上岸'，为建造陆上社区努力。"① 他们在"上岸"的过程中，灵活地利用了王朝提供的正统性语言，来制造适应本地情况的国家秩序。刘志伟的《在国家与社会之间——明清广东里甲赋役制度研究》，以制度史为起点进行区域社会史的研究，探讨了国家制度面对不同的地方社会时会发生怎样的异化与走形。他指出，每种国家政策的实行过程都是国家与地方社会的一次角力与对话，因此同样的制度之花会结出不同的果实。

福建进入帝国文化版图的时间要早于广东，如果说珠江三角洲的蛋民是明以后通过沙田开发登陆的，那么泉州晋南平原上的不列入国家编户的水上居民到了明初，剩下的已经不多，② 残余的水上居民分布在晋江河口、祥芝半岛、深沪湾等渔民较多的区域。③ 这些水上居民在明代，一是利用明初垛充军事、登记户籍的机会，二是进行家族建设、修谱修祠，成为陆上定居居民，改变了原先非汉族群的身份。

水上居民向国家承担赋税并非从明才开始，但是当时他们在户籍上与汉

---

① 萧凤霞、刘志伟：《宗族、市场、盗寇与蛋民——明以后珠江三角洲的族群与社会》，《中国社会经济史研究》2004年第3期。

② 明初以河泊所征收渔课管理渔民，泉州的渔民基本就是蛋民，明初设河泊所于晋江出海口的法石，说明此时法石还是有蛋民的。嘉靖中河泊所迁往郡城，清朝已废。见道光《晋江县志》卷13《公署志》，福州：福建人民出版社，1990年标点本，上册，第300页。

③ 道光《晋江县志》卷8《水利志》之"龙湖"（福州：福建人民出版社，1990年标点本，上册，第138页。龙湖在今龙湖镇，龙湖镇是晋江施氏的主要聚居地）条云："（龙湖）周十余里，旧系官湖。明初始征鱼税，米四石二斗六升，折银一两五钱零，隶河泊所征解，有渔户许、留、翁、林、吴五姓承纳。湖中产水藻，环湖田亩，资以灌溉。后为势官占踞，凡乡民水面营生者，皆令受税。"引文中的渔户许、留、翁、林、吴五姓，显然属于蛋民。

第四章
家族发展与地域联盟

民不属于同一系列。明代户籍制度许多继承自元代制度。元代的户等制按照资产共分三等九甲,诸色户和各类户都要划分户等,再按户等承担一定的赋役,①这种户等划分就为明代所继承。而元代的户籍册,又称为青册,有类于黄册。再者,元朝最基本的户的划分是分为军户与民户两大类,民户里还有许多分类,如大站户、匠户、打捕户、铁冶户、灶户、驾船户、儒户等等。②

石狮《西偏(沙堤)龚氏族谱》③中有一条记载,提到其二世祖在元代曾为"虾户":

> 第二世,悌公,生卒俱失,妣锦塘王氏……按君锡甫十岁、荣孙甫二岁,而二世祖终,乃元年五月十八日王氏卧疾不起,诸子鞠养于大母舅蔡守拙公,长为婚娶,从蔡姓,<u>适港据场抽虾户不得,立蔡仲永户籍备数</u>,今淮安卫军蔡奴仔即其户军也。西斋公曰:龚氏之后子孙寥落,若非守拙公抚育,安能至此,余知恩,故奉守拙三代及守拙神主于弟嗣卿之新屋,虽岁月寥寥,使子孙不废其祀云。昭按:二世祖妣早世,蔡守拙无子而养,月璁公四派俱从蔡姓,盖以龚氏之子而为蔡氏之子也,然礼有为人后者当复其姓,未有绝人而续己者。西斋公去守拙未远而有寥寥不废祀之语,用履公于守拙之泽既斩而有首丘复姓之举,理势然也。……张退密先生曰抚育之恩虽不小,覆姓之过亦甚大。……昭今编次族谱,故留西斋语使后之子孙勿遽绝守拙公之忌辰墓祭可也。

龚氏始祖十三公开基于沙堤,其妣为沙堤蔡氏,蔡守拙就是蔡氏的兄弟。龚氏的第一代、第二代在族谱中均未留下生卒年,第三世梯公长子月璁据载卒于元至正年间,其妣卒于元至正元年(1341),月璁时为浔美盐场的盐丁,"为场官所敬重,凡案牍烦剧悉以咨之"。到月璁公的长子,龚氏第四代西斋公,龚氏家族就已经不同凡响了,而龚昭为龚氏六世子孙,族谱中有他于永乐二十一年

---

① 陈高华:《元代户等制略论》,《中国史研究》1979年第1期。
② 岩村忍:《元代的户计编成》,《蒙古学信息》1999年第4期。
③ 1936年抄本,石狮市博物馆藏。

写的序言,写于明前期的序言在笔者所见过的泉州族谱中,此是唯一一例,则龚氏族谱修谱的时间相当早,从元末到明初的记录应是较为可信的。港据场在福建方志中查无记录,虾户也查无记录,推测港据场应是一个盐场,第三世月璁就成了浔美盐场的盐丁,永宁沙堤是一个传统渔村,虾户应该与渔户是一个性质。总之,龚氏来源于水上居民的可能性非常高,他们以海为业是无疑的。龚氏第三世四兄弟一度改姓蔡,充虾户立的户籍"蔡仲永"亦是虚名,后来龚氏四兄弟均改回姓龚,充为淮安卫军的蔡奴仔当与龚氏无涉,应为原蔡氏家族的后裔。那么福建面对官府进行户籍登载时使用虚应户名的历史可以再往前追溯到元,在明初较为严格的户籍登载中,这种做法依旧被某些家族继续采用。

西斋公就是元末参与平定那兀纳叛乱有功的浉洲盐场司丞龚名安,龚名安的功绩在现存府志、县志中无载,但族谱中声明有一段记录是直接摘自《泉州府志》,且《清源金氏族谱》也有记载,①可互为佐证。族谱记载龚名安因募兵平叛有功,得以擢升官职,祀于名宦祠,龚氏家族遂成沙堤大族,在西斋公的手上,龚氏家族就建立了祠堂,由于西斋公及其长子皆仕宦,故而六世龚昭称祠堂为家庙:

> 龚氏族谱者,谱龚氏之族也,信以传信,疑以传疑。天下龚姓乐安居多,闽泉龚姓龚山居多。直指以为来自固始派目龚山者,决疑为信也。有赐姓之祖,有迁居之祖,皆不可知,何以知十三祖之前有十六人乎?就成数而推生数,就生数而推至于数之始也。何第一世于十三祖为可知者,为始易于示永久便参考也。书祖以吾所自出,书父以伯叔皆父亲之也,首拙书蔡所以别我不书祖父者,以其非吾祖父疏之也。五世以上,名则加讳,施于尊也。下直名者,卑也。百岁之中,有荣辱焉,有善恶焉,有毁誉焉,而一以修,目之而不言短者,何不敢也。臣为君讳,子为父讳,礼也。或略者或详者,何详者,必有所据,略者无一善可书也。公羊子曰所见异词,所闻异词,亦吾不敢也。族谱不过据西斋父家谱而作,何立文不同。若是彼一时此一时也,然则其有忧患乎?曰有为宗子,昔我十三祖传之恺祖,祖

---

① 《清源金氏族谱》,清抄本复印件,泉州图书馆古籍室藏。

/第四章/
家族发展与地域联盟

传之月总璁父,父传之西斋父,父传之学正父,有为守以成人之德,一视同仁。四房有截降,而恩意周焉。奈何学正父早逝传之用方,方复早逝,传之庸叔,宗子播迁,神主失祀,而用履以学正仲子赖修祀事,用履传真,真又传源,而宗子在同犹不复也。呜呼,昭闻之礼乐与废,由于家庙风俗淳醨系于宗子,此昭所以忧患而谱所以作也。

明永乐廿一年
六世小宗 孙昭 序

宋儒欧阳修、司马光、范仲淹等人强调家族,是试图通过家族来重建社会秩序。[1] 从宋到明清,虽然正式制度上的宗法及礼仪规制没有什么改变,但是在民间的实践中一直被突破。朱元璋在《大明集礼》中,依然限制庶人拜祭祖先:"庶人无祠堂,惟以二代神主置于居室之中间,或以他室奉之,其主式与品官同而椟。国朝品官庙制未定,权仿朱子祠堂之制,奉高曾祖祢四世之主,亦以四仲之月祭之。"[2]在正式规制中,只有天子才能拜"不迁之祖",是为大宗,而其他人全部只能拜五代之内的祖先,是所谓小宗,同时宗子制度规定只有嫡长子才有祭祀的权力。[3] 从龚昭的序言中可见只能拜五代之内祖先的规定已经被弃之不理,祭祀亦没有因宗子播迁而停止,但是由于此时宗法制度的庶民化尚在进行中,龚昭对龚氏家庙没有宗子主持还是表示了强烈的忧虑,他试图以谱牒的修订来加强家族的联系。从永乐到嘉靖间,或许是因为龚氏家族的分支扩散,没有再修谱牒,一直到嘉靖间才重订,由于"大礼议"的缘故,对大部分家族来讲,嘉靖年间是个立祠修谱的标志性时间。

比之龚氏,石狮祥芝半岛上的蔡氏家族和邱氏家族则属于确定明初登陆的水上居民,他们以加入军籍、承担国家赋役为代价,取得合法编户齐民的身

---

[1] 黄向春:《文化、历史与国家——郑振满教授访谈》,张国刚主编:《中国社会历史评论》第五辑,北京:商务印书馆,2007年,第468~491页。
[2] 徐一夔等:《大明集礼》卷6《吉礼六·宗庙·品官家庙考》,明嘉靖九年刻本,第12b~14b页。
[3] 黄向春:《文化、历史与国家——郑振满教授访谈》,张国刚主编:《中国社会历史评论》第五辑,北京:商务印书馆,2007年,第468~491页。

份,并在嘉靖年间宗法制度庶民化进一步发展时进行自己的家族建设。明初成为编户齐民的,固然有前代逃脱了户籍管理的流民,但是肯定有相当一部分新获得户籍的,是此前不在王朝管辖下的被称为瑶、蛮、獠、疍、洞等之土著居民。泉州虽然开发较早,但是并非没有这些非汉族群的存在,德化山区开垦的梯田,就因模仿自畲族修田的方式而被称为"畲田",直至明代,泉州境内的非汉族群也并非全部都成为朝廷的编户齐民。明初福建沿海卫所的设置主要是为了应对倭寇的侵扰,而以土著疍民为水军就具有了天然的优势,郡志载"永乐四年,命丰城侯李彬等沿海捕倭,招岛人、蛋户、贾竖、渔丁为兵"。又载"嘉靖二十六年。都御史朱纨、副使柯乔以海澳耆民充捕盗"。① 而早在洪武元年(1368年)发布的《大明令》中,就规定:"凡各处漏口脱户之人,许赴所在官司出首,与免本罪,收籍当差。"到洪武三年朱元璋下令颁发户帖时,更采取了严厉的手段,将没有登入户籍的人户强行编入军籍,②祥芝蔡氏家族与邱氏家族就是这样成了国家的编户齐民,加入祥芝半岛的家族社会。

祥芝刘氏家族现今所在的村庄名为大堡村,此名到清代后期才出现,在明清泉州府建置中隶属二十一都。今日行政村的大堡包括以刘氏为主的大堡自然村及临近的前山(刘、吴)、后头(蔡、陈)二个自然村。历史上与刘氏发生械斗冲突的主要为蔡氏,洪厝村、五堡村的王氏及东埔邱氏。蔡氏分布在祥芝半岛好几个村庄,支派繁多,现今总人数达一万人以上,而大堡刘氏只有两千三百多人。现今行政建制属于鸿山镇的位于祥芝半岛南边的东埔,邱氏也繁衍到一万人以上,分为三个村庄,以东埔一、二、三命名。

《芝山蔡氏长房宗谱》《芝山蔡氏纯仁公派谱牒》的序言分别为八、九、十世孙所撰,③皆成文于崇祯九年,蔡氏祠堂则到康熙年间方始创建。族谱中对其族源由来语焉不详:

> 祥芝澳中旧无居民,有石桥横亘海滨,国初命江夏侯周德兴相视海滨

---

① 道光《晋江县志》卷5《海防志》,福州:福建人民出版社,1990年标点本,上册,第96页。
② 刘志伟:《在国家与社会之间:广东里甲赋役制度研究》,广州:中山大学出版社,1997年,第39页。
③ 石狮市博物馆藏。

要地,筑城寨以备倭,遂折石桥筑巡司城于东北隅,民始错处于澳中。自吾祖入祥芝不知何时,亦忘失其名字,大抵宋末迁居,从容卿乡之蔡来焉。容卿即十九都之杨坑。迁时系籍弓兵,至今黄册载本户为弓兵。①

吾族旅居祥芝,业数十世,逾□所从来。少时曾闻诸□谓宋末□□祖从十九都客乡里迁居于此,别为长房、二房。长房二传则为兄弟同胞三人,曰思明、思惠、思玉,住屋分为中、东、西。次房则为茂彬,再传分为二房扬礼、扬义,住屋分为内厅、下厅,皆毗邻一处,别无他姓间异,□中又查县册里甲,明思惠、思玉渔课之户。②

资料中所说之石桥就是由西桥公刘君辅重修的后湾平成桥,刘氏与蔡氏的族谱都提到此桥明初为江夏侯周德兴所拆,石料拿去修造祥芝巡检司,巡检司额设弓兵100名。③ 由这两段记载可知,蔡氏在祥芝定居之始就是居住在港澳中,而其家族宋末从容卿蔡氏(这是一支比较早定居的家族)迁居的家族来源仅系传说。祥芝蔡氏定居的契机为"系籍弓兵"。④ "明初定闽中,即令民以户口自实。至洪武十四年,始颁黄册,式于天下。户目凡七:曰民,曰军,曰盐,曰匠,曰弓兵,曰铺兵,曰医令。"⑤巡检司与弓兵的设置是为了消弭盗贼,弓兵系明代均徭差役的其中一项,但是户籍单列,世代相承,为杂役户之一种。又族谱中称蔡氏家族在黄册上登载的税目为"渔课",⑥清代蔡永兼之《西山杂

---

① 《芝山蔡氏族谱叙》,《芝山蔡氏纯仁公派谱牒》。
② 《芝山蔡氏原谱序》,《祥芝蔡氏长房宗谱》。
③ 明初立国,在全国普遍推行卫所制度,确立了一整套的军事防御体制。除了纯粹军事化的卫所之外,仍然设立归属于州县统率的巡检司,以便备御地方盗贼。洪武元年,明太祖下令在全国各布政司所属州县设立巡检司,至洪武二十六年,凡天下要冲之地已经普设巡检司,主要又集中在闽浙两省。陈宝良:《明代乡村的防御体系》,《齐鲁学刊》1993年第6期。
④ 蒋楠:《泉州平原的开发与水上居民的定居》,《福建论坛》2009年第4期。
⑤ 道光《晋江县志》卷6《户口志》,福州:福建人民出版社,1990年标点本,上册,第113页。
⑥ 渔户与渔课在明代归河泊所管理,河泊所管理的渔户在闽粤多为蜑民,明惠安知县叶春及之《惠安政书·版籍考》记载:"夫地与山塘,视田当殊科。闻它郡分为三则。泉与田概科,故下户之地多者,流移不可胜数,邑志陈其弊,悉矣。若海业非实土,宜属河泊所课之。旁考晋江,虽不属于所,而荡以亩科,受米有则,邑惟概以所称之。"则祥芝海荡之课税可能不由河泊所羁管。

志·祥芝》则载:"祥芝,古之上施也。济阳蔡氏航海卜居此……乡居海滨,自古以来,俱从航舟远运。"是以祥芝蔡氏以登籍弓兵、缴纳渔课为条件,由原本的无籍到成为明朝国家合法的编户齐民,从而享有在财产和科举上的权益。在日后与刘氏争夺海荡之旷日持久诉讼中,编户齐民的合法身份是蔡氏可以向官府提出诉讼的先决条件。

《东埔邱氏族谱》[①]中关于宗族由来的记载与祥芝蔡氏族谱颇有相似之处。邱氏族谱中声称其祖先来自河南光州固始,[②]为避乱而迁居于临近现在石狮市区的大仑乡,后转到东埔开基,从东埔开基祖思文公开始到明万历四十三年(1615年)修谱的声朱公,共历经九世。而声朱公之前所修的"旧谱"因嘉靖之际的倭乱而焚毁丧失,"吾一族□避乱来,世居海滨,嘉靖末被兵火,谱牒暨各支祖神主烧灭,□一二三世之名字多不可考"。[③] 此处一二三世指的是思文公之父奕田公之前的祖先,族谱载奕田公"本光州固始人,元至正十一年(1351年)辛卯岁避乱入闽"。《西山杂志·东埔》中记载:"东埔……元世祖至元十八年(1281年),邱氏自江南航海,泊居于此。"此外,与东埔邱氏及祥芝刘氏都有过械斗的王氏宗族之居地五堡则被《西山杂志·五堡》记述为:"五代后周广顺二年(952年),有伍氏渔舟触入竖石搭蓬居之……其后他姓入居,伍则别去。"则祥芝的港澳是一个有水上居民长期聚集停泊的港湾,而东埔邱氏亦是从水上定居而来。

《东埔邱氏族谱》有载如下:

> 一世始祖讳奕田公,自大仑开迹于晋江二十都龙窟,为风沙填压,分居西港。男三,思惠(养子)、思文、思奋是也。厥后思文公卜迁东埔,因号东坡,筑室庐垦田地为子孙燕翼贻谋。为人德义豪俊,都人敬爱之,称晋

[①] 泉州图书馆、石狮博物馆藏。

[②] 声称祖先来自河南光州固始是闽南一带极其常见的移民传说,因"开闽王"王审知之郡望就是光州固始。河南光州固始在闽南族谱中的作用一如客家人的"宁化石壁"、广府人的"南雄珠玑巷"传说。

[③] 据顺治谱序所言,声朱公万历间修谱、定谱例,但现存邱氏族谱中并无明代声朱公所作序言,现存谱序依次为顺治、康熙、雍正、嘉庆、道光年间所作。

邑巨室焉。隶军民盐,民二十都二图六甲;里班盐浔尾场东埕六甲总催;军则养子思惠兴承□十图尤寿生同充更番云南洱海卫前一次。思惠与细应役,秉燦子邱高在伍,即令今云南洱海卫在伍之军乃高之□也。高之亲派见在西港内厝世辉子安等之属是也。民为户□□,通族户丁当户役,盐则别枑子立户,隶六甲。本族从祖来□蠲其亲一丁差役,长为军余,防清勾补军之应也。奕田公之处分三籍,精详周悉如此,真垂世伟模哉。

自奕田公之后的三支,分别隶属军、民、盐三个户籍,不在同一甲、同一都。思惠公一支不是一开始就赴云南卫所为军,是到弘治二年(1489 年)方才由思惠公之曾孙乾燦顶补尤扁细在洱海卫当军,之后"其子孙俱承在伍"。因为邱氏的军役是来自顶补别人,应该是属于垛集军,所以才会到明立国 100 年后方始赴卫为军,但明初应该已经被垛集为贴户。垛集是凑数丁为一单位,由其中垛一丁为军,而以出军之户为正军户,其余为贴军户,共同负担一名军役。军役以正户、贴户轮充为原则,正军亡故可以贴户丁补役。①《太宗实录》里记载:"福建役,洪武中先以三户垛集,正、贴轮当,后贴户多抽入伍防倭,而又令轮当垛集之军,是充两役。乞敕兵部,今后充防倭者,户丁听继本役。其垛集军仍于正户及不曾补役贴户内取充。"②又《晋江县志》记载:"洪武二十年,命江夏侯周德兴入福建,抽三丁之一为沿海戍兵防倭,移置卫所当要害处。"③除了思惠公一支以军役成为合法编户,思奋公一支则灶户身份负担盐役,思文公一支则是"卜迁东坡,土地肥美,备金数百两买于刘氏,垦田地筑舍徙居焉。祖约所买山界,塞以南墩,以东山棚民寨,水流东至海,皆属邱也",向祥芝刘氏买下了田地海荡,缴税纳粮,成为明朝国家合法之编氓。

---

① 于志嘉:《明代军户世袭制度》,台北:台湾学生书局,1987 年,第 11～12 页。
② 《明太宗实录》卷 39,永乐三年二月丁丑,台北:"中央研究院"历史语言研究所,1962 年影印本,第 1 册,第 653～654 页。另有《明史》卷 92《兵志四》(北京:中华书局,1974 年校注本,第 8 册,第 2255～2256 页)记载:"明初,垛集令行,民出一丁为军,卫所无缺伍,且有美丁。……成祖即位,遣给事等官分阅天下军,重定垛集军更代法。初,三丁已上,垛正军一,别有贴户,正军死,贴户丁补。至是,令正军、贴户更代,贴户单丁者免;当军家蠲其一丁徭。"
③ 道光《晋江县志》卷 5《海防志》,福州:福建人民出版社,1990 年标点本,上册,第 97 页。

明代祥芝刘氏已经开始衰落,出卖田产予相邻的其他家族,书塾也早已废弃,科甲功名上亦无甚突出之处。而以水上居民身份上岸,以承担国家军、盐、弓兵等户役为代价在祥芝半岛上成为合法编户获得晋身科第权利的蔡氏与邱氏二族,不但在功名科第、经济实力上有所斩获,且效仿刘氏这一类早已构建了宗族组织的家族,在嘉靖"大礼议"放开庶民祭祖限制后大力修谱立祠。其宗族组织亦发展更加完备,创置了祀产和宗祠,①为子孙寻求功名提供帮助,都是典型定居陆地的家族的做法,蔡氏的祠堂更是已经分别立户的军、民、盐三派及播迁到其他地方的子孙之总祠。明前期,祥芝蔡氏只是普通地从事渔业,生活在社会的底层,到明代中后期才渐有积累,九世起日公在修谱的同时创置了祀田,购买了海荡以为永业,子孙中有读书人甚或仕宦之人,乃是家族组织构建的转折点。刘氏与蔡氏之间关于海荡埠米权力的争讼,最后以蔡氏的胜利而告终。崇祯四年时此争讼的处理结果是偏向刘氏的,清初迁界复界后再起争执,蔡氏纯仁公派谱牒记载"(邱氏)及澳中人士耆旧周、吴、陈、洪、邱、傅诸位县控府控,必求绍吾祖伯起日公捐舍之德,永绝势豪"。原本曾带领祥芝各姓进行公共建设和佛教寺庙、民间信仰庙宇建设的刘氏,在此处已经成为各姓要联合对付的所谓"势豪",而蔡氏则在与刘氏的争斗中取得了领导地位。由刘氏营造的祥芝慈济宫,后来也为蔡氏所掌管,并将主神由保生大帝换

---

① 邱氏宗祠立于思文分迁之前的邱氏聚居地西港,据称嘉靖间"被兵火烧灭"。与蔡氏大宗祠一样,这是一个层级比较高、涵盖了几个家族的备有祀产的大宗祠。与蔡氏类似,随着时间的推移,邱氏族谱的谱序中有关祖先来源的说法到清代后期就完全与王审知入闽挂钩,不只是含糊地说从光州固始来泉避难。而邱氏的部分祀产由邱祯(卒于嘉靖壬子年,1552年)所置,邱祯隶属于迁徙到泉州城南新桥头的泉城派一支。明代制度,军户例不分户,但是思惠、思文、思奋三支各自户籍不同,万历修谱时尚且立下十年一次家族大会、三派一起修谱的规矩,显见联系相当紧密。明末清初之际,祥芝是郑氏的势力范围,"明末,王默、薛祖武(蚶江人)为郑成功大将,在海滨设伍堡以戍兵,接应蚶江及乌龟屿"。此伍堡就是清到民国时期与刘氏和邱氏械斗的王氏聚族之五堡,祥芝半岛上有不少子弟都加入了郑氏集团。后来施琅从郑氏集团脱离,领兵平台,所带兵员亦有从施琅为郑将时就隶属其麾下者,东埔邱氏之邱天胜即为其中之一。与蔡氏后来依读书科举维系宗族发展不同,邱氏是以军事上的成功为家族发展的最大契机。据载邱天胜以随军平台之功授贵州参将,邱氏因而建起"四世一品"的大祠堂,雍正时又有"公银"之设,为族中子弟读书科第提供基金,已成祥芝望族。

成了观音,如今保生大帝屈居于陪祀的地位,祭祀权力从刘氏家族转手到蔡氏家族手中。

蔡氏家族与邱氏家族加入祥芝半岛的家族社会,在经过明末清初与刘氏的海荡争夺诉讼后,甚至取代刘氏取得了祥芝半岛社区的领导权。几个家族在明清几百年历史中屡有械斗,发展到清后期,已经变成是邱、蔡两强相争。民国时邱氏最主要的械斗对手是前山吴氏和洪厝、五堡的王氏。前山吴氏人口并不多,但背后有别的姓氏与之一起构成的联盟,刘氏加入的就是这个联盟,因此与邱氏有械斗发生;王氏与邱氏在民国时的械斗则曾经惨烈到雇佣国民党溃军来参与战斗。据刘氏族人自言,近代刘氏反而与蔡氏关系较好,刘氏内部械斗或与东埔邱氏械斗时,蔡氏都会来劝解阻拦,刘氏族人认为是因蔡氏所在的祥芝村做生意的人多,不喜欢打架的缘故。

蔡氏与邱氏虽然立籍于陆地,但他们的生业来源并没有离开海洋,蔡氏谱牒中一再提及"世居海滨""以海为业",在刘氏与蔡氏争产的记录中,提及明代蔡氏有"百余船免税",与东埔邱氏至今都仍是渔业村。渔民天然地与商贸有密切关系,渔船往往亦兼货运之用,华南沿海一些墟市的起源正是疍民聚集贩卖渔获。① 以海为生计的家族往往更容易从事商业贸易、向海外发展。明末邱氏已经有往湖广"商游"之人,蔡氏族谱中有大量因前往台湾淡水、鹿港、浙江等地而溺海身亡的记录。而乾隆时期的蔡氏《重修族谱序并公店记》中说:"吾宗滨海,无田可置,于是就本地公议,建店以为祭费。"内陆家族的祀田收入在祥芝半岛上,不仅以海荡、码头等收入代替,且还以店铺的租息收入代替,而他们的经济生活与读书致力科举并行不悖。生活于康熙到乾隆间的蔡氏家族之蔡凝珪,其行述载:"祥之人以海为田,公创置商渔各船,付人经营采捕,每修造之日,亲为提调,寒暑不辞……南来北往事无大小,必禀命于公而后行,划则忘餐,而夜则废寝。"同时他又是一个生员,谱中载其为"国学生"。乾隆间又有蔡文周,其父亲在清初复界、沿海地区满目疮痍之时,放弃举子业而"遂学陶朱",两代人渐渐累积家业,在乾隆十五年晋江县文庙重修时参加倡捐,又参与

---

① 漳州海澄白水营镇就是由疍户在滩地上设市自售渔获发展起来的。见白水镇政府镇志编纂办公室编:《白水镇志》,内部资料,龙海市档案馆藏,1998年。

重修府文庙的蔡襄祠和蔡清祠(此时祥芝蔡氏已经称呼明代名儒蔡清为族祖伯,实际上蔡清与祥芝蔡氏不是一族),因此获得官府嘉奖,获封乡饮大宾。从明初立籍陆地到清中期参与府县里的公共事业,祥芝蔡氏在商业上和读书功名上的作为令其家族在祥芝半岛上拥有首屈一指的影响力。这些以海为业的家族是明清泉州海上事业发展的生力军。

第三节 阿拉伯后裔家族
——以白崎郭氏、陈埭丁氏为例

在泉州经商和担任元朝官职的阿拉伯人后裔,明代以后部分定居在泉州乡野。据2002年的人口统计,泉州的回族人口有63397人之多,以晋江陈埭丁氏和惠安白崎郭氏为最大姓,占了泉州回族人口的70%左右,但是这些回族大部分汉化严重,只有1990年以前居住在泉州清真寺周边的十余户黄姓保留了较为严谨的伊斯兰教生活传统,他们自己认为泉州唯有他们才是"正宗"回族,其他姓氏都已经汉化了,目前泉州六万多回族人中仅有五百多人信仰伊斯兰教。[①]

陈埭丁氏和白崎郭氏的回族身份,被他们自己遗忘了许久,只是约略地知道本族有一些与伊斯兰教有关的习俗信仰。定居泉州滨海后不久,这两个家族都开始模仿汉人家族,依照理学宗法制度构建了家族组织。

白崎郭氏始祖德广公,阿拉伯语音译名为"伊本·库斯·德广贡",先世乃来华经商的阿拉伯穆斯林,原居杭州,曾仕于元朝廷,后因"干戈扰攘","遂纳室于泉而家焉",[②]其初卜居郡城行春门外,后迁至晋江口的法石里,到次子仲远公时,开基于洛阳江口的白崎,是为白崎郭氏之肇基始祖。白崎郭氏最早的

[①] 丁毓玲:《泉州穆斯林后裔的历史记忆和理性选择》,李冀平、朱学群、王连茂主编:《泉州文化与海上丝绸之路》,北京:社会科学文献出版社,2007年,第316~332页。

[②] 《白崎郭氏回族宗谱》之《重修百奇郭氏回族宗谱序》,百奇郭氏回族宗谱重修委员会编印,2000年。

族谱对其来源隐匿不提,成文于永乐二十年的《仲远公家训》,①内容以传统儒家宗法为主,惟有一句"世从回回"暴露了他们原本的身份。《仲远公行实》载:"罹于烽火,谱牒遗忘,莫考其绪,无以历指上世之详。"正统年间序言中又自言"历兵燹之间关,乃无从而考证,今以不可知者,阙其攸传,靡敢谬立宗支,以罔后人,姑自曾大父肇基来泉,所可知者,凡今又六世矣"。② 郭氏家族攀宗于唐名臣郭子仪,自称汾阳郭氏后裔。③ 定居下来的阿拉伯后裔们,在明初与其他居民一体被编户籍,同样被垛充军役,因此郭氏家族也准备了族产以供给军装④,这说明明初郭氏家族的宗族组织已经相当完备。

正统十三年(1448年)邓茂七起义爆发,横扫半个福建,乃至活捉泉州知府熊尚初。当时都御史张楷带兵入闽平乱,所带兵中有支"回回军",乃起义军之劲敌,民间遂有谣传邓茂七之"铲平军"将"杀尽泉州回回以泄恨",这就是族谱正统年间序言中所谓之"兵燹"。是故白崎郭氏人人自危,拆礼拜堂、藏古兰经,甚至开始养猪以混同汉民。发展到后来,伊斯兰教的禁例习俗,虽然仍部分保持着,但明代的族谱中极少提到,到康熙年间族谱中的《复遵回回教序》才

---

① 原文为"凡为家长,谨守礼法。以振家声,以树勋烈。尊卑有序,男女有别。昆季安和,岁祀丰洁。子孙谦恭,孝敬毋阙。勿习怠荒,勤勉学业。从善孜孜,企仰先哲。世从回回,恪遵不贰。宗戚有恩,馈问毋辍。奴婢服劳,须辨优劣。田园所收,费用有节。乡邻熙熙,毋相欺灭。凡此数端,不可违越。倘或不遵,是谓凶孽。异时相逢,虽悔难雪"。

② 《白崎郭氏回族宗谱》之《家谱题辞》,作于正统丙辰年,作者四世郭萌,百奇郭氏回族宗谱重修委员会编印,2000年。

③ 《白崎郭氏回族宗谱》之《家谱题辞》与《郭氏家谱跋序》,百奇郭氏回族宗谱重修委员会编印,2000年,二序均作于明正统年间。

④ 《白崎郭氏回族宗谱》之《家谱拾遗》:"国初时以军籍为重。时分隶玄钟,道里殷遥,诸子互诿。我祖毅轩公曰:相争则议长,互诿则议幼。时五房仕昭公方才十六,慨然许焉。举例造列军职,名曰国斌。毅轩公遂置小麦租一十三石,其石数斗。例与生员租相符,仍嘱其每年假回收租拜祖,以敦亲之至意。越年婚配指挥郑公季女,毅轩公多名资本,护送至玄钟,随建置巨室一座,书房数间,花园一所,鱼池一口,后公遵命偕回拜祖,以彰大礼,略述玄钟胜地。时闻者欲起争端,毅轩公曰,毋庸争也,当年已有定议矣。后推长房次孙以承之,厥后玄钟子孙之回祖收租者,皆仁房之后胤也。本族历代户名合造册弁,以便纳粮差徭,厥后子孙之顽良不一,遗粮之贻累难堪,是以将五房编为仁义礼智信,依各分下丁米,扣计该纳官价银若干,依限照勘赴此,若有欠额,随柱跟追,可以免混累之患,亦可以杜顽丁于后来。"

明确指出自己家族定居时是如何遵从伊斯兰教,并且建有礼拜寺。① 而嘉庆年间郭氏族人所作之《适回辨》虽否定了郭氏信伊斯兰教是由于德广公之妻是回族的原因,②但仍坚持白崎郭氏乃汾阳郭氏之衍派,是由于唐时穆罕默德之三弟子、四弟子在泉传教,至宋元伊斯兰教尤其在泉大盛,甚至元时"于回免其差税",故而郭氏才变为伊斯兰教徒。在嘉庆十二年的族规中,郭氏仍旧禁用道释教,禁用冥纸金锡,禁止使用火葬瓦棺葬等泉州汉民的常见习俗,在祭祀祖先上,保留了较为纯正的回民风俗。但是在民间信仰风俗上面,本地沿海居民的夫人妈、王爷、土地等信仰亦渐被接受。总的来说,白崎郭氏在明初就已经构建了相当成熟的宗族组织,族规完备,明末清初赋役制度变革,粮户归宗,郭氏家族亦以统一户名纳粮,"历代户名合造册弁,以便纳粮差徭"。虽然其伊斯兰教风俗受到汉族人群的很大冲击,但是也没有完全消灭,宗族组织还帮助维持了这些习俗,若没有家族组织,恐怕白崎郭氏早已泯然汉族矣。

陈埭丁氏的发展历程更加具有代表性,他们定居于宋元水利工程周边,与汉族农业定居者毗邻,为了在海滨立足,丁氏定居不久即发展宗族组织,投入地方祭祀权力的争夺,哪怕这种祭祀权力与其本身的信仰有严重冲突。在这种情况下,陈埭丁氏的汉化程度甚至比郭氏更深。陈埭位于泉州湾南畔晋东南平原,五代南唐观察使陈洪进在此筑海堤以捍海潮、以成埭田,故曰陈埭。

---

① 原文为:"我祖自开基白奇以来,曾贮天经三十部,创建礼拜寺,尊重经教,认祖为本。溯斯教之传,自乾坤开张、三皇布政,皆系真主保养之厚德,名曰回回,始于天房国。天房乃天地之中央,得天地之正气,迨及唐朝,流播中华。其教极务实理,不尚虚文,能摈斥邪魔,面向清真,我祖由是遵教焉。凡遇祖先忌辰,以及父母丧事,惟延师敬诵天经,百犯无忌,斯此教之利矣,岂浅鲜哉。本期世世尊重,历代不忘,孰意传及五世后,遭兵燹之间关,掌教失传,遂至迷染外教之风,竟蒙昧正教之则。但子孙罔有他歧之惑,幸祖宗犹村教规之迹,迨及八世孙思致公、十世孙志全公及夏教亲景公,并数位任辈,已先得庄师之启导,复得葛师之化成。于是我族重遵此教者,至是有百余人矣。聆葛师之挚意,感真主之厚恩,追溯祖宗诚斋礼拜之风,晓谕养豕食肉之谬。余恐后来子孙仍坠外教,故略陈梗概,以勉将来。十世孙梦祥谨志。"

② 原文中认为若"从妈教",则德广公之墓应是用汉葬法,二世子孙洪公才始用回葬法,但事实并非如此。

宋代时,陈、倪、周、张、谢诸姓已经在此定居,经营成大族,陈埭丁氏虽曾经仕元、①经商,薄有赀产,要在此立足依然不易。

关于这段历史,《陈埭丁氏回族宗谱》收录之嘉靖年间进士丁自申所撰《府君仁庵公传》记载如下:

> 公讳善,字彦仁,仁庵其别号也。其先自苏州籍居晋江之文山里,至正末,随父大皋公徙居城南门外二十里许,是为陈江,今族姓枊居江上,公所贻也。公为人倜傥志大,以才略雄于里中。<u>陈江故多巨姓,著代年远,自公后主,择一二门第相类者与为宾礼,而诸族无不俛首奉伏</u>。环江居负海,而潮所往来处,其地卤泻,宜生海错诸鲜,居民受其产以为业,谓之海荡。沿海弥漫,一望数千顷,大约产以什计,公有七八,其二三则公与为宾礼者得之,而他不与焉。国初更定版籍,惠编户多占籍民,官为出格,稍右军、盐二籍,欲使民不病为军而乐于趋盐。公抵县,自言有三子,愿各占一籍,遂以三子名首实而鼎立受盐焉。其地无盐之产,而有盐之征,公之意第急于应令,然亦自知其后必繁衍,果可无累于斯役也。观此可知公之慷慨好义也。时海内甫定,尚袭蒙古、色目之旧,<u>里社好为白莲会</u>,摇惑众志,官虽厉禁,犹不戢,有司廉公行谊,使纠于乡。<u>公发岸沟诸党触禁,自请以官治之</u>。新令方严,而犯纲者众,致狱久不决,奏下刑部,逮诸党至京,连及公之长子俱下狱。按法,<u>奏十人以上大罪不实,当论死,而诸党扬扬得志</u>,谓公父子当系死狱中,即骸骨不能返邱墓矣。会有写真者,高皇帝召写御容,酷爱其似,忌复为民间传写,幽置于狱,一见公,叹曰:"公非狱中人也,当有遐福。"索纸为公图小影片幅以遗公,且曰:"后当无忘予言。"是夜,公梦狱卒唱云:"北风吹倒玉栏杆,救出狱中苦难人。白头老子

---

① 《陈埭丁氏回族宗谱》关于其始祖的记载如下:"始祖节斋公,讳谨,字慎思。家世洛阳,因官于苏州而家焉。节斋公自苏货贾于闽泉,卜居泉城,生宋淳祐辛亥年八月十五日辰时,卒元大德戊戌年七月廿五日戌时。……次子讳善,字彦仁,号仁庵,四世祖是也。植业于城南之陈江,因而迁居焉。业日以拓,族日以大,子孙至今广被其泽,绵绵无替,是诚光前启后之列祖也。……生元至正癸未年十一月初七日丑时,卒明永乐庚子年正月初二日酉时。娶姚庄氏。"庄景辉编校,香港:绿叶教育出版社,1996年,第61页。

归去,始知天意循环。"唱凡数过,歌多琅琅。公惊起,拊长子背曰:"传神者之言,岂固有验哉?"已而,果大风陨刑部栏石。尚书检狱,察公冤,覆讯再四,阴致诸党仿作白莲社状,就众中褫其巾帼,诸党尽伏辜无辞。具狱奏闻,乃治诸党十八人编成,而出公父子于狱中。其小影,夹置衣领中以行。公归,犹十数年,老于家,寿终七十八。①

又有仁庵公之子诚斋公的传记《诚斋府君传(一)》记录了同一件事:

五世祖诚斋公,讳观保,字世孚。生平纯孝,因父仁庵公与乡里张、林、陈、李四姓相讦告,受禁部牢,日欲往京奏诉。……乃往京伸诉。值中秋,牢众共饮酒,牢中有武德胜侯显性,神语曰:"北风吹倒玉栏杆,救出狱中苦难人。白头老子归去,始知天道旋环。"明日,狱中有大石被怪风吹裂,牢官奏闻于圣上,旨下覆冤。时公击鼓伸诉,审明放父归家,即问胡廉使枉断之罪,拟腰斩。仍问张、陈四姓,永远充军。如披云雾而睹青天,时人大快。公回,曰:"盖新宫仔,崇祀武德侯,以报德也。"②

从这两段记载中,我们可以看到陈埭一地原本"多巨姓",有许多早已定居的世家大族,而这些姓氏早已形成一个祭祀圈,即所谓的"白莲会"。③ 这个"白莲会"未必是反官府的秘密宗教,反而更像里社习惯的共同祭祀,刚刚定居下来的丁氏却无法进入这个祭祀圈,于是丁氏似乎采取了一些非常手段。不管是哪一方先出手的,总之这些大姓与丁氏在祭祀问题上有了矛盾,这个矛盾甚至惊动了官府,酿成刑狱。官司以其他大姓的失败而告终,丁氏在官司结束后盖了一座"新宫仔"崇祀武德侯,以答谢神恩。"新宫仔"意味着此前陈埭必然有一座"旧宫仔",而这座旧宫仔,很可能就是此前其他大姓进行"白莲会"的活动中心。丁氏的胜利,意味着其家族得到了陈埭地区的祭祀权力,得以在地

---

① 庄景辉编校:《陈埭丁氏回族宗谱》,香港:绿叶教育出版社,1996年,第61页。
② 庄景辉编校:《陈埭丁氏回族宗谱》,香港:绿叶教育出版社,1996年,第62页。
③ 粘良图先生在《晋江史话》中认为白莲会就是摩尼教。《各种宗教并存的国际大都会》,《晋江史话》,厦门:厦门大学出版社,2005年,第130~141页。

方立足,甚至渐渐取得地方上的领导地位,明清时丁氏科甲多有斩获,被视为一方望族,是今日陈埭第一大姓。

这座崇祀武德侯的"新宫仔"明显与丁氏的回民出身相矛盾,但是丁氏为阿拉伯后裔是有确凿证据的。丁氏之族谱始修于明代初年,六世祖毅斋"尝欲立谱以辑之",然"有志未就而卒"。继任者七世敦朴亦未果而殁,迨至弘治七年,由七世时慎终于修成谱牒。今日所见之丁氏族谱的蓝本,大多本自嘉靖倭乱后重修的万历十五年谱,之后的族谱和分支房谱,都是在此基础上续修和重修的。① 第一位尝试修谱的毅斋公,据记载有遗稿曰:"吾由赛典赤回入中国,有为瞻思丁者,因以为姓。"《修谱记略》中云此稿件失于倭乱之中,赛典赤、瞻思丁都是典型的仕元为官的阿拉伯人官名。丁氏族谱中又有明清中成文的《祖教说》,对其遵守的一些伊斯兰教习俗做了考辩。但是总的来说,丁氏族谱记录中的伊斯兰教痕迹比白崎郭氏又少了很多,这或许是因丁氏定居之初,周边强宗环峙,为生存竞争不得不减淡了回回色彩。至少到明中叶,丁氏的宗族组织已经建立,梧州守槐江公(即丁自申)时也修建了宗祠,在宗族发展过程中,丁氏也开始为自己的回回身份做修饰,在万历时丁氏重修宗祠的碑记中,云丁氏"自洛入闽"②,把闽南汉人群体的光州固始郡望传说也套用到自己身上。

这些阿拉伯后裔,定居在泉州海岸线上后,其生计模式也飞快地向本地居民看齐,不仅如此,由于来到泉州的阿拉伯人本身是从事海外贸易的商人后裔,他们的商业传统也为泉州沿海海外拓展传统的发展添加了力量。白崎郭氏定居后,其滩涂养殖业的发展远近闻名,直至20世纪50年代围海造田、牡蛎养殖业废止前,白崎的牡蛎在泉州郡城一直是名产。陈埭丁氏的滩涂养殖更加有名,祖祖辈辈以养殖海蛏为业,早在定居之初,就购买海荡、修筑水利,

---

① 庄景辉:《编校前言》,《陈埭丁氏回族宗谱》,香港:绿叶教育出版社,1996年,第2页。

② 庄景辉编校:《陈埭丁氏回族宗谱》卷9《重建陈江丁氏宗祠碑记》,香港:绿叶教育出版社,1996年,第311页。

"开基拓野,筑陂以捍海田,而瘠化为腴;履亩以征荡产,而什受其八,家用益饶"。① 至 20 世纪 60 年代,滩涂养殖业依旧占据陈埭农业产值的百分之七十以上,沿海滩地生长的咸草,还可以用来编织草袋、草帽,陈埭的滩涂每年可以收割咸草一万多担。② 丁氏家族的祀产大部分都是海港滩涂。

倭乱猖獗时,丁氏族人亦有加入私商海寇的行列,六世祖中斋公的传记中云:"不意嘉靖间倭寇煽乱,有不肖子孙引倭住寨",丁自申所撰的《封主事先大人后吾府君行实》中记载陈埭港口的居民甚至哄抢搁浅的胡椒船:"客舶胡椒三百石,飘于近港,居民利其货也,争往掠之,子弟辈将有率仆行者,止之曰:'海贾犯风涛,逐什一之利,虽飘未没,资本尚可收也。夫人一岁用椒几何?攘之则弃如泥沙,坠流漂岸,其若贾何?且必有后患。'戒戢勿行。其族居稍远者,不闻此戒,竟以事逮于官,追系罹罪,人始服先大人之仁且廉,而又有远虑,其临事识到,皆此类也。"③

清代,丁氏除了与其他沿海人民一样下南洋、过台湾外,在国内沿岸贸易中表现出色,其祀业的其中一项经济来源就是旅沪宗亲每年给予的例费。家族运作模式、生计模式与其他汉人家族一般无二,公共事务的处理模式、与周边其他家族的冲突的解决模式同样一般无二。陈埭的水利工程自丁氏定居为大族后,就由其自己管理维修,明代丁自申的传记中言"海埭斗门冲决,佣工伐石,使其侄陂首董治",④清光绪年间重修陈埭陡门时,族谱记载云修葺费用"皆赖建宁公帮及当地富户乐输臣款,乃能告厥成功"。进入民国以后,民国地方政府派出工程师帮助勘验水利,这是国家政权在基层开始作为的表现,但工

---

① 庄景辉编校:《陈埭丁氏回族宗谱》卷 3《二庄孺人传》,香港:绿叶教育出版社,1996 年,第 64 页。
② 庄景辉编校:《陈埭丁氏回族宗谱》附录《陈埭丁氏回族概况》,香港:绿叶教育出版社,1996 年,第 559 页。
③ 庄景辉编校:《陈埭丁氏回族宗谱》附录《陈埭丁氏回族概况》,香港:绿叶教育出版社,1996 年,第 559 页。
④ 庄景辉编校:《陈埭丁氏回族宗谱》卷 3《封主事先大人后吾府君行实》,香港:绿叶教育出版社,1996 年,第 68 页。

程的经费来源和组织修建依旧是乡族自己组织委员会"农商合办"。① 又明清之际地方兵戈扰攘,丁氏亦自建乡族武装自卫,②这些做法与明清以乡族为基本单位的自治化发展是一致的。与其他家族冲突的处理方法也是如此,发生争产事件时有时兴讼诉诸官府,由于国家的基层政权组织在县一级,以分县、同知、巡检司等辅助管理,③所以想以兴讼获得事件的处理需要等待很长时间。因此乡族往往干脆诉诸械斗,再由官府调停。所谓官府调停,经常是各打五十大板,因为官府的目的是安靖地方,要真正解决问题还是要靠地域社会内部自己协调。丁氏与林、张等五姓是传统世仇,清代又为海荡产业产生械斗,

---

① 《重修陡门序》(庄景辉编校:《陈埭丁氏回族宗谱》卷12,香港:绿叶教育出版社,1996年,第535页)原文如下:"有陡门历年已久,自元以来,吾家聚于斯,有是乡即有是陡门,其间举而废,废而举,盖数百年于斯矣。前之人兴建修筑,代远年湮,无从稽考,最后,光绪年间几番修葺,皆赖建宁公帮及当地富户乐输臣款,乃能告厥成功,金谓沧桑巩固,修此可保无虞。岂料乙亥夏五,洪水滔天,比前涨高几尺,近溪屋宇倾倒无数,吾乡西南陡门亦遭时崩溃。……吾辈有虑及此,金议呈请政府垂怜补救。蒙知事民生为重,特派建设科协同工程师出勘事实,测量绘图,尤荷倡始捐廉,饬亟进行,以防春水不测之虞。……第材料费多,工程力大,吾乡迩来外商腐败,筹款为难。我群策群力,共襄美举,诚恐一杯之水,莫救车薪之火,用是组织修筑委员会,农商合办,或出而募捐,或入而督修。独任则劳,分任则逸,是所望于群公之互衷共济也。肃愿各界人士兄善勇为,当仁不让,解义囊以种福田,作宝箴以超苦海。里人前清附贡生丁□□敬撰。"

② 《陈埭丁氏回族宗谱》卷3《十二世祖叔镇守江西南瑞总兵官汉侯丁公传》(庄景辉编校,香港:绿叶教育出版社,1996年,第88页):"甲申春,国变,海内鼎沸,聚党劫掠,所在蜂起。公充里长,为乡族所推,鸠众固御,几陷不测。"

③ 道光《晋江县志》卷13《公署志》,福州:福建人民出版社,1990年标点本,上册,第291页。"龟湖浦边巡检司,旧为乌浔司。在县东十六都乌浔。国朝康熙年间,改驻八都今所。赁住民房,未建衙署。"丁氏在乾隆时有两次风水坟地官司,告状告到晋江县府,调查处理则是由浦边巡检司担任,最后将调查勘验结果交予晋江县府定夺,官司持续的时间每次将近一年,这已经是罕见的高速。

官府的处理就是将丁氏与林氏的告状人各自杖责。① 这种处理显然没能完全解决问题,因为丁氏与林氏的械斗,一直到民国都还未停息。

第四节 卫所军户家族

为了适应赋役制度变化的需要,恢复民籍的卫所军户在复界后全面建立自己的家族组织,至此,泉州沿海所有人群都囊括在各类家族组织的系统之下。

清朝在接管各地时,对于明代已经逐渐失去军事职能的卫所采取了暂时维持现状的办法,因此卫所在清初依然存在,大约延续了八十多年,到雍正初年才大体完成了并入行政系统的改革。② 但是福建沿海卫所由于均在迁界范围内,在迁界过程中,一些缺乏商业凝聚力、不具备较强海上贸易港口能力的卫城所城就此人烟凋敝,即使复界,地位也一落千丈。卫所的军事重要性已经消失,此后沿海卫所不再作为海防军事单位存在,而归于州县治理下,卫所军

---

① 《陈埭丁氏回族宗谱》卷 8《丁保告岸兜五姓劫荡审语》(庄景辉编校,香港:绿叶教育出版社,1996 年,第 305 页):"晢初伯谢世后,岸兜乡五姓复狝,藉张谱于霞行二水老先生,遂党殴下厝房福天官,伊房莫敢护之,赶至长沟桥头,汾溪房伯叔方喝护之,就桥头大打一场,续上厝房众亦至,五姓方散去。下厝房无一人敢出片言,而汾溪房始赴泉州府孙讳朝让老爷控之,渠捏控本族多人。审语附志。"官府的处理意见是:"审得海滨之民,皆以海为田,如潮至而采捕鱼鲑,则有渔课;如土现而种植蛏苗,则有荡米,其界限原自截然也。如丁保之产荡原为世业,专以蛏为利;而林翰修、张肇绅等,则以网为业,专捕鱼採鲑为生活者也。但翰修等,或于潮至之际,洪涛巨浪中,未免稍侵荡界,渔取其利者有之矣。保等遂以为荡中物也,目而勒取其鲑腥,相殴相攻殆无宁晷,是以丁保告劫荡,而林、张讼霸抽,相继而起也。今断各有其所有:在丁,而以量荡为业,不得越而问修渔;在林、张五姓,各以渔为业,鼓棹大海,扳网所至,不得稍入丁家荡界。尔自为尔,我自为我,譬如土田高者种豆菽,低者种禾苗,安见低者可灭高畔,告者可混低埋乎? 如是,可以无争而不必争矣。丁保、林翰修各杖;翰修率多人逆宪混控,犹非守法之民也,并其党林膺七亦杖,以儆其嚚,余皆免究。"

② 顾诚:《卫所制度在清代的变革》,《北京师范大学学报》1988 年第 2 期。

户残存的维持生计的屯田也被取消,卫所军户的生计被迫全面与原来的民籍居民趋同。迁界是一次强制性的人口迁徙,复界后会有一些在新兴市镇生活得比较好的人选择不回到原籍,迁界也令一些迁徙居民的生计模式发生变化,因此除了一些原本就有港口功能、商业贸易比较发达的卫所如中左所之类,或者维持住了一定的繁荣,或者发展为更大规模的市镇,而永宁卫这种海防意义大于经济意义的卫所,就不可避免地衰落下去了。在沿海卫所归于州县治下,地位下降的同时,原本的卫所军户因制度和身份的转变,明末尚未完成家族建设的军户家族也必须构建自己的家族组织。

嘉靖以前,军籍者例不得分户,该规定后来有所松动,原因是"军匠有人及数千丁,地及数千顷,辄假例不分户为辞",逃避差役,于是定军民匠灶一体分户之法。① 允许分户的目的在于使丁多地大的军户可以经由分户承担较多的赋役,但是并不是强制分户,同时对于族小地少的军户,依然是限制其不得分户的,② 所以直至清初,大多数军户仍然维持着同户关系。而卫所的军事力量在明中期以后已经逐渐失去战斗力,屡有卫所军役以银代纳之议,迨至入清,以营兵制为基础的绿营取代卫所成为清政府地方兵制主体,卫所屯粮归并各该地方州县征收,卫所官因废,顺治三年卫军亦改称屯丁。仅在有漕运地区如江西才延续卫所旧制,以卫军负担漕运。③ 但是泉州沿海各卫原本就屯地缺乏且散处他县,军士军户许多不以垦殖维生,不久又适逢迁界,卫所军户与其他沿海居民一般迁徙动荡,复界后才回到原籍重操旧业。复界后,沿海村庄多历经整顿里甲,以虚应户名纳税,康熙三十年前后,闽浙总督兴永朝推行"粮户归宗"的赋役制度改革,其基本内容是按宗族系统归并钱粮花户,征派里甲赋役,因此沿海地区形成了不少以"户"为标志的散居宗族,④ 宗族在赋役征纳中

---

① 章潢:《图书编》卷90,"军匠开户"条,清文渊阁四库全书本,第42页a面。
② 于志嘉:《明清时代军户的家族关系——卫所军户与原籍军户之间》,《"中央研究院"历史语言研究所集刊》2003年第74本第1分。
③ 于志嘉:《明清时代江西卫所军户的管理与军役纠纷》,《"中央研究院"历史语言研究所集刊》2001年第72本第4分。
④ 郑振满:《明清福建家族组织与社会变迁》,长沙:湖南教育出版社,1992年,第190~191页。

的作用进一步扩大。由于明代制度军户例不分户,在卫所的军户是登记于卫所册籍,理论上与原籍仍旧属于同一户籍,原籍军户有供应军装的义务,因此卫所军户只要与原籍的关系良好,祭祖、登谱等一些活动都是回到原籍进行的。① 所以卫所军户原本不在里甲系统的管理之下,没有独立户籍,除了一些列入官籍的军官家族外,卫所军户家族自立宗祧的不多。而"粮户归宗"的"合户"必须以"归宗"为前提,只有在同宗之间才能设立共同的户籍,因此因应粮户归宗,一些较小较弱的异姓卫所军户家族就联合起来,建立一个虚构的同宗户籍,共同以此户籍为纳税之用。

福全《光绪全中谱》留有这样一份契约:

> 光绪八年岁次壬午十一月廿八日,谨将全祠中自康熙伍拾叁年柒月日约字底重新。立约字詹亦灿、刘奕伯、吴奕盛、曾奕从、卓奕弼、洪奕龙等,今因灿等零星军户从无户眼,而且摄乎强族之间,每被欺侮,兹全议欲顶一班。思姓氏多门,议将以地为姓,即全是也。公欲建筑大宗,而宗地未有其所,兹因陈胤晃、应京,年老无嗣,愿将伊承祖地基一所,土名下营,其东西四至登载晃等约字明白,充入全中起盖大宗,如此地不堪起盖,约听燦等别售他处起盖祀宇。进主之日愿将胤晃、应京并其父祖共神主六身,进入祀中配享春秋二祭。此系公仝要议情愿,日后各无反悔异言,今欲有凭,立约字为照。
>
> 康熙伍拾叁年柒月 日,立约字人:洪奕龙、曾奕从、张奕铨、詹奕燦、刘奕伯、卓奕弼、吴奕盛、何世德、曾世都、张世正、叶世春、翁世瑞、尤世祥、赵世坦。代书人:郑元猷。②

由这份契约可以看到,这些异姓军户家族因"从无户眼"、没有户籍,又处于诸强宗的夹缝中,因而以订立契约的方式合力缔造一个宗族,使用同一个户

---

① 于志嘉:《明清时代军户的家族关系——卫所军户与原籍军户之间》,《"中央研究院"历史语言研究所集刊》2003 年第 74 本第 1 分。
② 晋江市博物馆粘良图先生藏。

籍,而订立契约合宗的主要原因是没有户籍,又是异姓,不能满足"粮户归宗"的需要。这些不同姓氏的小家族严格地按照真正同姓宗族的模式构建了他们的家族组织,建设了全氏大宗祠,虚构一个"溯全公"为始祖,并编制字行。祠堂中的神主牌面写全公,主内写各自原来的姓氏。《福全刘氏家谱》中在记述其第八世若海公刘活泉时,提到他五个儿子的名字系由全祠族谱抄来。刘氏族谱重修于光绪年间,其十五世孙章寿公商贾于吕宋,数次往返吕宋与家乡之间,发达后重新祖宇,修理房屋,又提出修正家谱。家谱编纂时"虽有旧本,但昭穆不明,长幼无序,辛巳正延弟秉笔,弟见旧谱错乱无序,难以下笔,幸贵乡陈宏可老与弟有翁婿之谊,弟在他馆中见全谱数帙,而刘君祖先亦登谱中,本末备详,弟于是将全谱所载校对旧本,毫无差失,然后谱得纂修,庶昭穆得以分,长幼得以定"。可见这个由异姓构成的合同宗族同样也纂修了族谱,记录了各家的谱系,以致各姓自己修谱时还要从中参考。这个契约异姓合族,光绪年间还很活跃,光绪八年后还轮值进行春秋二祭,一直持续到民国整个基层制度发生变化方才解体。

  州县军户、匠户可能因不许分户、可以隐匿人口等原因而使得其家族组织的形成早于民户,发展速度也可能快于民户。[①] 但是脱离了原籍军户的卫所军户家族就未必如此了。属于官籍的高级卫所军官,不受嘉靖关于祭祖的制度松动之前"礼不下庶人"的官方制度制约,可以立家庙追思祖先,因此一些卫所军官家族的家族组织构建要远早于普通军户,世袭千户的蒋氏家族在天顺七年(1463年)、第五世正千户蒋辅时就建立了蒋氏家庙,天启年间蒋德璟入翰林院后出面重修,并以五约申族众曰"核祭田、守祭器、谨祭日、恪祭仪、奉宗法,宗法即国法也",复界后的康熙五十五年,蒋氏家庙又迎主入祠。蒋氏家族因人多势众,发展较好,成为福全所的强宗,也就是上面军户契约中所称的每每欺负他们的"强族",在下一节将提到的福全及其周边"五乡四股"的地域联盟中,福全共占两股,其中蒋氏就独占了一股,另一股则是由福全其他小姓共同组成的。

---

  ① 郑振满:《明清福建家族组织与社会变迁》,长沙:湖南教育出版社,1992年,第244～245页。

笔者所见的许多卫所军户家族,其自身家族组织的构建到清代拥有了户籍之后才开始成型。《福全翁氏家谱》虽自称其祖先为昭信侯,①但是其族谱直到民国十六年才编撰,而且翁氏也是全氏合族的成员之一。同样为全氏合族成员之一的福全卓氏,其族谱旧谱在乾隆年间为台湾分支带去抄录,遇到海难,遗失于大海,其纂修时间也没有早于清代。上面提到的《福全刘氏家谱》,其家族系洪武二十七年从福州连江来戍福全,其自身的谱牒则到光绪年间参考全氏宗谱重修,其旧本亦不会早于清代。《永宁南门境李氏族谱》编纂得稍微早些,②天启年间已经有五世祖坟叙和祀规,对家族祭祀做了规定,也设立了公银寄店行利。崇祯重订轮祀之规,康熙复界之后再次重修。李氏家族洪武间由镇东卫改调永宁卫,明代时与福州原籍还有联系,原籍有军田供应军装,但"自清朝易代以后其音问无有往来者"。入清以后,卫所军户与原籍间再无任何制度上的强制联系,故而这些卫所军户乃自立户籍,也自行发展宗族组织,争夺生存空间。

军户合族的出现与卫所强宗欺负弱族有关,所以军户合族不止有"粮户归宗"这样赋役制度上的意义,或家族组织建设上的意义,也是地域联盟的一种类型。郑振满的《明清时期福建家族组织与社会变迁》一书中提及宗族组织发展后的各种形式,包括"合同式宗族""依附式宗族"等不同的宗族形态,在这些宗族形态中,宗法制度中原来最重要的血缘的意义已经下降,宗法制度的原意——亲属组织——被现实的社会整合、组织的需要取代,祖先可以创造,亲属纽带可以拟制,谱系可以虚构,这意味着任何族群都可以在宗族的招牌下找到自己的国家管理之下的位置。宗族或宗族联盟与祭祀圈一样,是依地方社会组织的需要而存在的,都是地域联盟的种类。

清初国家重新安靖了地方秩序,这种安靖是通过地方上的家族组织而完成的,赋役制度的改革已经把一部分基层经济控制权让渡给了乡族,国家的军事力量配合保甲制度的重点在于平抑盗匪,其他的一般治安事件一样也交给

---

① 福全所翁氏世袭的军职为百户。《晋江县志》卷29《职官志·武秩》,福州:福建人民出版社,1990年标点本,下册,第674页。
② 石狮市博物馆藏。

了乡族处理。在基层社会组织承认国家大正统的合法性的前提下,国家把基层社会的日常控制权交给了社区,交给了乡族,对个人的人身控制强度则降低了。

第五节　从都蔡冤械斗看地域联盟

　　明后期国家为了重新控制基层社会所做的种种努力和改革,在一定程度上重建了基层的秩序,但是并没有挽回国家的控制力,反而为进一步的基层社会自治化提供了条件。在嘉靖"大礼议"后,宗法伦理的庶民化给了倭乱后的泉州沿海社会一个大规模构建宗族组织的契机。泉州的许多族谱都声称旧谱毁于倭乱,故而在倭乱高峰后的和平时期需进行重修,实际上很多家族并无所谓"旧谱"的存在,把嘉靖后的新修谱牒称为重修只不过是构建其祖先辉煌谱系的一种手段。以日益成熟的家族组织为中心,不论在公共工程建设上,或以铺境神庙祭祀组织为中心的社区整合上,或是基层社会军事化上,基层社会在自我控制、自我组织、自我防卫,基层社会的自治化又推进了一步。家族组织的分化与联合也影响了地方社会的历史变迁,基层社会各种组织在增多和扩大中,社区的共同边界也在延伸。国家对海岸和基层社会控制力的降低令海禁失去效力,走私贸易及私商甚嚣尘上,福建海商大规模地前往南洋与西方实现贸易对接,他们所获得的财富又给了家族发展的资本,为社区的公共事务提供资金。

　　家族的发展,在同一片土地上的生存竞争,导致了家族之间必然存在这样那样的矛盾,争夺的重点有经济利益上的、也有祭祀权力上的。在基层社会军事化的情况下,矛盾的爆发往往以宗族械斗为表现形式。为了彼此的利益、弱族为了抵抗强宗,他们形成或大或小的地域联盟,联盟的标准有同姓同宗,有地缘,还有神缘。这些地域联盟会因成员之间的矛盾而被拖进大规模的械斗,这就是分类械斗。闽南乡族械斗的盛行,可以追溯至明代。宋代泉州跻身帝国的文化中心地带,民风淳朴、理学盛行,南宋王十朋之《止讼文》中称泉州为

"民淳讼简,素称易治",但是历经由明至清的家族组织和基层社会自治化发展,加上明清普遍的地方军事化,清代泉州在官方描述里就成了"漳泉刁民"的一分子。嘉靖年间担任福建巡抚的安徽桐城人汪志伊,在奏疏中说:"查闽省漳、泉二府,宋时有'海滨邹鲁'之称,由风俗以思教化,美可知也。自明季倭寇内犯,练乡兵以卫村堡,募其勇豪,授以军器,尚勇尚气,习惯成风,嗣遂逞忿械斗,礼义廉耻之风微,而诡诈贪横之习起",①此说是很有道理的。迁界在一定程度上促进了泉州沿海的家族建设。复界后的康熙年间,是泉州沿海家族修谱建祠的高峰期。由于在迁界过程中,田园荒芜,屋宇毁弃,族人四散,复界后各家族都面临着重建的任务,这些社会重建大多是由宗族自身完成的,②以图将离散的族人重新团结起来,比如祥芝半岛的《芝山蔡氏族谱》中云:"不幸遭顺治辛丑播迁……癸亥复界后族人咸以王父为龟鉴,草创居室,即念祀祖大事,康熙戊寅岁与族中议兴建大宗事,几中寝,王父奋起成之,不惜财贿,不懈勤劳,总其务而完其功,伯笃园公为建祠事言之最详。"在重建的过程中,家族的重要性进一步提升,同时复界后因版籍混乱,各家族为获得更有利的生存空间进行了激烈的争夺,比如祥芝半岛上蔡氏与刘氏关于海荡的诉讼,蔡氏所持的立场就是复界后刘氏借混乱之机将公共海荡据为自己家族的产业,这就是历史上刘氏与蔡氏发生械斗冲突的起因。

乡族械斗指的是不同乡族集团之间的武装冲突,清中叶前后南方地区普遍的大规模乡族械斗反映了当时社会控制权由官方向民间的转移,是清朝由盛入衰的标志之一。③ 因为基层社会的自治化,令地方上不同乡族集团之间的冲突由基层社会自己的方式去寻求突破,有时以调解的方式解决,有时便是乡族武装之间的冲突,而这些冲突要直到无法平抑时才会引起地方政府的重视。

清代福建的械斗以大规模分类械斗为特色,祥芝刘氏、吴氏、王氏、邱氏、

---

① 汪志伊:《敬陈治化漳泉风俗疏》,《清经世文编》卷23,台北:文海出版社,1966年影印本,第2册,第881~884页。
② 林修合:《从迁界到复界:清初晋江的宗族与国家》,台湾大学历史学研究所硕士学位论文,2005年,第61~71页。
③ 郑振满:《清代闽南乡族械斗的演变》,《中国社会经济史研究》1998年第1期。

第四章
家族发展与地域联盟

蔡氏等几个家族的冲突,就带有分类械斗的色彩,吴氏背后倚靠的是同姓的联盟。石狮一带械斗的平息除了乡里老大出面调解讲和外,还必抬出石狮城隍以为见证,官府的作用不过是平息后立一块示禁碑以显示国家威慑力量。清末东埔邱氏械斗经公亲乡老等人调解成功后,还公立规约一份,①官府的作用是认证其合法并增加规约的公信力和威慑力。违反规约的处理方式是"听居长及引东八房请官究办"及"公亲赔补",惊动官府前必须先经过族中处理,而且重点在于"如有小忿,先投引东八房,一面报明台郊公亲,不准急起祸端"。整个事件的处理关键还是在于乡族内部,这份规约基本上就是东埔邱氏的自治公约。

泉州的分类械斗,最著名的首推"东西佛",肇始于清初的泉州铺境内各境对普度祭祀权力的争夺,械斗高潮时将泉州城区和附廓的三十六铺以及晋江、惠安、南安的一大批乡村都牵涉在内。除了以泉州城厢为中心的东西佛大械斗,晋南乡村也有一著名大规模械斗,民间称之为"都蔡冤"。都蔡冤械斗又称

---

① 《东埔示禁碑》:"为出示晓谕事。本年十月初八,据公亲职员梁如金、蔡婆观,监生邱汝兰,乡耆洪区观、林岸淑等呈称,东埔乡邱姓族房互斗一案,蒙县亲临到办。察悉海滨愚民罔知法纪,致相互斗,俯念该乡系一本之亲,不忍严办,着令族绅约束,开子自新之路。金等悉居泉南附近乡间,不忍坐视,仰体宪心,保赤爱民,是以出为调处,并请城隍尊神驾临乡中。是藉神道以诏教,实仗宪感而劝和。幸该乡族房人等,深知愧悔,均各听劝,维是金等窃思该乡旋处旋斗,皆因一朝之忿忘身及亲,睚眦之怨报复相仇,殊甚痛悯!亟宜公议规约,以杜后患。非蒙宪咸晓谕示禁,奚以儆乡民、而敦族睦理,合取具二比,遵依调处和息,甘结二纸,并抄粘公议条约一纸,叩请如乞批铺,并请示谕俾知,各安生业,均感切叩等情。据此,查东埔乡邱姓砌下引后两房与五房族仇互争,该公亲等悉心排解,使各释嫌悦服,相安无事,洵为善举。抄粘议约,亦见防微杜渐,俱属可嘉之至。除批示将案注消外,合行照抄议约,出示晓谕。为所示仰东埔乡诸色人等知悉,尔等务须各照后抄议约,递一遵行,永息争端,共获相安之乐。如敢故违,一经访闻,或被告发,定即严行拏办,决不宽贷,各宜凛遵毋违。特示。计抄议约于后:一、订口角不准放火放船带刀刺人;一、订挂网舟原依从前联财;一、订海面网根先泊者当依次而行;一、订披网先到先披,若有税定石盘依旧听税主管掌;一、订焚毁厝屋起盖当依旧修筑;一、订看篮须照旧;一、订拾鱼若有偷取,各房当自约束;一、烟馆不准聚集匪徒;一、不准开赌场及娼间;一、不准少年行路相侵;一、凡事当问壶实;一、不准请炮师日习打青;一、以后若敢不遵禁约,听居长及引东八房请官究办;一、公亲赔补;一、既清楚如有小忿,先投引东八房,一面报明台郊公亲,不准急起祸端;一、五房邱老芛厝屋听下五西五人等暂行寄居,不准当止,亦不得折毁木石。光绪九年。"

"刘蔡冤","冤"是闽南语吵架、打架的意思,"都"指的是十一都。清光绪二十九年(1903年),位于晋江围头湾的塔头村刘姓家族因祠堂风水问题与临近蔡姓家族发生争执,导致械斗的爆发。械斗之初,刘姓处于劣势,因此邀集晋江十一都全都及埭边、柯村、伍堡、湖尾、岑张、三欧、后头、谢厝街、高后、埕边等村助阵。蔡姓亦立即商请型厝、前埔、张塘、柯坑、东石、东埕、后湖、社坛、瑶厝、塘下、洋宅、下丙等村参战。最后,属于今日东石、金井、深沪三镇的各村,出于各自利害关系、经过串联集合,形成参加械斗的两大集团,只有溜澳、围头和科任保持中立。械斗武器多土制,但支持蔡姓的石圳村通过浪人李昭顺搞到了步枪,死亡人数的增加导致了械斗持续时间延长。都蔡冤历时六年,牵涉二百多个村镇,三百多人在械斗中死亡,晋江县县令因无法处理五易其官,最后由泉州知府带数百官兵弹压,并经斡旋,乃告平息。光绪三十四年(1908年),泉州知府勒石示禁以记其事。①

都蔡冤的起因可以追述至清中叶,由于晋江英林洪氏占据了英林要地,势力强大,因此英林沿海杂姓多被欺侮。道光年间,几乡弱小杂姓合力处死了洪姓一个恶霸,并促使了十一都弱姓塔头(即都蔡冤械斗之刘姓)、柯坑、埭边、伍堡、岑张、高后、丙洲、下丙的联合,这些村落以十一都塘边城隍庙为会盟点,②约定遇事共患难,有钱出钱,分股摊成,最初为十股,后因下丙退出会盟而成"九股"。③ 十一都都方加入战局为刘姓助阵后,蔡姓也赶快发动联络其他蔡姓家族,当战局达到高潮时,都方的九股处在西蔡、北蔡(塔头蔡、埕边、型厝、前埔、洋宅、塘下、东埕、东石、石湖)、中蔡(下丙、坑口)、南蔡(塘东、石兜)及北边洪氏的包围中,唯有来自海面和南洋的支援可以加强己方力量,因此都方急

---

① 李锐整理、李汉经口述:《刘蔡冤》,《晋江文史资料选辑》第9辑,中国人民政治协商会议福建省晋江县委员会文史资料研究委员会编,内部资料,1987年,第89～92页。

② 明代制度,只有城才有奉祀城隍的资格,明代围头湾与深沪湾只有深沪司城和福全所城有城隍庙。塘边城隍自言为福州城隍分灵,庙宇建于清代,为十一都最重要的庙宇,庙额今日仍有红联曰"合都平安"。

③ 王朱唇:《从三字歌诀看"都蔡冤"》,《晋江文史资料选辑》第9辑,中国人民政治协商会议福建省晋江县委员会文史资料研究委员会编,内部资料,1987年,第92～99页。"九股"的称呼,在今日塘边城隍庙周边依旧保存,塘边城隍庙重修时,董事会依然出自"九股"。

第四章
家族发展与地域联盟

于寻找同盟军,都方遂设计令与下丙曾因海荡的争夺而有过节的曾市、曾坑、钞岱与下丙再度发生械斗。因曾市是十五都以福全所城隍庙为中心的地域联盟"五乡四股"的成员,因此遂将整个五乡四股也拖入战局。而蔡姓则趁机煽动与五乡四股有世隙的八乡向五乡四股开战,都蔡冤遂发展为席卷晋南二百多村镇的大混战。五乡四股为十五都的福全、厚安、科任、清沟、埔宅、山尾、坑园、曾坑、新市、钞岱、围头、南江、洋下十三村,①是传统的共同祭祀福全所城隍的乡村。②

在这场大械斗中,有几个关键性的力量。首先械斗基本的冲突单位是乡族。蔡氏与刘氏因祠堂的风水而起嫌隙,这是清代家族械斗常见的起因,若处理得好,械斗完全可以在两个家族之间就得到解决。

其次是由姓氏或神庙祭祀系统而形成的乡族、村社联盟,这种跨越村社边界的基层社会组织,意味着数个村落认同的一致性以及社区边界的扩大。都蔡冤中的十一都九股与十五都五乡四股,是具有代表性的合同式乡族村社联盟。"九股"中的十一都各村为弱势族姓,在十一都塘边城隍庙的共同神庙祭祀圈中联合成型,塘边城隍的生辰十月十日为全都之"圣迹日",当日各乡老人、乡绅会在该日会齐,或闲谈、或研究正事,光绪十年"九股"会盟就在此处。乡族村社联盟以共同崇拜的神庙作为整个组织处理公共事务的中心。九股会盟后,清政府恐"九股"致成民变,将负责串联"九股"的柯子龙逮捕送往福州,最后是"九股"凑钱将之赎回,出狱之日还抬城隍、办酒席、放鞭炮以提升士气。国家对这些基层社会组织有戒备之心,但是却无法过多干涉其内部事务。五乡四股也是一个合同式的乡族村社联盟。福全所城因有城墙而为"五乡四股"集团的械斗堡垒,为祭祀在械斗中死去的乡人,都蔡冤过后福全城隍庙边新修了"福全报功祠",这是明代里社制度中"厉坛"祭祀的遗风,报功祠壁画中记载了五乡四股的股份划分为科任三股,埔宅、清沟一股,曾坑、坑园、山尾一股,新

---

① 粘良图等:《福全古城》,北京:中央文献出版社,2006 年,第 95 页。
② 明季倭寇之乱时曾有十三乡入福全所城避难之事,当地人认为十三乡入所城后遂在福全定居,故而此十三村非彼十三乡,然此巧合中两个十三乡是否有联系尚无法考证。

市一股,钞岱一股,厚安一股,围头三股,南江一股,洋下一股,福全二股。①"五乡"是早已形成的村社联盟,四股则是在都蔡冤时新吸收的,之后其实又有新股加入,如今曾坑、坑园、山尾已经各自立有一股,但"五乡四股"的名称已经约定俗成。同"九股"集团奉塘边城隍为盟主一样,福全城隍公被奉为盟主,械斗出阵前每每抬神像巡行于"五乡四股"之据点福全所城四城门外。城隍诞辰庆典时,五乡四股董事须聚集在神前"博杯",以得信杯数最多的村庄胜出,胜出者可获得福全城隍庙中的第三尊城隍神像驻跸于其村一年的资格。②"报功祠"至今仍每年由各村老大祭祀,祠中有重制之"各乡股诸先烈总神位"。

基层社区组织成为分类械斗的基本单位,《泉漳治法论》曰:"泉之民以乡斗,漳民之斗则以姓斗",③说的是泉州人的分类械斗以地域划分,漳州人的分类械斗则以姓氏划分,实际上这两种组织方式经常是交错在一起的,在都蔡冤械斗中,既有按地域而联合的五乡四股集团和十一都都方集团,也有因同样姓蔡而站到蔡氏一边的西蔡、南蔡等村落联盟。作为杂姓村落联盟的五乡四股襄助的是都方,但五乡中亦有属于蔡姓的山尾、属于洪姓的钞岱参加。

福建陆路提督苏明良于乾隆二年向朝廷上奏折,奏折中大致内容如下:

> 窃照闽省依山负海,民俗素称强悍,而漳、泉二府尤为特甚。……皆因其族大丁多,横行无忌,陵虐小姓,欺侮单弱。亦有零星杂姓愤懑不平群起而报复大姓者,无非睚眦小忿,动辄率众互相格斗。如竹篙枪、木棍、木钯、扁担、锄柄等项,俱足以伤人毙命。虽有司严拘,按律究处,无如若辈罔知畏惧,相沿成风,实为有关于世道人心。若不定以充发并连坐之条,则顽民无所知儆,诚恐将来贻害地方无所底止。臣请嗣后有因微嫌起衅党众列械格斗者,饬令文武地方官协同严拿,即将两造为首起意暨鸣锣聚众之人先行重责枷示、拟以金妻发遣之罪,再为分别是非曲直,并将不

---

① 股数的多少与村子的人力、财力有关,多一股要多出一份钱,在每年一度的决定福全城隍驻跸哪个村子的仪式中,多一份股意味着多一次"博杯"的机会。福全村以明代正千户后裔蒋氏家族为最大姓,因此独占一股,其他小姓另合一股,总数两股。
② 福全城隍庙共有五尊城隍像,每尊用途不同。
③ 郑振满:《清代闽南乡族械斗的演变》,《中国社会经济史研究》1998年第1期。

行阻止之家族长、左右邻一体连坐。如敢逃避抗匿,着落该房族长、乡保人等跟拘解讯,加倍治罪。如此则顽梗之徒庶几知所顾忌。①

乾隆帝对此的朱批答复为:"此奏着交郝玉麟,令其详议具奏。"郝玉麟是当时的闽浙总督,此奏折表现的是官方的态度以及意图中想对基层社会采取的控制措施,但实际上国家根本不可能在基层社会实现这份奏折上所描绘的那种严格控制。黄树珍的《约亭公自记年谱》提及铺锦黄氏与同在龟湖边的吴氏的械斗冲突,"乾隆四十年乙未正月初七日,本族与吴家掷石至折厝,及店被约正入禀,出差谕止,后陈相公乃出,与两边调和,我与群哥出银四员料理方得无事"。这场械斗曾为国家在地方构建的保甲体系上报县府,县府采取的措施也只能是调和而不可能以暴力弹压,作为最基层的国家行政机关,清代的县府并无足够财力、人力去达成以上奏折的设想,而这场械斗与都蔡冤械斗解决的关键,乃在于有社区成员自愿提供资金作为善后赔偿之用。

乡族及乡族联盟在基层社会的自我控制和公共事务中起着举足轻重的作用,大多数时候,国家无法插手其中,只要地方不酿成反政府的武装叛乱或影响地方治安的匪乱,国家就把社会管理控制的权力让渡这些基层社会组织。以大规模分类械斗而言,民间采取的和解方式首先是以神灵的名义由乡村大佬来讲和,不论是福全所的城隍还是石狮城隍,在械斗讲和时都会被抬出来,如果仍旧无法控制,影响到地方安靖,方由国家力量出面。都蔡冤在延续六年,席卷数百村落后才由知府带兵弹压,并为之说项讲和,最后以立碑的形式

---

① 《署理福建陆路提督苏明良为请严禁地方械斗恶习事奏折》,转引自哈恩忠:《乾隆初年整饬民风民俗史料》上,《历史档案》2001年第1期。

禁止争端再起,①显示清代国家在基层社会的控制是一种框架上的间接的控制,在具体的社区公共事务上,基层社会是自治的。十一都"九股"与十五都"五乡四股"不仅是为械斗而成的地域联盟,事实上更是大范围的村落自治同盟,一般的事务、争斗,全在联盟内部解决,无法内部解决时才寻求官府的势力。而他们的组织形式是合同式的,各村落有自己的代言人,在处理事务中有纯朴、粗糙的共和意味,与东南亚的华人组织"公司""共和国"有显而易见的联系。

械斗亦属于乡间公共事务的一环,先是成功的商人,后来19世纪末20世纪初泉州成为侨乡社会后,械斗的过程与解决就往往变成华侨在起作用。在蔡姓尚与刘姓相持不下时,是南安蔡姓一名为蔡牛水的番客出资二千银圆帮助塔头蔡姓整治武装,令刘蔡双方最终大打出手;而都蔡冤的械斗的最终解决又与另一位归国华侨有关,南埕番客陈增斜将原本准备建房的三千多银圆悉数用于奔走说和,解决纠纷、救济孤寡,泉州知府因此特书"急公好义"匾额相赠。从19世纪开始,华侨在侨乡公共事务中的地位逐步上升。

---

① 洪都乡示禁碑:"查刘、蔡洪都连乡械斗一案,祸因刘姓重修祖祠,蔡姓惑于风水,互相龃龉,致起祸端。蔓延数百乡,伤毙数百命,焚毁数百家。男妇流离,生灵涂炭。其孤弱者田园荒尽,尚且征苗;其强梁者,劫杀为生,反行得计。天地荒凉,道路荆棘;山川为之变色,神鬼为之含悲。自光绪甲辰以迄丁未,官凡五易,终无宁宇。去岁十月,念此案情重大,特命本府督队临办,驻乡凡五阅月,不妄挐一人,不骚扰百姓,秋毫无犯,安堵如恒。各乡感化,捐集赔款五万余金,尽数抚恤,榜示通衢。然后死者瞑目,生者甘心;无家者得以修我墙屋,失所者得以复我邦家。举数年不解之深仇,一旦而消融尽净,悉数旧好如初。是役也,凡获犯三十余名,情节较重者供证确凿,就地正法;其余监禁枷杖有差。而押放、起尸、缴军械、折枪楼,各以法。天心厌乱,我泉其有豸乎?惟是法久则易松弛,事久则生玩,又使惊心触目,居安思危,防患于未然,惩祸于既往。是非勒石不为功,合行出示垂禁。为此,示仰刘、蔡、洪都各乡人等知悉:尔等须知,械斗一事,怨毒最深。杀人之父者,人亦杀其父;杀人之兄者,人亦杀其兄。好勇斗狠,以危父母,一朝之忿,亡其身以及其亲,小不忍则乱大谋,可不戒哉!思之,思之。前车之覆,后车之鉴。往者不谏,来者可追。过此以往,务宜痛改前非,永为厉禁。勿因睚眦细故,旧怨复萌;勿因口角微嫌,前仇顿作。勿得弱肉强食,须知桑梓敬恭;勿得尔诈我虞,须念朱陈婚媾。父戒其子,兄勉其弟,立去会盟之习,潜消强弱之形。相助相扶,兴仁兴让,化互乡为仁里,卖佩刀以买牛。是则本府所厚望焉。倘仍蹈前愆,定当立置重典。恐天网恢恢,尔时必不能倖逃也。懔之戒之毋违!特示!光绪三十四年六月 日给。"此碑尚存东石塔头村刘氏宗祠。

第五章 大航海时代的海外拓展

明代后期,西方人来到东南亚,取代了阿拉伯人的东西方中介地位,建构了联结东亚、欧洲和美洲的大三角贸易体系。在大航海时代来临之际,泉州人再度成为东亚地区海上活动的主角。由于海禁和倭寇的存在,明末东南沿海发展了许多亦盗亦商的大型海商集团,郑芝龙、郑成功集团就是其中的佼佼者。清代泉州的国内沿岸贸易、闽台贸易和东南亚贸易,都是这个巨大海上商业网络的组成部分,台湾和东南亚的开发也吸引了大批泉州人前往移民垦殖。泉州本土的家族组织与地域联盟,为海外拓展提供了人员、资金和社会关系,构成了海上活动的主要组织资源。本章首先考察大航海时代泉州人的海上活动,再依次论述泉州人的海上贸易、海外移民及海外拓展的组织形式。

第一节 东西方在海上相遇

元末兵乱给泉州港造成了严重伤害,番商不敢抵泉州兴贩,曾经风光无限的色目人遭到汉民的报复。《清源金氏族谱》记载:"是役也,凡西域人尽歼之,胡发高鼻有误杀者,闭门行诛三日。"蒲寿庚因曾经将宋帝拒之泉州城外,也遭到裸体戮尸的待遇。宋元聚集在泉州的番商本来就以阿拉伯人为主,经此一役,未到朱元璋的海禁命令下达,泉州城实际上就已市面萧条了。洪武五年(1372年),明太祖命人出使琉球,琉球入贡,与明王朝建立了密切的朝贡贸易关系,泉州为法定官方口岸通琉球,但是明初与泉州合法通商的国家,也仅剩下琉球一地。成化十年(1474年),泉州市舶司迁往福州,刺桐港完全告别了黄金时代。

宋元时期的东西方贸易节点,就在中国东南沿海的港口。比之北方的陆上丝绸之路,南方海上的商路大多数时候一直是畅通的,①因此宋元时在广州与泉州等地的阿拉伯人极多,他们也是番商的最主要成分。明代他们被迫后退到东南亚诸岛,这可能是东南亚伊斯兰化的主要原因。② 这些原先广州、泉州等地"蕃坊"的主人,在元代是中国合法居民,改朝换代之后却遭到歧视,因

---

① 随着蒙古帝国的崩溃,中亚的局面变得非常混乱,1340年以后,北部的商路实际上已堵塞,大部分产品就汇集到一直受控于穆斯林商人的南部的海路,这些海上贸易大大促成了穆斯林世界的繁荣。……葡萄牙人于1498年闯入印度洋,迅即控制了这一可获厚利的贸易的大部分,到了17世纪各个穆斯林大帝国就开始了突然衰落。参见斯塔夫里阿诺斯著:《全球通史·1500年以后的世界》,吴象婴、梁赤民译,北京:北京大学出版社,2005年,下册,第345~358页。

② 郑和下西洋时前往拜访的主要目的地——东南亚诸岛国在15世纪时有个引人注目的变化,就是东南亚诸国的伊斯兰化。公元10到13世纪,伊斯兰教已经在南亚地区传播开来。15世纪伊斯兰教才开始在东南亚的海岛地区传播,但传播的速度却是惊人的,到公元16世纪初整个地区的伊斯兰化便基本完成了,今日东南亚地区的穆斯林人口约占全世界穆斯林的五分之一。学术界今日尚未解决东南亚地区是如何伊斯兰化的问题,因阿拉伯人早就在商路上建立了殖民点,在674年前后苏门答腊西岸就接触到了伊斯兰教,但直到14世纪时它才开始产生广泛的影响。(肖宪:《郑和下西洋与伊斯兰教在东南亚的传播》,《思想战线》1995年第3期。)东南亚的伊斯兰化首要原因应是抵抗佛教强国暹罗和葡萄牙人的殖民等政治原因,(李一平:《伊斯兰教在东南亚的传播及其影响》,《社会科学家》1992年第2期)但是伊斯兰教在东南亚的大规模传播却是在公元15世纪、郑和下西洋的远航之后才开始的,因此有观点认为东南亚地区的伊斯兰化与郑和下西洋有关,其理由包括由于郑和本身是穆斯林,其船队中有一些重要人物,如蒲氏家族的蒲日和亦是穆斯林;伊斯兰教在东南亚传播最普遍和最迅速的地区正是郑和几次航行中活动最频繁的满剌加、苏门答腊、爪哇等地区,而郑和舰队的活动难以抵达的东南亚半岛内陆地区,如缅甸、泰国、老挝、柬埔寨、越南等地,伊斯兰教基本就没有传入。肖宪的《郑和下西洋与伊斯兰教在东南亚的传播》与廖大珂《郑和与东南亚华人穆斯林》[《暨南学报(哲学社会科学版)》2005年第6期]都持类似观点。虽然郑和本人及他的一些助手是穆斯林,但是庞大的郑和船队中,穆斯林的比例毕竟十分有限,靠他们的一些活动来促成从中国向东南亚传播伊斯兰教,可能性实在不高。如果因境内穆斯林的存在令中国有能力向东南亚地区传播伊斯兰教,那么至少郑和的故乡云南及其周边今日应是一个伊斯兰教兴盛的地区。

此当时从大陆逃到南洋群岛的人中有不少是穆斯林,①郑和南下访问的时候在东南亚遇到了许多穆斯林,只是这些人到底是华人改宗回教还是一度为元朝臣民的色目人、阿拉伯人则尚有争议。按明初的政策,在对外交往上试图建立的是一个等级有差、符合纲理伦常的朝贡贸易体系,②郑和的远航也是在这个体系之内,但是这个体系并没有考虑到阿拉伯人的转运贸易,在宋元时期主要是由阿拉伯人在东西洋之间充当了东西方贸易的海上马车夫。14、15世纪以中国为中心的东方朝贡贸易圈建立后,阿拉伯人的东西方贸易转运节点,就从中国沿海港口后退到东南亚群岛,这或许才是不在此航线必经之路上的缅甸、泰国、老挝、柬埔寨等地区没有伊斯兰化的最大原因。

由于明前期海禁的原因,中国国内的私商不得不直接南下与贸易对象在海上交易,而不是如同宋元一般在中国政府核准的港口发生接触。一旦西方人来到东南亚群岛,就是中国私商与欧洲人的面对面时代的来临,这种东西方接触远远早于中国本土在19世纪被英法轰开国门。通过私商与西方人在东南亚的接触,中国被卷入了连接到欧洲、美洲的大帆船贸易中,中国私商也成为大航海时代国际交往的重要组成部分。

郑和的远航与明前期朝贡贸易,并未曾将刺桐港的荣光稍微挽留半分,嘉靖倭乱的高峰过去之后,明政府渐开海禁,漳州月港异军崛起。隆庆元年(1567年)福建巡抚都御史涂泽民请开海禁,"准贩卖东西二洋",东洋指的是吕宋、苏禄(今属菲律宾)等地,日本不在此列,西洋则交趾、暹罗、占城等地,③国内则在漳州的月港设立"洋市",正式确定为对外通商口岸。④

---

① 马欢:《瀛涯胜览》之《旧港国》,北京:海洋出版社,2005年校注本,第28页。
② 滨下武志在《近代中国的国际契机——朝贡贸易体系与近代亚洲经济圈》一书中用两幅图表(滨下武志:《近代中国的国际契机》,朱荫贵、欧阳菲译,北京:中国社会科学出版社,1999年,第37、39页)形象地解释了这种同心圆等差关系,从中央到州县地方,再到由土司羁管的少数民族聚居区,之后是藩属国,再次之朝贡国,更次之为有互市关系的地区,这种朝贡贸易体系的思想来源于对《周礼》中王畿与荒服、甸服的等差关系以及儒家伦理中关于亲疏、五服之内、五服之外的等差关系的认知。
③ 张燮:《东西洋考》卷7《饷税考》,北京:中华书局,1981年校注本,第131～132页。
④ 明政府早在嘉靖三十年(1551年)即在月港设靖海馆,万历年间改为督饷馆,公署在厦门。

同时，随着西方地理大发现时代的到来，1498年欧洲人开通了通往印度的新航路，然后他们来到了南洋群岛，并凭借军事优势取代了阿拉伯人贩卖香料和丝绸。最先到达这里的是葡萄牙人，在明代古籍里，葡萄牙和西班牙没有被明确区分，葡萄牙被称作佛郎机，但占据吕宋的西班牙也被称作佛郎机。葡萄牙人发现南洋的诸多王国都臣服于中国，而满剌加（即马六甲）有众多华商源源不断地运来麝香、丝绸、樟脑和大黄，以换取胡椒和丁香。1511年，葡萄牙人占领了满剌加，从此控制欧洲到中国的航道，他们继续北上，抵达珠江口，与中国官员发生接触。正德九年（1514年），葡萄牙首任满剌加守将勃列多派遣阿尔华列士率军舰抵达广州府新安县的屯门（即今香港的屯门），并于岛上树碑立石以图永据。葡萄牙人用对待印度和满剌加土著的方式与中国官员打交道，不遵守中国的法律和风俗，还在广海进行海盗行为，又适逢满剌加王遣使北京要求宗主国为之做主，中葡遂陷于敌对状态。正德十六年（1521年）与嘉靖元年（1522年），明朝水师二度打败葡萄牙人，葡萄牙人败走粤海，1549年又被逐离闽海。① 顾炎武所著《天下郡国利病书》之"福建"篇云："嘉靖中，有佛郎机船载货泊浯屿。漳龙溪八九都民及泉之贾人往贸易焉，巡海道至，发兵攻夷船，而贩者不止。总督闽浙都御使朱纨获通贩者九十余人悉斩之，而海禁严。"② 嘉靖倭乱实际上也有葡萄牙人的一份，然嘉靖三十六年（1557年），葡萄牙成功在澳门借地，澳门遂成葡萄牙与中国接触的口岸，葡萄牙人手中的金银从澳门经珠江口进入中国。而西班牙自启用意大利人哥伦布于弘治五年（1492年）发现美洲新大陆后，得到了墨西哥和秘鲁的金银矿，既而又启用麦哲伦进行环球航行，正德十六年（1521年）麦哲伦到达菲律宾群岛，自后西班牙就占据了吕宋，至万历四年（1576年），菲岛全境为西班牙所有。万历初，西

---

① 正德十二年（1517年）前后，葡萄牙人马喀兰夏（George Marcarenhas）自上川岛航至福建海岸，自后葡人逋道北航，越境贸易于泉州、福州、宁波者日益众多。宁波有葡人居留，虽不知始于何时，但至嘉靖十二年（1533年）已甚繁庶。葡人恃势生事，岁招浙闽、粤海滨无赖之徒，甚或勾引倭寇往来鬻贩，于是引起中国官军在嘉靖二十四年（1545年）和二十八年（1549年）两次的剿击。梁方仲：《明代国际贸易与银的输出入》，《梁方仲经济史论文集》，北京：中华书局，1988年，第157页。

② 顾炎武：《天下郡国利病书》之《福建备录》，"漳州府"条，《四部丛刊》涵芬楼影印昆山图书馆藏本，第26册，第33页a面。

班牙人亦曾遣使到广州要求与中国通商,但是无功而返。

到17世纪初,南洋群岛已经大都沦于西方殖民者的控制之下,葡萄牙控制了印度半岛沿岸各地、苏门答腊岛和印度支那半岛以及南洋的西部;西班牙侵占了以菲律宾为主的南洋东部;荷兰占据了以爪哇岛为主的南洋南部,1602年在爪哇设立荷兰东印度公司。三国都试图染指中国沿海,从事海盗行径。除葡萄牙侵占澳门外,天启年间,西班牙侵占我台湾北部鸡笼、淡水等地,万历三十二年(1604年),荷兰侵犯澎湖列岛,被明军击退后,于天启二年(1622年)再度侵占澎湖,封锁九龙江口,屡次侵犯福建沿海地区,万历三十七年(1609年)福建海商唐元鲸由月港发舶,即被荷兰人抢劫一空。"泉漳二郡商民贩东西二洋,代农贾之利,比比皆然也。自红夷肆掠,洋船不通,海禁日严,民生憔悴。"①天启四年(1624年),荷兰退出澎湖,占据台湾,终明之世,台湾都为荷人所据,直至郑成功收复台湾。荷兰殖民者又在吕宋港口袭击我国商船,大肆劫掠。至于俄国、英国与中国的贸易关系,不论陆路或海路,皆至清康熙间才变得比较重要。

除了试图获取殖民地和骚扰中国沿海外,总的来说,西方人在中国开放的合法口岸与中国贸易的数量很少,月港更多的是开放给中国海商使用,东西方海上力量是在南中国海上相遇,而非在中国沿海地区相遇,月港的繁荣,其性质与宋元泉州港是完全不一样的。明代官方海外贸易船只为"贡舶"及"市舶",民间海外贸易船只称"商船",商船本来是非法的,稍开海禁后才变为合法。顾炎武在《天下郡国利病书》里提到市舶与商船的区别:"然市舶之与商船,其说稍异。市舶者,诸夷船泊吾近地,与内地民互为市,若广之豪镜沃然。商船则土著民醵钱造船,装土产,径往东西洋而去,与海岛诸夷相贸易。"②月港的海外贸易就是以商船为主,是以我国商人赴海外贸易为主,③关于月港停

---

① 顾炎武:《天下郡国利病书》之《福建备录》,上海:上海古籍出版社,2012年校点本,第5册,第3090页。

② 顾炎武:《天下郡国利病书》之《福建备录》,上海:上海古籍出版社,2012年校点本,第5册,第3092页。

③ 唐天尧:《略论明代月港的海外贸易》,《月港研究论文集》,漳州:中共龙溪地委宣传部、福建省历史学会厦门分会编印,1983年,第8~18页。

泊船只的描述，一般都只提及本土建造的每船配备六十到八十名水手的洋船，月港并不是一个国外海商大量聚集、入境贸易的港口，它主要提供给本土赴东西洋贸易的船只使用，国外海商，尤其是西方人，主要驻足在南洋诸岛。张燮在《东西洋考》中说："市舶之设，始于唐宋，大率夷人入市中国，中国而商于夷，未有如今日之伙也。"①梁方仲先生在《明代国际贸易与银的输出入》一文中也提及"有明一代，西班牙人来中国的贸易并不重要，至于华侨往来菲岛间的贸易则甚繁盛"。②

崇祯元年(1628年)进士、给事中傅元初之"论开洋禁疏"中提到："海外之夷，有大西洋，有东洋。大西洋则暹罗、柬埔诸国，其国产苏木、胡椒、犀角、象牙诸货物，是皆中国所需；而东洋则吕宋，其夷佛朗机也，其国有银山，夷人铸作银钱独盛，中国人若往贩大西洋，则以其产物相抵，若贩吕宋，则单得其银钱。"这条史料说明了属于西洋的暹罗等国与属于西洋的吕宋等南洋群岛的不同。17世纪时暹罗尚处于阿瑜陀耶王朝的统治之下，中南半岛没有落入西方殖民者之手，与中国海商之间的贸易是各取所需的物物交流，对方商品均由本国市场消化。而南洋群岛则不同，占据其上的是欧洲人，他们用美洲白银交换中国商品，再转卖至世界其他地方，南洋群岛是中国海商与欧洲人接触的节点，是以中国为中心的贸易圈与西方交汇的节点，或者说，是一个中转站。

东西方在东南亚殖民地实现了海上相遇，经由这些交往，西方人带来的白银给明清赋役制度改革注入了白银货币的润滑剂，西方人对南洋诸岛的经营定位更直接影响了明末以后中国人的海上活动。泉州的商人们在从中国海沿岸到东南亚为了这种商业交往而忙碌着，从中国各地收集符合西方人要求的产品，在南洋殖民地经营种植园为工业革命后的欧洲提供原料，再到契约华工下南洋为西方的原材料生产提供劳力，这一切都直接面对着世界市场，与欧美的社会经济动向挂钩，泉州人的海上活动开始成为近代世界经济网络的一部分。

---

① 张燮：《东西洋考》卷7《饷税考》，北京：中华书局，1981年校注本，第153～154页。
② 梁方仲：《明代国际贸易与银的输出入》，《梁方仲经济史论文集》，北京：中华书局，1988年，第157页。

第二节　明清之际的海商与海盗

明代洪熙至弘治年间,朝贡贸易的规模越来越小,私人海外贸易的利润越来越高,私商与海禁形成此消彼长的关系。早在与琉球的互市中,泉州的私商就已经出现了,泉州商人把到琉球经商称之为"做琉球",①明政府曾专门禁止福建沿海私商私自贩海琉球,当时冒充中国使者、使用过期勘合等手段相当常见。此时的私人海外贸易规模还比较小,没有大的海商集团。沿海势家豪族多以整个家族之势下海走私,小型私商多有投靠他们的,这些豪门大姓往往就是所谓的舶主,或者"公司",有记载云:"闽广奸商,惯习通番,每一舶推豪右者为主。"②

正德年间刚好遇上西方人开辟了新航路,中国传统的海外贸易对象自此发生重大变化,海禁也有所废弛。正德海禁稍弛,给了中国海上私商一个发展的机会,正是在这一阶段,私商开始私置兵器,向海上武装集团发展。正德时,明政府的广州市舶司开始抽取真正的关税,③税率为值十抽二,这种政策转变标志着朝贡贸易的衰落和海禁政策的松动,私商贸易部分获得官府承认。实行抽分制后,广州市舶司对外商来华实际上已经不加禁止,中国海商也混迹其中。但是明政府的决策官员们对于这个措施的争议很大,私商随着抽分制的实行而大为活跃,这激起保守派官员要求加强海禁,嘉靖二年(1523年)日本使团在宁波发生的"争贡之役"又给朝野加强海禁的口实。故而嘉靖年间海禁

---

①　庄景辉:《泉州在明琉交往中的地位和作用》,《中国社会经济史研究》1990年第1期。

②　周玄炜:《涵芬楼秘笈》第8册《泾林续记》,上海:商务印书馆,1925年影印本,第37页a面。

③　正德以前,明政府的市舶司并未像宋元时期的市舶司那样征税,它的抽分制不是一种税收,而是对贡使附带的私物抽出若干份,由官府出钱买下;而贡使所带的所有私物都不抽税。见晁中辰著:《明代海禁与海外贸易》,北京:人民出版社,2005年,第152~156页。

骤然严厉,福建和浙江的市舶司被裁革,①对朝贡贸易的管理也严格起来,连以广州为口岸的朝贡贸易也停止了。最重要的是制订了许多严厉措施厉行禁止私人海外贸易,这导致嘉靖间倭乱反而大为炽烈。嘉靖四年,浙江巡按御史潘倣的奏疏中言:"漳、泉等府黠猾军民,私造双桅大舡下海,名为商贩,时出剽劫。"此时有沿海卫所军士加入的漳泉沿海私商,已经开始亦盗亦商,武装行于海上。

葡萄牙人在西草湾海战中受挫后,转而北上闽浙,漳州浯屿和宁波双屿遂成东西方海商进行走私贸易的据点,朱纨在闽浙执行海禁雷厉风行,先是驱逐了在双屿的葡萄牙人,嘉靖二十八年(1549年)又取得走马溪之战的胜利,葡萄牙人败走福建,朱纨革渡船、严保甲、"编号定界",福建海禁的严厉程度达到最高峰。朱纨在福建抓海禁,确实抓到了点子上,他打击与海商有牵连的巨姓大族,又紧抓本来在家族庇佑下难以生效的保甲,遂引起出身闽浙的官员的强力弹劾,最终愤而自杀。②

朱纨自杀后,闽浙海防再度废弛,时遇日本战国混乱高峰,倭寇与中国海盗结合,海寇遂大作。朱纨死后的十余年间,是嘉靖倭乱最严重的时期,此时东南沿海开始出现大型海商集团。最先登场的是王直集团,活动的基地是双屿,抢劫对象也集中在江浙沿海一带,但是其部下却以泉、漳人氏为最多。自嘉靖三十一年(1552年)至嘉靖三十八年王直被杀,东南海上各海商集团基本上都以王直为公认首领,王直死后七年,隆庆帝即位开海禁,海商集团的武装贸易行为遂剧减。海禁是明太祖朱元璋所定的"祖训",因此终明一世,虽然时有开禁之举,却从未敢明令废除海禁。所以自隆庆元年(1567年)部分开放海

---

① "给事中夏言奏,倭祸起于市舶,遂革福建、浙江二市舶司,惟存广东市舶司。"《明史》卷75《职官四》,北京:中华书局,1974年标点本,第6册,第1848页。
② "纨自巡海以来,革渡船,严保甲,搜捕奸民,获交通诸番者,不俟命辄斩。闽势家素为诸番内主,骤失重利,多怨纨。纨又数腾疏于明,显言大姓通楼事,且曰:'去外国盗易,去中国盗难;去中国濒海之盗易,去中国衣冠之盗尤难。'闽浙人皆恶之,而闽尤甚。主客司林懋和浙江按御史周亮皆闽人,亮上疏论纨,请改巡视为巡抚,以杀其权,懋和与浙中大夫在朝者左右之,竟如所请。至是,纨以佛郎机事具状闻,御史陈九德遂劾执擅杀,纨落职,命兵部给事中杜汝桢按问,纨怒,自杀。"见同治《福建通志》卷267《明外纪》,台北:华文书局,1968年影印本,第10册,第5064页。

禁一直到明亡的七十多年里,海禁时松时紧,私商集团的发展也因此并未停歇。崇祯时,来中国进行朝贡贸易的国家已寥寥可数,月港也已明显衰落。

崇祯元年一度又严海禁,兵部尚书梁廷栋于崇祯三年十二月上疏请宽海禁:"闽之土既不足养民,民之富者怀资远洋,如吕宋、占城、大小西洋等处,岁取数分之息。贫者为其篙师长年,岁可得二三十金。春夏东南风作,民之入海求衣食者以十余万计。"①次年福建巡抚熊文灿亦上疏请开海禁,崇祯帝接受了这个建议,下令开放福建海禁。但仅仅一年多后,因海寇刘香集团骚扰闽浙沿海,福建海禁又严,直到崇祯八年四月,刘香被郑芝龙所消灭,崇祯十一年福建海禁乃再开。

郑氏集团是明清之际最大的海上集团,也是中国私商贸易史的最大联盟,几乎完全控制了东海与南海上的私人贸易。郑氏集团的创立者郑芝龙是泉州南安石井镇人,石井港位于围头湾的西端,也是三湾十二港中最西的一港。石井与安海一起在宋代同属石井津,安海是明后期私商繁盛的港市,郑芝龙正是从安海发迹。郑芝龙的母族黄氏本身即当地的大海商,其舅父黄程来往澳门、日本等地经营海上贸易,郑芝龙最早就是从投靠舅父开始起步。郑芝龙与安海颜氏海商也有姻亲关系,他五个妻子的其中之一来自颜氏家族。郑芝龙后来顺利接收了此前最大的海商集团李旦和颜思齐的势力,迅速壮大,而所有这些海商集团都有亦盗亦商的特点。到天启六年(1626年)时,郑芝龙的船队已经扩大到120艘,至崇祯元年时更突破千艘。天启七年(1627年)明廷剿郑芝龙失败,乃试图将之招降,崇祯元年(1628年),明廷成功招降郑芝龙,授予他海上游击的官职。郑芝龙被招降后,对明廷下达的剿灭其他海盗的命令乐于执行,因有助于其一统海上,其他命令则拒绝执行。崇祯三年到崇祯八年,郑芝龙先后剿灭了惠安人为主的李魁奇集团、钟斌集团,及漳州海澄人为主的刘香集团,累功升至总兵,南明时期又得封平国公,郑芝龙集团几乎完全控制了从浙江到南海的中国海域,东南海商想要进行海外贸易,必须投靠郑芝龙方能行事,甚至整个福建的兵马钱粮都依赖郑氏集团,到郑成功时期,更是以郑氏

---

① 《明实录》附录《崇祯长编》卷41,崇祯三年庚午十二月乙巳,台北:"中央研究院"历史语言研究所,1962年影印本,第4册,第2449~2450页。

集团一己之力支撑了整个南明朝廷的兵马军饷。

关于郑氏所发的"牌票"(即牌照)的记录有《浙闽总督李率泰揭贴》云:"据翁求甫口供,船主系李幕霞,甫系代于揽客……船系问黄升租的,国姓票一张,左协票一张,船票共用一千二百两银租钱打醮……招杭、陕各客凌尔森,杜昌平擅买药材、纱丝违禁等物,窝匿幕霞等家,靠近海潮,易于出信,又议银以前二百两许给伪票,便于往来。"①这段记载说明即便在清廷海禁、迁界以打击郑氏集团的情况下,所有想出海的船只仍旧必须持有郑氏牌照才能确保安全。郑成功继承郑芝龙的家业后,继续加以扩大和发展,东渡台湾后还是继续推行"通洋裕国"的政策。郑氏海商的经营范围十分广阔,贸易对象从东南亚、日本、荷兰,再到与英国东印度公司之间的贸易,同时与国内的沿岸贸易连接起来。郑成功设立金、木、水、火、土及仁、义、礼、智、信山海两路各五大商号,水路每一字号下各有船12只,长期与日本、巴达维亚、东京、暹罗、广南、马尼拉、柔佛、北大年等地从事直接贸易和三角贸易,估计每年贸易总额达392万~456万两,利润总额234万~269万两。②

这些大型的海商集团是明政府对沿海地方社会失去控制力、对海岸线失去控制力的结果,也是小型私人海商发展到一定程度的结果。在这些大型海商集团之外,泉州还产生了大量不具备集团武装能力的小私商。西班牙人曾数次在吕宋制造针对华侨的大屠杀,Argensola. Leonardo 的 *The Discovery and Conquest of The Molucco and Philippine Islands* 一书③记载:"在圣弗朗西斯节日的三天前,有四百余名安海(Anhay)商人留在市中,因为他们无法售卖他们的商品。"明代泉州文人李光缙写道:"安平之俗好行贾,自吕宋交易之路通,浮大海趋利,十家而九。往岁夷酋发难,尽歼贾人,安平无一人得脱。

---

① "中央研究院"历史语言研究所编:《明清史料》已编第4本,北京:中华书局,1987年影印本,下册,第353~357页。

② 杨彦杰:《1650年至1662年郑成功海外贸易的贸易额和利润额估算》,郑成功研究学术讨论会学术组编:《郑成功研究论文选续集》,福州:福建人民出版社,1984年。

③ Argensola Leonardo, *The Discovery and Conquest of The Molucco and Philippine Islands*, London, Reprinted Ann Arbor, University Micro-films, 1982. 转引自李天锡:《安海华侨的特点》,《安海港史研究》编辑组编:《安海港史研究》,福州:福建教育出版社,1989年,第152~161页。

计至家,哭相闻,妇人女子不知其几人称寡。"①是以当时在吕宋的安海商人人数相当可观。除吕宋外,爪哇下港(万丹)、巴达维亚(今雅加达)以及苏门答腊的巨港等地也颇多人前往。荷兰人于1619年占据了巴达维亚后,计划要把它建成"整个东印度最大的商业城市",因而试图诱惑或掳掠华人到巴达维亚从事贸易或其他工作。1625年由泉州开往巴达维亚的一艘商船,其中除货物外,还有360人一起前往,他们"都是肩挑中国瓷器到处叫卖的小贩"。②

除了直接前往南洋经商,或者从宁波等北方口岸转运中国商品南下之外,泉州沿海村社也在为海外贸易提供商品。瓷器在输送国外的商品中依然是大宗,西方对于中国盛产的丝绢、茶叶、陶瓷和香料始终保有高度的兴趣。由于泉州的主力瓷窑乃德化窑,因此沿海平原提供的主力商品为糖以及纺织品等。明代泉人陈懋仁的《泉南杂志》之卷上记载:"甘蔗干小而长,居民磨以煮糖,泛海售焉。其地为稻利薄,蔗利厚,往往有改稻田种蔗者。故稻米益乏,皆仰给于浙、直海贩。"生活于明末清初的王沄所著之《漫游纪略》卷一《闽游》云:"泉、漳人满,每告籴于粤,航海而至。……布帛之属:闽不畜蚕,不植木棉,布帛皆自吴、越至。泉人自织丝,玄光若镜,先朝士大夫恒贵尚至。商贾贸丝者,大都为海航互市。其肆中所列,若哆啰呢、哔叽、琐袱之类,皆自海舶至者也。番布横广,其坚韧远不及吴产也。"③泉州自江浙地区等地输入木棉和生丝原料,制成纺织品后再出卖到南洋诸岛或北上销售。"苎自永春、德化而来,绩缕成布,富家收买千万匹,北上临清货卖,名曰'家机'。自福全出者名曰'福全苎'……俱货临清。"④泉州族谱中多有记载晚明时沿海村庄依靠男人贩洋经商,妇女在家纺绩而创置家业的,《福全石圳三房份李氏族谱》中晚明的《漳卅八公绍蓉传》有关于家庭纺织业的记载:"公讳敦瑾,字绍蓉,亦治农为生……严督女工

---

① 李光缙:《景璧集》卷14《二烈传》,福州:福建人民出版社,2012年点校本,下册,第684页。
② 李平等译:《红溪惨案本末》,雅加达:翡翠文化基金会,1961年,第7页。转引自苏文菁主编:《闽商发展史·海外卷》,厦门:厦门大学出版社,2016年,第192页。
③ 王胜时:《漫游纪略》卷1《闽游》,上海:新文化书社,1934年,第5~6页。
④ 《安海志》卷11《物类》,泉州:安海志编修小组内部资料,1983年标点本,第114页。

以织布为生,家有贤妻……日夜绩纺存其微末之利,以为乡中公务使费之资……林氏织布每月出布二十余匹,积至百余庶后发卖。"在泉州粮食自宋以来无法自给的情况下,泉州平原大量种植的是面向市场的经济作物。

明代的倭乱是一段复杂的历史过程,不能一概而论。较早的主流观点认为嘉靖抗倭是属于抵御外侮、反侵略的正义战争,而倭寇原指日本海盗,后来就"是由日本的海盗、奸商、武士、浪人、流民、亡命,在大名(封建领主)支持下,勾结中国的奸商、凶徒、逸囚等不逞之徒,以及蒙蔽一些失业的劳动人民,组成一支庞杂的海盗队伍,向我国沿海进行掠夺的武装集团"。① 进入 80 年代后,②大部分学者,尤其是南方如福建、广东等地学者倾向于认为海盗现象实际上是一场反对海禁政策的斗争,③将海盗集团称为"海上武装海商集团"。④然而实际上明季东南倭乱成分复杂,它既有佃仆起义的成分,也有沿海卫所、世宦大族自行走私、与倭寇勾结的成分,有职业海盗,也有私商平民,还有真的来自日本的武士浪人,其中盗匪的成分在倭乱甚嚣尘上时的确经常洗劫沿海地区。因此,无论称之为反侵略战争还是反海禁斗争都有不及全貌之虞。

---

① 陈学文:《明代的海禁与倭寇》,《中国社会经济史研究》1983 年第 1 期。该文发表于林仁川、陈抗生等学者提出关于明代海盗主要是反海禁斗争的产物的观点之后,但是代表的是 80 年代以前关于海禁、倭乱的主流观点。

② 官逼民反的"反海禁说"、中国商人为主导的"国内战争说"、主张对外通商是符合人民的利益和时代的潮流,以及海禁是逆历史潮流而动等基本思想等类似观点最早在 30 年代已经出现,50 年代吴晗等学者又有阐发。见沈登苗:《一段不该遗忘的当代学术史——中国大陆学者独立提出了倭寇"新论"》,《浙江社会科学》2006 年第 2 期。

③ 陈抗生:《嘉靖"倭患"探实》,《江汉论坛》1980 年第 3 期。文中认为倭寇就是反海禁斗争,资本主义萌芽的因素完全可能改变中国社会内部的经济结构,但是明代海禁政策是阻碍这种进步生产方式发展的原因之一,而倭寇王直是应"记上一大功"的"视野最广阔、思想最解放的一部分中国人"。林仁川在《明代私人海上贸易商人与"倭寇"》(《中国史研究》1980 年第 4 期)一文中认为嘉靖时的所谓"倭患",是明朝封建政权厉行"海禁"政策,压制新发展起来的私人海上贸易,迫害海商所引起的,因此嘉靖的"御倭"战争是一场"海禁"与反"海禁"、压迫与反压迫、剥削与反剥削的斗争。王守稼在《试论明代嘉靖时期的倭患》[《北京师院学报(社会科学版)》1981 年第 1 期]中也认为御倭战争是海禁与反海禁斗争激化的产物。

④ 为了防止海盗,出洋商船传统上会配置武器,到清代,出洋大船上还配备火炮。在这种情况下,武装海商与海盗在官府的眼里分别并不大。

/ 第五章 /
大航海时代的海外拓展

倭乱有日本战乱、流浪武士增加的因素,但是其中大量的是中国的海寇和武装海商。在里甲系统衰弛的背景下,逃亡人口大增,"逋户"即等于在一定程度上脱离了国家的控制,"逋户"或者啸聚山林,如叶春及在《惠安政书》中提及的滞留于惠安与晋江交界之山区的逋丁、峒丁等,①或者游荡于岛屿和大海之上,成为私商、海寇的来源。明末清初海商赖以贸易的商港一般都具有远离政治军事中心、岛屿星布和便于隐蔽的特点,正是为了脱离国家的控制,潮州南澳、宁波双屿就是此类典型。

海寇的一个来源是岛民、疍户。这些人在明初以增强海防的理由被收入合法编户,国家以之为沿海卫所水军或者维持治安的弓兵,因为"土民鱼盐为生,惯习风涛,尤堪水战,飞石放镖,乃其长技",②一直到明后期倭乱为患时,明朝政府都惯于以之对抗海寇。岛民疍户是福建沿海最惯于海上生活的一群,他们虽大多在明初被收入编户,但生计模式一直没有改变,反而随着明朝商品经济的发展从渔业益发向海上贸易转移。明后期逃逸出里甲的人群中,一样也有这些人,他们可能是私商与海寇的主力军。有记载认为私自贩海的岛民疍户正是倭乱的一大成因:

> 昔东晋时,有孙恩者,出没海岛,为闽浙患,恩死,其党卢循继之。循灭,余众悉遁入闽。今泉州夷户有曰泉郎者,亦曰游艇子,厥类甚繁。其居止常在船上,船之式,头尾尖高,中平阔,冲波逆浪,都无畏惧,名曰了鸟船,往往走异域,称海商,招诱凶徒,渐成暴乱。嘉靖中,倭夷踩躏之祸,此辈所致也。然其流毒,亦于闽、浙为甚,江淮以南,侵突亦渐矣。盖孙恩、卢循之余习然也。……倭夷之志,在子女玉帛而已。然其倡乱者,非皆倭也,即所谓泉郎之徒也。③

---

① 见本章第一节。
② 道光《晋江县志》卷17《兵制志》,福州:福建人民出版社,1990年标点本,上册,第449页。
③ 顾祖禹:《读史方舆纪要》,《福建卷·叙》,第9册,北京:中华书局,2005年,第4364页。

沿海居民在海禁生计无着的情况下也很容易加入海寇或武装海商集团，"滨海细民，本采捕为生。后缘海禁过严，以致资生无策，相煽从盗"。第三章中丁氏族人遇海舶搁浅即哄抢货物就是这种情况的体现，民风所致，对此种情况习以为常："三尺童子，亦视海盗如衣食父母，视军门如世代仇雠。"①

朱纨是执行海禁最为坚决的官员，但是即使是朱纨，也承认闽浙沿海"小民迫于贪酷，苦于役赋，困于饥寒，相率入海为盗"。② 参与走私贸易，或者从海外贸易中获利的有世宦大族，如世袭福全所正千户的蒋氏家族其不继承官职的蒋八公一支，以国内航线的海上贩运起家，一度福全所的"百家姓""万人烟"需仰仗其商业活动为生，又与海寇多有联系；③也有的是以全村之力共同走私，尤其在国家控制比较松散的地方，如漳潮二州以盗寇之渊薮闻名。陈懋恒在《明代倭寇考略》一书中计算，嘉靖年间共有海商头目130人，其中福建籍者83人，占到64％，其次为潮州人。④

明代海盗倭寇中大量的是中国人，这是毫无疑问的，这些中国人中，有的是职业盗匪，有的是行商走私，有的是平民与之勾结，如第三章提到陈埭丁氏有内鬼与倭寇勾结，又有嘉靖四十年（1561年）晋江安平人郑镰发觉邻人舜爵将为倭寇之攻城内应，遂密报于千户。⑤

加入海寇集团的中国滨海居民中，还有一类人是势家之世仆、佃仆。嘉靖戊午年（1558年）四月，安平"宦仆挟倭以来报宦仇，焚其尸，火其庐，祸延居

---

① 朱纨：《海洋贼船出没事疏》，《明经世文编》卷205，北京：中华书局，1962年影印本，第3册，第2161页。
② 郑晓：《与彭革亭都宪》，《明经世文编》卷218，北京：中华书局，1962年影印本，第3册，第2276页。
③ 晚明福全所城著名的大商人蒋继勋（蒋八公），其儿媳吴太恭人作为一个能干的寡妇及相国蒋德璟的祖母拥有极高名望。在关于她的传说里有一个故事描述了一伙海盗把数十瓮抢劫自商船的腌制鲑鱼作为躲避暴风雨的谢礼送给了吴氏，然而鲑鱼的下面是商人们为了防止抢劫而藏的白银，这些白银遂归吴氏所有；蒋八公自己曾因与海寇首领的旧情而连人带货幸免于难。
④ 陈懋恒：《明代倭寇考略》，北京：人民出版社，1957年，第129～142页。
⑤ 《安海志》卷30《义勇》，泉州：安海志编修小组内部资料，1983年标点本，第358页。

民"。①《泉州府志》及《晋江县志》都记载了福全千户所正千户蒋氏家族之舍余蒋继勋,②以经营贸易致富,福全所居民生业多仰仗之,蒋继勋曾对一输租而来的佃客青眼有加,三次亲手为其添酒。倭寇蹂泉时,适逢蒋继勋贩米之舟在海上,"溪舟尽闭,其酋首吕尚四声云:'惟蒋赤山谷舟得出耳。'询即公所觞者也。于是他舟咸哀祈公,诡名赤山以免"。③ 傅衣凌先生在《明清之际的"奴变"和佃农解放运动》一文中指出明代末年,闽浙粤沿海地区由于对外贸易的发达,商业资本有着一定程度的发展。因此,沿海人民为反抗封建的压迫,发展自己的经济,曾采取过"海盗"的形式,进行斗争。④ 可见明代海盗倭乱,亦含有"奴变"的成分,世仆、佃仆的产生以及奴变,本身也与明代宗族组织的发展、分化有关。海上生活的危险性很高,故而闽南惯以"义男""螟蛉子"协助出洋,福建族谱中对于"螟蛉子""养子"的登载规定相当严密,不许混乱宗族血缘,由义男传承的一支,经常变为世仆。宗族组织在变化发展中形成了继承式宗族、依附式宗族、合同式宗族等多种形式,养子多被排除于继承式宗族之外,一般为依附式宗族所吸收。⑤ 佃仆、世仆想要奋起改变身份地位,宗族分支之间也有争夺控制权的需要,从事商业活动、以海上贸易起家便是一个主要的翻身途径。傅衣凌、陈支平编辑之《明清福建经济史料杂抄》续七中收入了惠安《骆氏族谱》中有关明代万历年间骆氏家族与佃仆之间纠纷的始末:骆氏家族先祖收有养男黄来保等四人,"俱收入籍,共支户役",名为养男,实为骆氏家族之世仆。黄来保的后裔名骆乾育为桶匠,骆氏族谱中特别强调了骆乾育之妻陈氏、弟妹贺氏所出身的家族亦是惠安白崎郭氏、李氏的佃仆,世代如此,"村落五尺通晓"。骆乾育往安海为安海商人之奴,"颇得厚利,遂带货物往广交接倭船,携弟乾佐为质,对银二千余两,约货填还。讵育见财忘义,弃弟不赎,被

---

① 《安海志》卷4《城池》,泉州:安海志编修小组内部资料,1983年标点本,第29页。
② 生活于弘治十四年(1501年)到嘉靖三十六年(1557年)之间。
③ 见道光《晋江县志》卷76《杂志下》,福州:福建人民出版社,1990年标点本,下册,第1839页;乾隆《泉州府志》卷75《拾遗下》,泉州:泉山书社,1927年影印本,第43页b面。
④ 傅衣凌:《明清之际的"奴变"和佃农解放运动》,氏著:《明清农村社会经济》,北京:三联书店,1961年,第68~153页。
⑤ 郑振满:《明清福建家族组织与社会变迁》,长沙:湖南教育出版社,1992年,第101页。

倭带去经今未回,诈称身故。以此积奸致富,遂逞雄猾,渺视主仆分谊",试图以财力改变主仆名分,将自己的祖先黄来保改称骆天保,写入族谱作为骆氏家族的长房,在骆氏后裔眼里,属于变乱宗族,主仆不分,健奴欺主。① 在这个例子里,世仆身份骆乾育就是通过与倭寇勾结致富的,致富之后首先想到的就是通过更改族谱改变其世仆的身份,宗族建设普及后,族谱具有身份认定、财产认定等重要功能,诉讼时可作为证据。

第三节 清代泉州的海外贸易

清初的迁界迫使沿海人口进一步向台湾和南洋流动,海外贸易基本却都掌握在郑氏集团手中。到清代四口通商时期,直接到岸的西方商船依然不多,改为广州一口通商后其他口岸尤其罕见番舶。从乾隆二十二年(1757年)起,一直到鸦片战争后开放五口通商,此段时间里清廷改变了四口通商的政策,以广州为唯一合法通商口岸。广州原本就是四口通商时期洋船最为集中的地方,康熙末年广州行商已经订立了公行行规,发展成共同的公行组织。厦门的洋行出现很早,梁嘉彬在《广州十三行考》中引用 Morse 的记载,提到在康熙二十三年英船 Delight 抵厦门时,发觉该地已有一包揽贸易之组织,系该地商人咸出同样之价,而该地政府亦专指定一商人名 Limia 者与英船贸易,该商人异日遂为该地对外贸易之商总(Head of An Association of Merchants),②是为广州行商之先驱。

以通番港口而言,清代整个闽南都不突出,清代泉州沿海地区人民的海上生涯的继续扩大并不是体现在通商港口的繁荣上,而是体现在四处经商上面,明清时期泉州人加入的海上贸易的特点,就是华商离开故土经商远多于番商

---

① 傅衣凌、陈支平:《明清福建社会经济史料杂抄》(续七),《中国社会经济史研究》1987年第6期。

② 梁嘉彬:《广州十三行考》,上海:商务印书馆,1937年,第59页。

来华。以厦门港而言,到访的番舶数量不如广州,泉州其他沿海小港就更加不如厦门,从清代以后一直如此。安海曾经在宋元作为泉州港支港,明代又为私商贸易重地、郑氏集团起家地点,在晚明与漳州月港同为走私通番的重要港口,"泉州之安海、漳州之月港,乃闽南之大镇也,人货荟萃,出入难辨,且有强宗世豪窝家之利"。① 到鸦片战争后,清光绪二十八年刊印的朱正元《福建沿海图说》说安海此时已经变得"港道较浅,船只寥寥",永宁则是"大渔船十号,商船二号,小渔船七十号……镇内有街市,市面盛";深沪港"商船二十余号,大渔船一百号,小渔船五六十号……居民数千户,财务雄厚";围头港有"大渔船八号,小渔船八九十号……镇有小市";东石港"商船十余号,小船二十余号……有街市"。同时期的厦门则"自通商以来,沿岸一带华洋杂处,市面极盛",有"大商船三十余号,中商船二百余号,小艇一千一百余号,小渔船二百五六十号"。②

到访的番舶绝迹并不意味着泉州籍海商的衰落,更不代表泉州市面的萧条与乡村的贫困,这些为本地人所使用的小港口因本地人的海上贸易活动而在一定时期相当的繁荣,比如清代蚶江港与东石港,此外更多的泉州人则是来往于其他港口之间。清代的海禁与解禁都不是完全意义上的,就解禁而言,在国人贩洋上是解除了限制,但是就外人不准私自到中国贸易而言,海禁是被持续了。当进入广州一口通商时期后,在广州的公行,大多数也是掌握在福建人手中。广州公行中的福潮行,专门负责报输广东往本省潮州及福建船只的关税,至于专门面对西方商人的十三行行商,除三人为广东籍,一人为安徽籍外,

---

① 朱纨:《海洋贼船出没事疏》,《明经世文编》卷205,北京:中华书局,1962年影印本,第3册,第2161页。

② 此时厦门已经列入五口通商之一。清中叶厦门的海上贸易大致上以乾隆时期为最兴盛,而以道光十二年左右最衰微,由厦门发舶的商船远多于洋船,因此闽海关所收入的商税亦远多于洋税,乾隆时厦门洋行仅六至八家,商行则达到三十余家。清中叶国内沿岸贸易对厦门而言远比南洋贸易重要,乾隆末年,厦门的洋船已经式微。参考陈国栋:《清代中叶厦门的海上贸易,1727—1833》,《中国海洋发展史论文集》第四辑,台北:"中央研究院"人文社会科学研究所,1991年,第61~100页。

其余的都是闽南籍,其中半数以上为泉籍。①

对泉州沿海来说,南洋解禁的意义更多的还是在国人来往国内海岸与外洋之间的自由度增加上,大量的泉州人前往南洋,而他们主要从事贸易。直到19世纪中期契约华工潮掀起之前,除了暹罗以外,南洋各主要商埠的华人都是闽南人占据多数,②在南洋的泉州人历来以商贸为主要生计。海外闽南人的华侨社会在清代渐趋成型,他们不但从事中国到南洋的贸易,也在南洋诸岛当地拓展事业,早在明末清初,在南洋的各贸易港埠,华人就几乎掌握了主要的市场行销网。因中国海商的船运成本大大低于欧洲的海商,17世纪前期荷兰东印度公司发现在巴达维亚向来访的中国船购买货物,比他们自己派船到东亚各地采买的价格还要低。同时华人不仅在港埠经营进出口贸易,也深入内地乡间零收土产及零售舶来品,一直到18世纪,南洋诸岛商埠的零售业仍惯于使用中国钱。③ 18世纪后期到19世纪初,南洋华侨依托东南亚华人社会,拥有远东水域的大帆船航运和商业批发、零售系统,还掌握了部分东南亚地区的商品生产和加工,④直接在东南亚为欧洲市场的需要生产商品。如18世纪初欧洲的糖价暴涨,而中国本身糖的消费量已经很大,故而华商在东南亚大量投资糖业,销往欧洲,1710年巴达维亚的131间糖厂绝大部分为华商拥

---

① 梁嘉彬:《广州十三行考》,上海:商务印书馆,1937年,第3页。泉籍行商主管之公行有怡和行、资元行、同文行、丽泉行等。

② 19世纪前期,暹罗华人尽管是潮州籍占多数,但他们多从事种植业,来自泉州府沿海的同安人则在此从事航运业和商贸业。马来半岛上各埠华商历来亦是闽南人为主。而尤其值得注意的是,自16世纪末以来,菲律宾华人是东南亚各地华人中唯一几乎仅从事商贩活动的群体。见庄国土:《论17—19世纪闽南海商主导海外华商网络的原因》,《东南学术》2001年第3期。菲律宾(吕宋)自明代开始就是晋江一带人民出洋的首选,至今菲律宾大部分华人的祖籍均是晋江。

③ 曹永和:《明末华人在爪哇万丹的活动》,《中国海洋发展史论文集》第二辑,台北:"中央研究院"三民主义研究所,1986年,第219~248页。

④ 庄国土:《论15—19世纪初海外华商经贸网络的发展》,《厦门大学学报(哲学社会科学版)》2000年第2期。

有及经营。① 欧洲的需求影响了闽南人的海上生计模式,将他们更多地由故乡吸引至南洋,不仅仅从事中国与南洋间的转运贸易,更直接插手了西方殖民地的经济运作,商人们不仅在南洋做生意,也把江南、台湾等地的商品送往南洋。他们赚取了大量财富,原本泉州本土为世界市场生产的产品亦有限,然而清代民间的白银储量大大增加,货币不仅全面白银化,而且番银在雍乾年间完全取代了纹银在福建民间流通:由清代闽南契约文书中可见,清前期诸种契约交易的结算仍以两为单位,至清中叶已经变为以番银的"元""圆"为单位。这种情形是因为福建商人,尤其泉州人的财富主要并不是来自生产西方继续渴求着的中国商品,泉州不是一个完全为外部市场大量生产商品的手工业发达地区,它的财富是通过在国内外市场上的经营活动获得的。

清政府虽然采取了保甲制度以图控制基层社会,对出洋船只亦编甲保结,但是这些控制手段在闽粤人民以海为生的生存压力面前基本起不到中央政府寄予厚望的作用。明代以沿海卫所、堡寨构建的海防体系早已失去效力,清政府的海防措施对各类私渡无力阻拦,清中期海盗问题一度甚嚣尘上,故此南下南洋的海舶和人员没有被保结制度所阻挡,两岸贸易和人员来往亦是如此。当时闽台之间的对渡,清政府责成沿海各港守口员弁查验,阻绝无照船只或商民私渡,对开往台湾的船只,也采取了类似开往南洋商船的管理办法,必须具保结,报福防同知给照放行。② 乾隆二年(1737年)规定过台商船舵手人等,要将各舵手年貌、乡贯填明照中,汛口各官验明方可放行。然而实际情况不仅是有大量无照的沿海居民偷渡台湾,一些福建商船也假借赴台之名,利用蚶江口岸和五虎门口岸私下从事南洋贸易,③而撇开当时尚为法定对外口岸的厦

---

① K.Glamann, *Dutch-Asiatic Trade 1620—1740*, Kopenhagen, 1958.转引自庄国土:《论15—19世纪初海外华商经贸网络的发展》,《厦门大学学报(哲学社会科学版)》2000年第2期。

② 道光《厦门志》卷5《船政略》,台北:成文出版社,1968年影印本,第109页上。

③ 陈国栋:《清代中叶厦门的海上贸易,1727—1833》,《中国海洋发展史论文集》第四辑,台北:"中央研究院"人文社会科学研究所,1991年,第61~100页。

门口与闽海关。①

明清时代,除了晚明时安海一类港口私商贸易繁盛,泉州大多沿岸港口,则是更多地在国内转口贸易和两岸贸易上发挥作用,清代尤其如此。郑氏集团的五路商号也从事国内沿岸贸易,不仅在这些港口之间贩卖商品,还把从国内收集而来的货物销往南洋。

明后期开始,泉州输出的大宗商品中纺织品已经是大头,明王世懋之《闽部疏》载:"凡福之绸丝,漳之纱绢,泉之蓝,福、延之铁,福、漳之橘,福、兴之荔枝,泉、漳之糖,顺昌之纸,无日不走分水岭及浦城小关,下吴、越如流水。其航大海而去者尤不可计,皆衣被天下。所仰给于它省独湖丝耳;红不逮京口,闽人货湖丝者往往染翠红而归织之。"棉花初进入中国时,福建曾是主要产地,但因农业条件有限,很快地棉花就成为江浙一带的重要输出品,这些棉花最主要的采买对象就是闽南海商,民谚"糖去棉花返"描述泉州与江浙之间的国内沿岸贸易,自明代已是如此。

东石港在明代是个重要的国内贸易港口,东石航船多往苏州买卖,居于东石港的蔡氏家族从事这条航线的贸易多年,明末时甚至掌控了苏州的棉花贸易。《东石玉井蔡氏二房长尚爱公派下家乘》中有记录如下:

> 尔宣,讳树馨,号层石,惟宪公次男,充本祖忠惠公祠大宗,祀生主,进大宗配享,生万历十八年庚寅……卒崇祯十七年甲申……男四,延殿、延许、延熙、延月(子孙住台湾)。吾宗层石公盖诚人中之豪杰出一时者也。当日并建勋业,震古烁今,其功足以庇及八闽,其泽足以延及百世。虽手订规模,更仆难数。即如姑苏所订棉花,首运一端,诚莫大乎功德也。盖历七八月,当棉花熟时,各省舟车辏集苏港采办棉花,而必先让我福省首装配运,咸帖然而莫敢争,且立碑永为定例者,夫是谁之力也?故尔时名誉著闻,半周天下,即至今二百余年,犹且啧啧人口称道弗衰,旧谱赞以为

---

① 道光《厦门志》卷5《船政略》,台北:成文出版社,1968年影印本,第114页:"后因蚶江、五虎门三口并开,奸商私用商船为洋驳,载货挂往广东虎门等处,另换大船贩夷,或径直贩夷。回棹,则以贵重之物由陆地运回,粗物仍用洋驳载回,倚匿商行,关课仅纳日税而避洋税,以致洋船失利、洋行消乏、关课渐绌。"

第五章
大航海时代的海外拓展

福建第一杰人,诚哉斯言,良不污也。①

东石民间传说蔡树馨善武功,臂力过人,能搬动三公宫中千斤石香炉。在苏州购买棉花时,因各省商人相争,以至提出比试武力以决先后。蔡树馨着木屐,单手提秤,称钩挂一捆数百斤棉花,众客商无不拜服,于是共同订立规则,让福建客商率先配运棉花,这一规则一直遵循到民国时期。② 可见从晚明到民初四百年,泉州海商一直执福建—苏州航线棉花贸易之牛耳。正如道光《晋江县志》之《蕃市志》云:"晋江辖地虽滨海,不立蕃市,盖夷舶不到之区也。内惟蚶江、永宁、祥芝、深沪数处,或造小船,不过商渔贸易而已。其船上可通苏浙,下可抵粤东。"清代这些沿岸贸易都在继续,清代泉州府城中的外地会馆不多,如在有税口的府城南门,仅有一个宁波会馆,但是泉州商人的足迹却与其他福建商人一起,同妈祖庙一般遍布沿海各口岸。③ 同时他们从事贸易的过程可能完全与家乡无关,早在明末郑氏集团以海陆各五商行掌握中国海沿岸至南洋的贸易线路时已经如此,而此时一些福建商人在宁波、上海等地亦拥有据点,从事中国与日本长崎之间的贸易。④

对台贸易是清代国内贸易的大宗,不单提闽台贸易是因为台湾与其他省份之间的贸易也是掌握在闽南人手中。早在李旦、颜思齐到郑氏控制台湾海峡时,福建所产的蔗糖,就大量地横过海峡经由台湾的荷兰商馆转运到海外,晚明台湾已经加入中国海沿岸的世界贸易圈,被西方人和海盗、海商集团当作

---

① 泉州图书馆古籍室藏。
② 粘良图:《泉州东石港航运业考析——以族谱资料为中心》,《海交史研究》2005年第2期。
③ 至少在嘉庆二十二年之前,天津闽粤会馆已经建立。(全汉升:《中国行会制度史》,上海:新生命书局,1934年,第110~118页)。乾隆二十二年,经营"糖去棉花返"的国内贸易的闽南商人在上海建立了泉漳会馆(道光十一年《上海县为泉漳会馆地产不准盗卖告示碑》,上海博物馆图书资料室编:《上海碑刻资料选辑》,上海:上海人民出版社,1980年,第233页)。
④ 松浦章:《清代福建的海外贸易》,郑振满译,韩昇校,《中国社会经济史研究》1986年第1期。

类似浯屿之类的巢穴据点使用。① 福建、广东、台湾是中国市场上糖的主要生产地,台湾的产品以糖、米为主,②台米和台糖均为国内市场所吸收。③ 除了荷兰占领台湾时期外,1840年代前中国糖的输出量相当小,1730年代中国每年尚且需要由越南进口8000万磅糖以满足需求。④ 泉州糖和棉布的生产主要满足的也是国内市场的需要,泉州从长江流域和印度等地进口大量棉花,⑤ 生产的棉布则主要销往台湾。⑥ 台湾的开发令其成为重要的稻米产地,福建的军粮及兵眷食米(时称"兵米")皆仰赖从台湾调运,在清雍正年间(1723—1735),台湾岁运福建军粮及兵眷米谷达85297石、闰年加运4298石,此即所谓"台运"。⑦ "台米"对粮食无法自给的泉州而言尤其重要,清代因台湾的开

---

① 张增信:《明季东南海寇与巢外风气(1567—1644)》,《中国海洋发展史论文集》第三辑,台北:"中央研究院"三民主义研究所,1988年,第313~344页。

② "台湾所产,只有糖、米二种。""中央研究院"历史语言研究所编:《明清史料》戊编第2本,北京:中华书局,1987年影印本,上册,第444页(原第189页)。

③ 1720年前后台湾运往大陆的糖有相当可靠的数字:10400磅左右。彭慕兰:《大分流:欧洲、中国及现代世界经济的发展》,史建云译,南京:江苏人民出版社,2003年,第112页。

④ 马宗达(Mazumdar, Sucheta):"A History of the Sugar Industry in China: The Political Economy of a Cash Crop in Guangdong, 1644—1834", Ph.D. diss. UCLA, 1984,第357、374、376页,转引自彭慕兰:《大分流:欧洲、中国及现代世界经济的发展》,史建云译,南京:江苏人民出版社,2003年,第113、31页;里德(Raid, Anthony): *Southeast Asia in the Age of Commerce: Volume* I, *The Lands below the Winds*, New Heaven: Yale University Press, 1988,转引自彭慕兰:《大分流:欧洲、中国及现代世界经济的发展》,史建云译,南京:江苏人民出版社,2003年,第113页。

⑤ 从1780年代到1820年代初期,棉花是印度输入中国的主要商品,1820年代以后,棉花每年的输入量仍然有增无减。[见陈国栋:《潘有度(潘启官二世):一位成功的洋行商人》,《中国海洋发展史论文集》第五辑,台北:"中央研究院"人文社会科学研究所,1993年,第245~300页。]大量进口印度棉花使广东、广西两省可以制造便宜的棉布供当地使用,19世纪初孟加拉(Bengal)一带所产的棉花也运销中国,福建完全吸收了这些商品。(见陈国栋:《1780—1800,中西贸易的关键年代》,《中国海洋发展史论文集》第六辑,台北:"中央研究院"人文社会科学研究所,1997年,第249~280页。)

⑥ 泉州"青山布""北镇布"均畅销台湾。见林英乔:《清代蚶江港的兴衰》,《石狮文史资料》第1辑,中国人民政治协商会议福建省石狮市委员会文史委编,内部资料,1992年,第61~83页。

⑦ 《福建航运史(古、近代史部分)》,北京:人民交通出版社,1994年,第223页。

发,泉州的粮食来源由粤东、浙江变为"米资台地",①当时闽台来往商船,皆漳、泉富民所造,负担"台运"任务外亦可赢利。由于台湾渐成人口密集之地,当时台湾日常所需的纺织品和日用百货等皆来自漳泉,台米和台糖等农产品亦是供应大陆沿海各地的重要商品,经营两岸贸易的"郊行"因此发展起来。

"郊"是清代闽台地区经营海峡两岸贸易的商业管理组织,也称为"郊行"或"行郊",带有同业公会的性质。郊行主要有两类:一类是经营同一种或同一类货物的商行组织的郊行,诸如米郊、布郊、绸缎郊、丝线郊、纸郊等,另一类郊行是经营特定区域的对渡贸易的,如在台湾的泉郊即是经营与泉州之间的贸易,此外尚有宁郊(宁波)、申郊(上海)、厦郊(厦门)、大北郊(东北、华北地区)、小北郊(经营申、宁、温、福)等等。蚶江是泉州与台湾对渡贸易的总口,蚶江到鹿港的航运比较便利,"渡台水道惟由蚶江至彰化鹿港最为便捷,一日夜可到"。② 因此蚶江遂成两岸贸易之重镇,乾隆年中,在蚶江的台湾郊商据传有近百家,据现存泉州文管会的泉郡鹿港郊公置铁钟上铭文载,在泉州的鹿港郊有商行46家,③而在鹿港的泉郊极盛时多达200余家,泉州沿海村社中许多人以此为生,甚至致富兴家。除了蚶江外,安海、永宁、东石连同这些港口附近的一些更小港口,都有从数十到几家不等的郊行、船行。道光二十二年开辟五口通商,闽海关迁至厦门,西方可直接来华贸易,蚶江与鹿港的对渡繁荣程度不同以往。至甲午战败,台湾割让日本,蚶江鹿港对渡遂告终止,因闽台贸易而兴旺的蚶江口终告衰败,只剩小量经营,台郊陆续倒闭,到抗战前夕,蚶江对台的商业来往完全停止。④

闽台之间的贸易及台湾与大陆其他沿海口岸之间的贸易中,闽南商人亦占据了极大份额。由台湾出发北上的商船为"糖船"或"透北船",船籍都属于

---

① 道光《晋江县志》卷5《海防志》,福州:福建人民出版社,1990年标点本,上册,第94页。
② 道光《晋江县志》卷13《公署志》,福州:福建人民出版社,1990年标点本,上册,第283页。
③ 丁玲玲:《清代前期泉州湾蚶江口岸初探》,《泉州师范学院学报》2002年第5期。
④ 黄杏川:《蚶江郊商之兴衰》,《石狮文史资料》第1辑,中国人民政治协商会议福建省石狮市委员会文史委编,内部资料,1992年,第56~50页。

福建,所谓"台湾商船,皆漳、泉富民所制",①清雍正年间经营闽台与天津口岸贸易者,亦全属清一色的闽商,②故此台湾实际上加入的是中国海沿岸的贸易圈,"鹿港泉厦郊船户欲上北者,虽由鹿港聚载,必仍回内地各本澳,然后沿海而上",③这里的内地各本澳就是各船隶属的福建原籍,台湾的对外贸易操纵在福建海商手中,并由他们与发生于南洋的国际贸易连线。

  国内沿岸贸易与海外贸易根本无法切割,由明至清,总是有同一批人同时在进行着闽台、大陆其他港口与台湾、泉州与东南亚、台湾与东南亚的贸易。从《福全石圳三房份李氏族谱》中,我们可以看到同一家族内部在晚明既有南下吕宋经营,也有北上福州、苏湖等地经商的。族谱中《珪卅七公滨溪传》记载的是关于南下吕宋的:"(公)讳英睿……及至家事稍乏,室中告匮,方出外游,始为小商,大获其利,器宇堪亲。再出过洋,凡四方之人无不知其大名,又习于夷语,善于会计,及所游吕宋之地,交结之人咸称其义……及回家之日,并建江山卜筑新厝……志得意满之后不思知止之道,又再游外国,至于丧身无归。公生于万历十三年。"《珪四二公英献传》记载的则是北上苏杭的:"公讳英献……于是遂漂游远方,合本营生,以图长久,始于杭州苏湖之地,无不奔走计本谋利,用是智巧,用是劳碌,身有余资,始复回家。生于万历廿八年。"清末火器专家丁拱辰(1800—1875),又名君轸,出身晋江陈埭丁氏,其家族是一个传统商人家庭,其祖父丁珏曾年轻时"学贾东瓯,始为记室之任,笃桑梓之谊,见信于同乡,群相劝勉,投笔学陶,给贴开行,专售南北货物,舟车辐辏,商贾云集"。④他的父亲丁宗璧早年到浙东、台湾等地经商,丁拱辰十七岁时亦随父亲到浙江学习经商。二十岁时父亲病逝,他又随堂叔丁杜贤到广东经商,正是在广州丁

---

  ① 姚莹:《东槎纪略》卷1《筹议商运台谷》,《台湾文献丛刊》第三辑,台北:台湾大通书局,1984年,第22～29页。

  ② 黄国盛:《清代前期台湾与沿海各省的经贸往来》,《福建师范大学学报(哲学社会科学版)》2004年第1期。

  ③ 《彰化县志》卷1《海道》,《台湾文献丛刊》,第1册,台北:台湾银行,1962年标点本,第22页。

  ④ 庄景辉编校:《陈埭丁氏回族宗谱》卷3《祖父苋圃公传》,香港:绿叶教育出版社,1996年,第106页。传记中还记载了丁珏曾为族人赴舟山、宁波谋生时提供帮助:"至于族人每岁严冬无生活计者,多往舟山讨海,道经东瓯,斧资缺乏,无不周济。"

拱辰开始研究火炮的制造。道光十一年，丁拱辰随海舶从广州出国经商，先后到过吕宋岛和波斯、阿拉伯等地，大开眼界。清代晋江东石一村的商号郊行有四五十家，船只多达二百余艘，这当中有的是双桅或三桅的木帆船，载重几十至几百吨，载重量四百吨的大木帆船（俗名乌槽）则有二十多艘。航线北至沈家门、天津、牛庄、青岛，向东到台湾、日本，往南到新加坡、实叨、仰光。

第四节　海外移民与开发台湾

一般认为，华侨史的上限是唐朝，当时华人在外寓居不归，多是为时势所迫，或躲避战乱，并未大规模居留。元末明初，曾有一些中国人为避乱而逃居巨港（三佛齐），郑和下西洋时曾经拜访这个华侨居住地，但是这里的华侨人数远没有后来多，英国殖民官巴素的《东南亚之华侨》中形容为"时常在主要的市镇上仅占一两条街而已"。对于这些滞留海外的子民，明廷的态度是诏令华侨回国，郑和的船队就负有招诱华侨的使命。① 明成祖在1406年第二次劝诱华侨回国的谕令中说："尔等皆良民，为有司虐害，不得已逃移海岛，劫掠苟活，流离失业，积有岁年。天理良心，未尝泯灭，思还故乡，畏罪未敢。朕此闻之，良用恻然。兹特遣人赍敕谕令，凡前所犯，悉经赦宥，譬如春水，涣然消释。宜即还乡复业，毋怀疑虑，以取后悔。"② 这条谕令虽将华侨视为盗匪，依旧有八百多人听从谕令返国，可见华侨的想法始终是落叶归根占了上风。

隆庆开海禁后，中国私商大盛，华侨来往比较自由，居留南洋的华侨也因此大大地增加了。闽人随着季风南下吕宋最为容易，吕宋成为中西海上贸易

---

① 吴凤斌、庄国土、林金枝、郭梁、蔡仁龙：《东南亚华侨通史》，福州：福建人民出版社，1993年，第40页。
② 《明太宗实录》卷52，永乐四年三月辛卯朔，台北："中央研究院"历史语言研究所，1962年影印本，第2册，第787页。

的重要节点,①《安海志》卷三十三《节烈》之"明贞烈陈英娘传"云:"安平多尚远商,不计华夷,吕宋较诸夷更近,取利捷便。"②吕宋华侨的数量因此急剧增加,从1571年起至16世纪末,开往菲律宾的中国船只从每年的三四艘增为二三十艘或三四十艘不等。"华人多至吕宋,往往久住不归,名为压冬,聚居涧内为生活,渐至数万,间有削发长子孙者。"(涧内是马尼拉的丝绸市场。)在吕宋长期居住的中国到万历中期达到数万人之多。隆庆以后虽然对华侨往来比较放宽,但华侨在明政府的眼里依旧是盗匪流氓一类,属于违法犯禁人士。万历三十一年(1603年)西班牙殖民者对吕宋华侨大屠杀,华侨死难者多达两万五千人。崇祯十二年(1635年)吕宋再次发生大屠杀,华侨死难两万两千人。被屠杀的华侨大多都是泉州、漳州人氏,安海颜氏家族在两次惨案中损失惨重,在菲律宾的十五人有七人罹难。③殖民当局屠杀华侨后,害怕明廷会报复,两度修书向明政府解释。他们的担忧实属多虑,明廷根本不会为了这些海外"贱民"兴动兵戈。④ 在此情况下,荷兰人甚至曾经干脆直接抓捕中国人作为劳工,明嘉靖三十二年(1553年),荷兰殖民者把在澎湖筑城的福建等地劳工运往爪哇巴达维亚卖为奴隶,明天启四年(1624年),荷兰人又把五百七十多名福建沿海的贫民用船运往巴达维亚,而到达巴达维亚的幸存者仅有三十余人。

1603年和1639年菲律宾的两次大屠杀只令当地商埠短暂受挫,殖民者意识到他们的港口没有华人就会成为死港,⑤因此极力重新招徕华侨。第一次大屠杀的次年,万历三十二年(1604年)仍有许多华人来菲经商,数量约达四千名,但居留过年的只有四百五十人。到崇祯十一年(1638年)这个数字已

---

① 大帆船贸易的三角就是吕宋、美洲和中国。同时大西洋上的贸易却衰落了,1575—1675年间,大西洋贸易量下降了75%。晁中辰:《明朝对外交流》,南京:南京出版社,2015年,第329页。
② 《安海志》卷33《节烈》,泉州:安海志编修小组内部资料,1983年标点本,第379页。
③ 洪少禄:《从族谱中探讨安海人侨外之情况》,《晋江文史资料》第3辑,中国人民政治协商会议福建省晋江县委员会文史资料工作组编,内部资料,1983年,第29~40页。
④ 徐学聚:《报取回吕宋囚商疏》,《明经世文编》卷433,北京:中华书局,1962年影印本,第6册,第4727页。
⑤ 曾少聪:《明清海洋移民菲律宾的变迁》,《中国社会经济史研究》1997年第2期。

经恢复到两万五千至三万人,大屠杀并未阻止泉州人奔向海外。此外,由于欧洲对胡椒的需求,殖民者开始在东南亚开辟种植园种植胡椒,因此除了南下的海商外,国内的贫苦农民也开始南下出卖劳动力,他们到东南亚从事胡椒种植业,早期的大胡椒种植园多为华侨所经营。16世纪后期,爪哇岛的西部万丹地区有数千华侨在种植胡椒,而苏门答腊因华侨在那里种植胡椒,到17世纪前半期,其地胡椒产量占到世界的三分之二,巨港的胡椒园里都是闽南人在劳动。

为消灭明郑政权,清初除了迁界外还多次颁布海禁命令,①不仅防范沿海人民接济郑氏,也严厉禁止华侨往来海外。康熙五十六年(1717年)朝廷命令禁止中国商人下南洋贸易,是为南洋禁令,只许外国商人来华访问指定商埠,在南洋经商的中国人则限其三年内回国,否则永远"不得复归故土"。② 这道命令后被称为康熙五十六年定例,雍正元年及雍正五年,清廷又两度重申此定例,③闽粤督抚奉命将此规定写成传单交由出洋贸易商人晓示海外华侨集中地区,并规定商人在海外逗留时间亦以三年为限。④ 康熙五十七年(1718年),清廷下达南洋禁令后次年,一并谕令澳门等埠禁止外洋船只夹带华人。雍正五年(1727年),对南洋贸易的禁令取消,但是对华侨往来国内外的禁令却增强了,雍正六年九月规定出洋船只需由族邻保甲出具保结,载明船上人员的姓名、籍贯、年貌,如有不符,保甲之人一并治罪。⑤ 以此例在前之故,1740年荷属东印度公司在巴达维亚针对华人进行大屠杀,是为"红溪惨案",而清廷

---

① 清廷第一项禁海令颁布于1647年。顺治十三年(1656年)清廷又颁布《申严海禁敕谕》(中国科学院:《明清史料》丁编第2本,上海:商务印书馆,1951年,第155页):"郑成功窜伏海隅,至今未剿灭,必有奸人暗通线索,贪图厚利,贸易往来,资以粮饷,若不立法严禁,海氛何由廓清?"
② 《清圣祖实录》卷270,康熙五十五年十月至十二月,北京:中华书局,1985年影印本,第6册,第645页。
③ "数年以来,附洋船回来者甚少,朕思此等贸易外洋者,多不安分之人,若听其去来任意,伊等全无顾忌,则漂流外国者,必致愈众,嗣后应定一期限,若逾期不回,是其人甘心流于外方,无可悯惜,朕意应不令其复回内地。"《雍正上谕内阁》卷58,清文渊阁四库全书本,第48页a面。
④ 庄国土:《清中期的华侨出入国政策》,《南洋问题》1986年第2期。
⑤ 《大清律例汇辑便览》卷20《兵律关津》,同治十一年刻本,第14本,第31页。

未有任何为华侨出头之行为,反指华侨为"自弃王化"。乾隆时期大体延续了此禁令,惟乾隆十九年(1755年)准许合法领照出洋并未在南洋充当甲必丹及娶番妻生子者不计三年之限,概许回国,但大部分华侨依然在禁令禁止之列。①

虽然遭遇种种限制,但海上活动既然无法被隔绝,华侨就有办法私下往来,南洋华侨的数目还是愈来愈多。东南亚华侨数量增加后就在当地形成了华人社会,殖民当局遂以华人头目来管理之,这些华人长官就是"甲必丹"。②清代,下南洋的华人范畴扩大,开矿者、垦殖者的数量增加,东南亚的华人会馆、公所、公司等各种华人社会组织亦大大增加。

最初西方人从南洋贩卖的东西与几个世纪里阿拉伯人一直从事的一样,是香料和丝绸这样的奢侈品。从18世纪到19世纪,西方陆陆续续完成了工业革命,经济的发展、消费欲望的提高,令各殖民地和东方的原材料、农业手工业消费品向西方流动,欧洲对东方糖、瓷器、茶叶等商品的需求量都在增大,福建海商是满足这股需求的重要力量,他们从中国沿海贸易到南洋贸易中贩运着这些商品,而中国产品无法满足的部分,比如糖,他们就以别的方式提供——在南洋直接生产。清代前往南洋的华侨不断增加,比如巴达维亚在18世纪30年代,华人数目不下于十万,③其中泉州人甚多,单是前往巴达维亚的安海人数量已经不少。到鸦片战争前夕,东南亚华人的数量可能已达150万之众,④其中90万是广东人,但是广东省人口的大规模向海外移动开始得比

---

① 《清高宗实录》卷463,乾隆十九年闰四月下,北京:中华书局,1985年影印本,第14册,第1012页下。

② 最早利用华人甲必丹对华侨社会进行间接统治的殖民政权是葡属马六甲,第一个甲必丹是生活于1572到1617年间的郑芳扬。1641年荷兰人在马六甲取代葡萄牙人,沿用葡萄牙人的做法,任命卢钦为马六甲华人甲必丹,此时这个制度已经在南洋各殖民地传播开来。见吴凤斌、庄国土、林金枝、郭梁、蔡仁龙:《东南亚华侨通史》,福州:福建人民出版社,1993年,第63~65页。

③ 陈伦炯:《海国闻见录》,北京:中华书局,1991年,第22页。

④ 庄国土:《清初到鸦片战争前夕南洋华侨人口结构》,《南洋问题研究》1994年第1期。

闽南晚,所以早前闽南人的比例还要高,①清中叶以前海外移民是闽人居多,闽籍华侨中又大半都是泉州人。② 至19世纪的契约华工潮,海外移民出现新一波高峰。1860年《中英北京条约》签署,其中第五款规定不可禁止华民自愿到英法等属地做工,事实上允许了契约华工出境,对华侨的禁令无形中已经废除。1893年,清廷在法令上也废除了对华侨的禁令,允许其自由出入,华侨合法化后,侨乡社会才有条件形成。但是由于泉州在这些条约、法令颁布以前,已经有相当大数量的华侨存在,因此华侨一经合法化,泉州几乎马上转为侨乡社会。

从沿海到山村居民全面向故土之外扩展,从垦殖到商贸、在殖民地从事手工业等无所不包,出洋人数再度增加,这样立体化、全面化的向外洋发展是此时泉州人在南中国海的海上生涯的新特点。但是与拔土离乡移居台湾不同,至新中国成立后不承认双重国籍为止,南洋华侨效忠的对象是中国政府,认同的故乡始终是原籍,他们与故乡的联系十分紧密,在19世纪末20世纪初,泉州侨乡社会终于形成。

到台湾垦殖、从事两岸贸易是清代泉州沿海人民海上生涯的新组成部分,也是极其重要的部分。在郑氏据台之时,也曾招募福建、广东沿海人民前往垦殖,迁界时就有不少泉州沿海居民与清廷的内迁令做反方向移动,前往台湾或南洋。展界后台湾归入清朝版图,在台湾设立一府三县,隶属福建省,福建则以厦门为唯一合法与台湾对渡的港口,与台湾府凤山县安平镇鹿耳门之间进

---

① 在19世纪中叶以前,在爪哇的中国人以福建籍的商人和工匠占优势,讲闽方言者多,"噶喇吧,漳泉之人最多,为甲必丹者,皆漳泉人。"(林天佑:《三宝垄历史》,广州:暨南大学华侨研究所,1984年,第38页。)1920年代,爪哇华侨变成广东人和客家人占半数。见吴凤斌、庄国土、林金枝、郭梁、蔡仁龙:《东南亚华侨通史》,福州:福建人民出版社,1993年,第217页。

② 提及闽籍海外移民,往往漳泉并称,实际上漳泉二郡或许移居台湾的人数相当,但到东南亚的华侨数量泉州却远在漳州之上。根据1988年的统计数字,泉籍华侨463万(不包括原泉州府同安县),漳籍华侨仅有70万。原因是泉州的人口密度较漳州为高,土地却较漳州贫瘠,漳州只有人口压力较大的海澄、诏安等县出国人口较多。见福建省地方志编纂委员会编:《福建省历史地图集》,"人口民族图组",福州:福建省地图出版社,2004年,第116~117页。

行单口对渡。乾隆四十九年,晋江县之蚶江(今石狮蚶江镇)与台湾彰化县之鹿耳门设口对渡,厦门的商船仍旧与鹿耳门对渡,不准越过蚶江渡载,乾隆五十五年(1790年)福州的闽江口五虎门也开放与台湾淡水八里岔对渡,后福建沿海的其他小港陆续开放与台湾对渡,包括福宁府之南镇,兴化府之涵江,厦门之大担、小担,漳州府各岛屿。如此一来,经由合法与不合法的途径渡台的闽南人愈来愈多,两岸贸易亦益发发展,泉州人尤其为其中之大宗。雍正年间任台湾知府的沈起元对无法禁绝的偷渡垦殖台湾和两岸贸易状况记载道:"漳泉内地无籍之民,无田可耕,无土可庸,无食可觅,一到台地,上之可以致富,下之可以温饱。一切农工商贾以及百艺之末,计工授直,比内地率皆倍蓰。……因此,民之渡台,如水之趋下,群流奔注。"①乾隆二十五年(1760年)福建巡抚吴士功在《题准台民搬眷过台疏》中也说道:"例禁虽严,而偷渡者接踵。臣与督臣俱令先后查。或偷渡不成而被获,或出境遇风而退回,计自乾隆二十三年十二月起至二十四年十月止,一载之中,共盘获偷渡民人二十五案,老幼男妇九百九十九口;内溺毙男妇三十四口,其余均经讯明,分别递回原籍。其已经发觉如此;其私自过台,在海洋被害者,恐不知凡几。"②不管是通过合法渠道还是非法渠道,总之台湾在中国政府治下,定居人员逐渐增多,台湾获得开发,与大陆间的经济联系愈发紧密,其中又以闽南为最。

与下南洋为商贾、乡贯仍归于故土、渴望落叶归根的泉州人不同,由于台湾是中国政府治理下的旷土,到台湾去的相当一部分泉州人是就此定居入籍,或在当地垦殖、发展家族。乾隆时驻台巡抚吴士功上《题准台民搬眷赴台疏》云:"台湾府属,一厅四县,归隶版图,将及百年……居其地者,均系闽、粤二省沿海州县之民。从前俱于春时往耕,西成回籍,只身来去,习以为常。厥后海

---

① 沈起元:《清经世文编》卷84《条陈台湾事宜状》,北京:中华书局,1992年影印本,第3册,第2089页。
② 《为内阁抄出福建巡抚吴奏(移会)》,"中央研究院"历史语言研究所编:《明清史料》戊编第2本,北京:中华书局,1987年影印本,上册,第280页(原页107)。

禁渐严，一归不能复往。"①对比南洋，泉州移民在台湾的定居家族出现较早，有的在乾隆年间即已形成比较完整的家族分支组织，蚶江附近的石壁玉山林氏，迁台人数高达千人；②福全所城的卓氏家族，乾隆年间昌月公徙居台湾，人丁繁衍、广置田宅，回乡省亲时遂将父亲骸骨移葬台湾，并带走本厅谱系往台湾抄录，③可见已经在台湾另立支系。在台湾立籍的闽南人，被编入的是台湾当地的保甲系统，科举功名考试使用台湾的名额，如果与原籍联系不紧密，渐渐就会与原籍疏远，尤其以垦殖移民为甚，因为他们的生计模式不要求他们频繁往来于两岸之间，而依靠横船横渡台湾海峡，始终仍是一件具有高度危险性的事，福全卓氏移居台湾的一支在携带族谱返台时就遇上了船难，族谱因而遗失。不过由蚶江过台湾的泉州人，多集中在台湾岛西部沿海地区，尤其是与蚶江对渡的鹿港及其附近，仍旧以海上商业活动为主要生计来源，从事垦殖的不如由漳州等地过台湾的人多。移民定籍台湾后，在两岸之间可以往来自由，不像华侨回乡会受到南洋禁令的限制，由族谱可见，相当多的蚶江口岸附近村落人民，是不断来往于故乡与台湾之间的，龟湖《江夏黄氏族谱（中镇派）》中收入有乾隆时郊商约亭公之自记年谱，④当中就留下了约亭公不断往来两岸经营生理的记录。白崎郭氏的族谱中也有一段来往闽台的商人维系了两岸族人来往的记录，见《鹿港初探小记》：

> 吾于道光三十年庚戌初夏，随自置金德隆帆船，由镇海载货航海经商，开到台湾淡水港。曾亲到鹿港庄脚四至探询，果幸寻得清亨伯、清甫伯、清实叔三大家之后辈，及其兄弟子侄，男女老少约有十四五人。虽然一时感动，而彼此互不相识，但初逢之时，却甚欢聚畅谈，亦各自陈述祖先

---

① 《吏部〈为内阁抄出福建巡抚吴士功奏〉移会》，"中央研究院"历史语言研究所编：《明清史料》戊编第2本（原页107～109），北京：中华书局，1987年影印本，上册，第280～282页。
② 庄为玑、王连茂：《闽台关系族谱资料选编》，福州：福建人民出版社，1984年，第10页。
③ 《福全卓氏族谱》，晋江金井镇福全村卓氏宗亲藏。
④ 石狮市博物馆藏。

来历以及行第、来鹿之名讳,恰相吻合,方知同是五服未过之堂亲,只一夜之间,而匆匆偶会,未能详加稽实,只将其名字略为记之,当夜有长发、石法、双美、双金、和春、俊春、四海、启吉诸兄弟叔侄而已,余事未克尽叙,姑待后续为幸。廉若草记于道光三十年庚戌四月初三日。

这段记录下面还有另外一段民国二十四年与鹿港堂亲接触的记录,作者感叹日本的殖民统治对族亲往来断绝大有影响:"惟长老辈者念祖之心油然益且,而少年辈者又在日本管治之中受日教育,大都日化,对祖宗根源可谓已一落千丈。"

对习惯以海为生的泉州沿海居民而言,北上燕蓟南到粤海的国内沿岸贸易与南下吕宋的国际海上贸易并无本质区别,都只是谋生的地点而言,若非立籍台湾,他们始终都要回到故乡,回到家族当中。龟湖《江夏黄氏族谱(中镇派)》中的《醇斋黄府君墓志》,记载醇斋黄汝涛十六岁辍举业改而习商,"自弱冠至壮强二十年间,上姑苏、游燕蓟,再鬻吕宋,重贾东宁(台湾),然后废著新桥",几乎把泉州人经常涉及的商游地点都走了个遍,最后又回到泉州,对府城或乡里中的重新庙宇、修桥补路、维修龟湖塘等公共事业都慷慨解囊,并在乡里和郡城都置办了住宅,注意教导族中子弟读书,得郡守颁赠匾额"德音式燕"。虽然黄汝涛取得财富的地点均是在故乡之外,但是他仍是故乡之人,以所得维持家眷生活,襄助故乡的公共事业;铺锦黄氏家族长期居留台湾经商的一支,甚至在民国时期还返乡参加普度。

第五节 海外拓展的组织形式

明清时期泉州沿海以家族村社为基础的组织结构,为海外拓展提供了重要的商业网络和社会资源。在泉州人海外拓展的组织方式中,有许多做法移植自乡村社会。

首先是家族的关系。前往台湾或南洋拓殖,一般都是乡族成员互相介绍、带挈,以致在进行垦殖的彼方也形成了按地缘划分的聚居地,如在台湾,宜兰一区基本都是来自漳州府的垦殖者,今日漳州腔闽南语在宜兰仍然占据优势。乡族网络更积极的作用是帮助了社区成员在海上贸易网络的发展。在贸易的组织运营上,乡族成员首先帮助了资本的募集。海上贸易需要有较大的资本,造船所需要的资金对平民来说,是一家一户难以负担的,族亲合资造船遂为常态;又如往来两岸的郊行一般都置办有自己的木帆船,雇佣水手运载本行进出物资,而郊行本身即是以家族为基础建立的。闽南素来是高利贷盛行的地区,由商业上的成功所带来的财富,除了用于盖屋买田及消费外,多数都投入了高利贷当中,海上贸易的资本许多自借高利贷而来,但是高利贷的债主多数是借贷人的族亲或乡邻。①

商业组织的建立和运营得益于乡族的网络。永宁附近的沙堤村,以龚姓为主,②村中在鸦片战争前已经拥有"东益""东回""东源""合宝"等五个海上贸易商号,拥有大乌槽船百余只,运营北至京津、下至两广的国内贸易,因应贸易需要,村里也开设了两家典当行,一称"大典",二称"小典"。③ 蚶江口岸的近百家郊行中,较有名气的郊行如前安欧姓的泉盛号,王姓的珍兴号、珍源号、和利号,后安的泉泰号、谦记号、勤和号、锦瑞号、坤和号、谦隆号、泰丰号、裕坤号,纪厝的谦恭号、协丰号、谦胜号和莲塘蔡姓开设的晋丰号,都以家族或村社为商业组织的延伸界限。④ 蚶江的郊商,一般以其家族为基础,郊行中一切人员如司库、出采、内柜(出纳)、出海、经历以及一切勤杂人员,必须在本族中挑选,非不得已绝不雇佣外人。至于账房一职,必须聘用有专业知识的人员担任。⑤ 这些郊商组织,大部分以家族为基础,资金亦由家族之人持股,如有不

---

① 在泉州族谱中,许多传记为彰显传主的品德,多记载传主焚烧族人乡亲的借债契据,是豪侠之士。
② 见第四章第二节。
③ 龚尚团:《沙堤村史话》,《石狮文史资料》第3辑,中国人民政治协商会议福建省石狮市委员会文史委编,内部资料,1994年,第102~108页。
④ 林水强、林为兴:《蚶江志略》,香港:华星出版社,1993年,第62~63页。
⑤ 黄杏川:《蚶江郊商之兴衰》,《石狮文史资料》第1辑,中国人民政治协商会议福建省石狮市委员会文史委编,内部资料,1992年,第56~60页。

足,再招外股,但郊号仍旧冠以为主者之姓氏,如锦瑞林记,谦恭纪记等。① 铺锦黄氏中镇派的约亭公黄树珍,出生于雍正年间,他大部分的商业活动是乾隆年间在鹿港和泉州之间经营两岸贸易,族谱中收入了他从雍正十年到乾隆四十五年的大致经历,他乾隆十一年前往台湾作为郊行经理人的起因便是长兄要回家完婚,他前去替代长兄的职位。

在海外拓展组织以家族为基本起点的情况下,民间社会公认成功者对近支、甚至整个家族负有提携带挈的责任。东石蔡氏家族二房玉井份,在清末咸丰至民国初年经营"玉记"商行,旗下大帆船北上天津、牛庄、烟台,南下新加坡贸易,全盛时玉记船员约有百人以上。玉井份蔡家保留有一份清宣统三年(1911年)、辛亥革命前夕的契约,原文如下:②

> 仝立约字人东石乡蔡世福、尤为、尤九、尤冽、尤启,因与族人蔡玉记号素无嫌隙,缘渠家道殷实,并无提携福等,故福等相邀同心,与之为仇。今蒙东埕德鬃、世锦、德岂、尤照,西郊德志及本族德扇、尤床出为调解,着玉记号看破,共助福等银玖拾陆大员,作为外出路费及经纪资本。其银即日经公人现手如额交福等收足。明约自此以后,永不敢再萌别念滋扰。恐口无凭,即立约字一纸付执为照。辛亥年闰六月。

从这份契约中可以看到,蔡世福等人与玉井号蔡氏隶属东石蔡氏同一支派,有别于西郊等房,他们自认与玉井号蔡氏"素无嫌隙",仅仅是因为不曾提携过他们,便邀集起来"与之为仇"。族中调解的结果并不是把蔡世福等人作为地痞流氓处理,而是令玉井蔡氏最终襄助蔡世福等人番银九十六圆。值得注意的是,契约中明确指明了蔡世福等人得银的用途不是在生活费用上,而是"作为外出路费及经纪资本",这里路费和资本显然是用以出外打拼经商。因此,家族组织是所有海外拓展活动的起点,民间社会默认家族成员之间有彼此

---

① 黄杏川:《蚶江郊商之兴衰》,《石狮文史资料》第1辑,中国人民政治协商会议福建省石狮市委员会文史委编,内部资料,1992年,第56~60页。
② 粘良图:《泉州东石港航运业考析——以族谱资料为中心》,《海交史研究》2005年第2期。

帮助海外拓展行为的义务。若离开家族的力量,许多事情可能举步维艰。

同样出身东石港的周氏家族,其《五福堂谱》记载"周益号"创始人周佐昌在雍正至嘉庆年间,"以舸舰为生业,竭力经营",行船于福州、宁波、台湾和泉州之间,在周佐昌及其五个儿子的艰苦奋斗下,创立了"五福堂",按柱分"仁""义""礼""智""信"五行号,在福州、宁波、台湾等埠设立商行、钱庄和货栈。周家鼎盛时,人称"周百万",闽江口中洲岛上的连片货栈都是周家所建,在地方上亦修桥补路,为人称颂。道光十一年,周家长子周仕泰倡修安海至东石的东桥;道光十四、十五年,周佐昌四子周仕鼎两次因从台湾、浙江购米平粜泉州而获得朝廷赐给"输运急公"与"急公好义"匾额;道光十六年,"智记柱"、周家第三代周维翰(1800—1866)又因助力平粜、独力捐修省垣鼓楼,获"钦加六品衔、侯选分府",一门荣耀之极。道光十六年,福建省府把行销闽北光泽、邵武官盐的差事摊派给周家,当时福建私盐盛行,官盐根本是赔本的买卖,周家受此拖累,遂开始走下坡路。加上东石大姓乃蔡氏,周家本是弱姓,周家守仓人员打死了一名蔡氏族人,引发两姓纠纷。"蔡姓构难,兼之周联辉盐课日就拖累,上下交迫,合族颠沛莫名。"挣脱盐务后,周氏虽得以喘息,但家势已经一蹶不振,这里周氏商号式微的一大原因就是东石强宗蔡姓的挤压。

南洋华侨在外辛苦获得的财富,经常也交予亲眷族人经纪处理。早在明代,石狮大仑蔡氏的蔡景量,于嘉靖二十六年(1547年)往菲律宾经商谋生,所得银钱第一寄回家中为赡养家眷、修理房屋之用;第二是回家时分惠堂亲银两及拨赠土地;第三是在家乡买地盖屋;第四是回国为弟弟娶妻;第五是在家乡赎回祖业和坂地;最后是身在外洋时以所赚银钱为本金令家乡亲人为之"经纪"。① 同是大仑蔡氏的蔡景思,也是嘉靖年间在吕宋求赀,后"叠寄润于兄弟,二兄景超全家赖之,修理旧宇,俾有宁居。末后归来,仍分惠银两,各拨十五石与兄及侄掌管为业……己丑年(1565年)自吕宋归,将所赀买地盖屋,与兄弟公分"。② 族亲往往是华侨与在外的商人们于本地的"代理人",不论是族

---

① 赖宝林:《晋江县菲律宾侨汇史初探》,《晋江文史资料选辑》第1~5辑合集,中国人民政治协商会议福建省晋江市委员会文史资料委员会编,内部资料,1995年,第295~308页。

② 石狮《大仑蔡氏族谱》。

中、乡里的公共事业,还是寄回资金的经纪、使用,在外乡的人们并无近代的经纪公司、信托机构可以托付,惟有交予族亲处置,监管、约束这个过程的是参与者要在乡族中"做人",不可败坏名声的认知。

福建在传统上有平分家产的习惯,一般认为这是家族在商业运营上的弊端。分家在一定程度上确实会分薄商业资本,分家后一些家族成员会各自为业,如《永宁南门境李氏族谱》记载十一世孙李友发,早年从父经营于福州塔巷,及长稍有积蓄,便于胞弟分爨,分别供养父母,"所得羡余,皆兴于巷弟阄分,以为各自治生计,佐供薪水,以承二人欢"。不过也有很多家庭属于分家不析产,分家后也会继续合作生意,只是进行了股份的划分,《永宁西门应山铺董氏私纪》记录其家族中民国时负责修谱的董春前,光绪年间兄弟数人前往菲律宾谋生,发展到后来在菲律宾和永宁都有店铺,但民国时兄弟分爨就是以"家物并无分析"的形式完成的。以家族、地域为纽带的海上拓殖及商业活动从明至今都一直存在着,董氏兄弟虽至民国才分爨,但其遵循的乃是清代分家的习惯。

以家族为起点的海上商业拓展,最大的问题或许是延缓了近代金融形式的产生,因资金问题很容易在家族内部通过资助、借贷等方式得到解决,而无须求助于其他金融机构,因此闽南甚至连钱庄的诞生都非常迟缓,反而游资充足、高利贷盛行。泉州长期没有发展出一套金融体系,除了典当业外根本没有金融机构,20年代后,南洋华侨因世界资本主义景气的关系侨汇更形充足,[①]钱庄始大量发展起来,完全不似山西商人很早发展了大规模的钱庄事业。

其次是地缘的关系。同乡是进行海外拓展活动时的另一个优先选择,国人信奉"物离乡贵,人离乡贱",同乡之间的互助对离乡打拼的人们来说十分重要,因此进行海外拓展时也多喜欢找同乡合作。李旦、颜思齐、郑芝龙等明清

---

① 泉州钱庄的盈利途径一是从存、放款中获利;二是从商号往来外埠购货的汇款中获取贴水(汇费);三是代侨属向厦门领取侨汇票获得贴水;四是从旅菲华侨汇款中获利;五是从收买华侨带回的异国货币(称为"色纸")中获利;六是从汇上海"规元"(商家汇款到上海必须以"规元"结算,"规元"以两为单位)中获利;七是从银圆换钞票中获利。这些业务大多与侨汇有关。见张进丁:《泉州钱庄业概况》,中国民主建国会泉州市委员会、泉州市工商业联合会编:《泉州工商史料》第3辑,内部资料,1984年,第139~157页。

之际的大规模海商集团就是从地缘关系上发展起来的。在乡族之上便是地域,商人也会因为资金等需要而彼此合作,不局限于族亲内部,但对象一般也是同县同府在同一地经商的人氏。约亭公年谱记载道黄树珍于乾隆十五年在鹿港时遇到"九月家楼哥招旧锦镇合伙生理,家楼哥出银三百二十两,余自己出银一百一十两,捷哥府上寄到一百,又自己家纺绩存银十两,共落在旧锦镇中长,利作三份,开楼哥、德哥及余各一也"。捷哥是黄树珍的胞兄,在黄树珍需要资金支持时给予了大力帮助;楼哥是黄树珍的长期合作伙伴,两人甚至一起捐资帮助蚶江附近莲埭七星桥的重修,楼哥应亦是晋江石狮一带人氏;德哥是何许人无从考证,然鹿港郊商大多都是晋江沿海人氏,德哥当也不例外,楼哥与德哥即便不是族亲,在鹿港他们与黄树珍的关系也属于同乡。黄树珍与楼哥有彼此信任的长期合作关系,这种关系的起源显然是因为彼此都是在鹿港奋斗的同乡。

当在外地的同乡人数多到一定程度时,他们就会建立会馆、公所一类基于地缘而组建起来的互助组织,实际上也就成为在外的这批人的自治组织,负担有救济、协调、投资等功能,19 世纪末 20 世纪初甚至在侨居地也发挥了自治组织的功能。同一种性质的还有东南亚华人的"公会"和"公司"。18 世纪末,西班牙总督在菲律宾华侨聚居区推行甲比丹制度,并组织华人公会,掌管华侨社区的一切事务,具有行政机构的职能,处理对外和对内种种事务。[①] 海外华侨社会的组织原则模仿原籍,吕宋的华侨甲必丹由华侨推选,对外与当地政府交涉,对内设有衙门判决侨社民事,推选甲必丹时候选人须在关帝面前"博杯"。[②] 南洋各地还有如原籍一般的会馆、公所,处理侨社公共事务,为新到者提供帮助,如马来西亚太平仁和公所的发起人及会员为晋江县东石镇之乡侨,在当地联络乡情,调解民事,帮助新到马来西亚的东石同乡。

在国外拼搏的华侨,往往也把国内的会馆公所移植到了海外。如日本长崎的"八闽会馆"建于 19 世纪末,是旅居长崎的福建籍船主、商人的自治互助

---

① 宋平:《菲律宾华侨善举公所试探》,《南洋问题研究》1995 年第 4 期。
② 献章:《安海几家典型侨户的调查》,《晋江文史资料选辑》第 1～5 辑合集,中国人民政治协商会议福建省晋江市委员会文史资料委员会编,内部资料,1995 年,第 345～349 页。

团体;越南堤岸的"明香会馆"是明末逃亡越南的中国移民移居堤岸后建立的自治团体;新加坡的以天福宫为活动地点的福建会馆,建于1839年,旅居新加坡的闽南人内部的事务由福建会馆过问,天福宫就是商议开会的场所。

至于"公司",这个词汇的最初应是指海上贸易船只上船主和替船主经营船只的一方。① 陈宗仁找到了迄今为止发现的有关"公司"的最早记录是1635年(明崇祯八年、日本宽文十一年),有艘华商的船从台湾到日本,在长崎入港后,船主胡球提出一份有关人员、货物的清单,其中谓:"东宁船主胡球官有课船一只……造报本船公司及搭客货物册。"公司货物开具清单如下:"元兴号捆中绉五十匹,小绉二捆计二百二十三匹、大素绫一厢计四十八匹,湖丝五笼,计三百三十八角,白糖八百笼,计重八万五千角,漳烟一笼。"而船上还有其他客人附搭的货物,清单开具如下:"承丰号捆一十五件……鳌号捆六件",又有船上干活的伙长、舵公及各目梢自带的货物开具如下:"湖丝二笼零二件,计二百一十角"等等。②

根据此一文献的记载,公司货物是归船主及财副所有或由其掌管,因为伙长、搭客各自有货物,则公司是起源自中国货运组织,与商业贸易有关,是中国传统商人经营海外贸易的一种模式,是以投资人(财东)合股出资的方式,借由特定航海活动以营利的共同事业,这种共同事业是人员与财产的集合体,而人员指的是所谓的公司组织,包含船主、财副及其弟兄,财产指的是船只、器具、货物及相关的债权、债务。陈宗仁据此认为高延、田汝康等人的观点是错误的,高氏认为公司起源于中国的农村组织,田氏则认为公司是粤闽农村的经济组织,与管理公产、公积金有关。陈宗仁关于航海贸易中的"公司"的观点是合理的,但是高延和田汝康对"公司"起源的看法也是有道理的。

由于造船所需费用不赀,闽南沿海民间一般是族亲合资建造或乡亲订立合同合股建造,于19世纪初写作了《印度半岛史》的约翰·克来福特曾说过:"中国帆船的货物不是属于个人的财产,而是属于许多人的财产。业主在船上

---

① 陈宗仁:《"公司"源流初探——兼论明清时代商船的人员结构及其隶属关系》,陈捷先、成崇德、李纪祥主编:《清史论集》上卷,北京:人民出版社,2006年,第208~224页。
② 林炜编:《通航一览》卷211,东京:国书刊行会,1913年,第384~385页。

第五章
大航海时代的海外拓展

拥有他们自己的舱位和全部控制权。主要的冒险活动通常联合一个家族的财产来进行,这个家族的成员有些住在中国,其余的则住在东南亚。"[1]所以这里的公司虽是海上贸易的商业组织,也包含着与血缘、地缘相关的合股、合作内容,并不是船主一人雇佣数人为之管理财货的那种商业形式,归根结底,这种形式是承袭自长期以来民间社会对社区公共事务的管理运作方式。

我们可以发现,这些会馆、公所、公司的运作,[2]与其故乡村社中公共事务处理的运作方式是一致的:乡老在村庙中议事,会馆、公所、公司也有一座庙宇作为象征和议事地点;同样推举董事作为经理具体事务的总管;资金在社区成员中募集,什么钱用在什么地方要么刻碑说明,要么印行征信录。这些做法从明代乡村中共同维护水利工程,共同修建祠堂、社区庙宇开始,已经是如此办理。契约合同在华南地方社会的事务处理和乡族自治中有十分重要的地位,早在明初,这些家族已经用合同规定族中如何承担赋役,如何以族产为负担军役的族人提供稳定的军装。合同式家族、合同式地域联盟也是因此而得以存在,"股"这个概念在泉州社会生活里有着很重要的地位,它广泛存在于家族内部房支权责的划分,家族联盟、地域联盟的权责划分上,典型的例证就是都蔡冤械斗中的十一都九股和十五都五乡四股。合同契约遂成为自治能够稳定推行的一大要素,这种合同也延伸到了海外拓展、海外贸易的合作中,1930年代,连横在《台湾语典》一书中,谓福佬语中有"公司"一语,其意是指台湾某些传统糖厂是"合股而设者也"。[3] 因而,会馆、公所、公司,都带有海外华侨社区自治的性质。

华侨在海外的自治组织多种多样,有些华侨集团甚至如国内乡族一样,曾经拥有武装力量。主要在东南亚从事矿业的"公司",不仅有公司与公司之间

---

[1] J.Crawfurd, *History of the India Archipelago*, vol.3, Cambridge:Cambridge University Press, 2013. 转引自陈东有:《走向海洋贸易带——近代世界市场互动中的中国东南商人行为》,南昌:江西高校出版社,1998年,第196页。

[2] 会馆产生于明,清代鼎盛,时间上与地方自治化的发展是一致的。蒋楠:《明清国家与海外侨社——民间文献所见的长崎华侨社会》,张禹东、庄国土:《华侨华人文献学刊》第六辑,北京:社会科学文献出版社,2018年,第68~70页。

[3] 连横:《台湾语典》,台北:台湾银行经济研究室,1963年,第74页。

的战斗,还有公司为扩大领域、控制港口和商路而与当地土著部落发生的战斗,以及武装反抗西方殖民者的战斗,在婆罗洲由客家人建立的兰芳公司的历代年册里就记载了这些武装活动。① 1853—1854年间,殖民政府镇压华侨公司,大多数公司在这场血腥镇压中消失了,只有兰芳公司幸存。1884年,兰芳公司最后一位甲太刘阿生去世,兰芳公司也就此解散。泉籍华侨由于主要从事海上贸易和零售业,②基本聚居在城镇,不似开矿需要长期野外作业,从事矿业的华侨多处于殖民者鞭长莫及的荒山野岭,所以作为自治组织的会馆公所多数没有自组武装力量。

19世纪荷兰学者高延在对婆罗洲华人公司的研究中指出,"公司"实质上是中国村社(家族)组织在海外的重建。③ 中国传统村社制度具有它自己的独立性与共和民主倾向,这是被历代中国统治者所认可的;正是村社制度孕育培养了海外华人强烈反抗殖民地政府的根源,这主要出自对村社自治的热爱,而这种自治却是西方殖民者所不能容忍的。所谓的秘密会社也就是高压政治下出现的必然产物,是华人对取消他们自治制度的一种反抗。他们的目的只是为了求得在异国统治下的生存余地,根本不是推翻殖民政府。该书对中国国内的情况描述并不完全准确,而且论述的中心人群是兰芳公司的建立者客家人群,但是也许由于作者所处的年代早在一百多年前的缘故——其时华南地区传统的社会基础和生活形态并未被近代化侵蚀,因此作者极其敏锐地抓住了散落在东南亚的这些华人们社会生活组织方式的共同本源——华南在漫长的由表及里地进入中华帝国范畴的过程中,随着中央王朝政治经济统治方式的渐变而形成的地方自治化倾向,不论是家族、乡族联盟还是神庙祭祀圈,甚至经商领域,这种基层社区自我控制的方式都渗透了每一个角落。

以家族、村社为基础进行海上活动和商业贸易,极大地提升了泉州人海外

---

① 高延:《婆罗洲华人公司制度》,袁冰凌译,台北:"中央研究院"近代史研究所,1996年,第8～26页。

② 庄国土:《论17—19世纪闽南海商主导海外华商网络的原因》,《东南学术》2001年第3期。

③ 高延:《婆罗洲华人公司制度》,袁冰凌译,台北:"中央研究院"近代史研究所,1996年,第116～117页。

谋生的竞争力。首先,家族、村社既是国家之下的基本自治单位,维持着社会稳定,同时也存在着突破国家控制的活动空间;其次,家族合股是船运业者、商号最具有普遍性的资金来源,而商业上的成功也有助于更好地构建家族组织;最后,原乡自治组织中处理公共事务的方式,为海外拓展提供了组织资源。因此,从遍布各地商埠和华侨社区的会馆、公司等机构中不难发现,其组织方式与故乡的基层社会组织是一脉相承的。

第六章　现代国家建设与侨乡社会变迁

历代移居海外的泉州人，并未因国家政权的压制而与故乡隔绝，他们依旧与故乡保持着密切联系，分享共同的社会生活。19世纪后期，由于华侨身份的合法化，泉州迅速形成了侨乡社会，海外华侨积极参与了泉州的近代化历程。在中国现代国家政权建设的历史背景下，海外华侨脱离现代国家监控的先天优势，为侨乡公共空间的发育提供了特有的条件。本章首先考察晚清华侨身份的合法化与侨乡的形成过程，其次论述现代国家政权的社会改造运动，最后探讨海外华侨对侨乡现代化历程的影响，以期说明泉州地方文化传统的历史成因。

第一节　华侨地位的改变与侨乡社会的形成

1654—1655年的南洋禁令被引入《大清律》，对违反海禁、私自通海的主犯要求处以斩首的极刑。① 雍正五年（1727年）南洋开禁后，清廷仍然认为华侨回国会危及统治，华侨往来故乡依旧是非法的，正如雍正帝所说："数年以

---

① 《大清律例》第225条："在番居住闽人，实系康熙五十六年以前出洋者，令各船户出具保结，准其搭船回籍，交地方官给伊亲族领回，取具保结存案。如在番回籍之人，查有捏混顶冒，显非善良者，充发烟瘴地方。至定例之后，仍有托故不归，复偷渡私回者，一经拏获，即行请旨正法。"《大清律例汇辑便览》卷20《关津》，同治十一年刻本，第14本，第37页。

来,附洋船回来者甚少,朕思此等贸易外洋者,多不安分之人,若听其去来任意,伊等全无估计,则漂流外国者,必致愈众。嗣后应定一期限,若逾期不归,是其人甘心流于外方,无可悯惜,朕意应不令其复回内地。"① 乾隆年间,清廷继续颁布了一系列针对华侨的禁令,对海禁条例补充多达三十余例。又数度谕令海外华侨,要求他们限期回国,对不遵谕回国的,甚至多次行文外国要求解回华侨。一些服从清廷命令的附属国如越南、暹罗、老挝等都曾解回华侨,华侨一旦被解回国,不是充军就是斩首。② 华侨偷偷回乡,若被人告发,也是一样下场。清廷对海外华侨受西方殖民者迫害的事件亦如明廷一般置之不理。《大清律》的海禁令,直到 1910 年颁布《现行刑律》后,才在法律上告终结。③ 在这种情况下,华侨不能自由返乡,即使偷偷还乡,亦不能大张旗鼓,对家乡有所作为。因此华侨与故乡的联系受到限制,对故乡的影响也受到限制。

五口通商后,1860 年《中英北京条约》中有关契约华工的内容事实上允许了华侨自由往来故乡与海外,华侨回乡不再受到限制,可以公开在故乡活动,侨乡社会逐渐形成。到 1893 年,有关华侨禁令的法律也被废除,华侨身份完全合法化。由于欧美机器工业的发展对原材料极度苛求,19 世纪南洋殖民地开发加剧,种植园经济的发展令契约华工潮出现,大批出洋从事苦力劳动而非经商的华侨成为主流,下南洋从传统的沿海地区为主变成闽粤山区县份亦有大批人民出国。在契约华工潮和南洋华侨禁例解除的背景下,作为闽南口岸的厦门,在 1905 年前后每年出口人数约在十万人左右。④ 这其中泉籍人士占了相当大的部分,至 1911 年估计海外泉籍华侨总数已超过八十万人,海外移民相当于本地人口的 80%,分布在五十多个国家和地区,以菲律宾、印尼、马来西亚及新加坡为主。⑤

---

① 《雍正上谕内阁》卷 58,清文渊阁四库全书本,第 48 页 a 面。
② 吴凤斌、庄国土、林金枝、郭梁、蔡仁龙:《东南亚华侨通史》,福州:福建人民出版社,1993 年,第 89 页。
③ 周发增等:《中国古代政治制度史词典》,北京:首都师范大学出版社,1998 年,第 158 页。
④ 汪敬虞:《中国近代工业史资料》第二辑,北京:中华书局,1962 年,下册,第 1179 页。
⑤ 《泉州市华侨志》,北京:中国社会出版社,1996 年,第 10~11 页。

流动的社区:宋元以来泉州湾的地域社会与海外拓展

　　一般认为,侨乡是华侨华人、归侨侨眷人数达到一定数量的社区。① 前往南洋的华侨以年轻男性中国公民为主,在出国前家里一般会安排他们先成婚,或者出国一段时间后,再短期返乡成婚,甚至还有新娘只是见了照片便在家乡与公鸡拜堂成婚的情况。这种情形决定了在侨乡有许多海外华侨的父母妻儿,他们主要以侨汇维持生计,闽南侨乡尤其如此。② 华侨在南洋独身一人,社会生活以与在当地的同乡、族亲交往为主,华侨会馆、公所因此兴旺。华侨身份合法化后祠堂的设立也很普遍,根据陈达等人在民国时期的调查,"祠堂的设立在南洋是很普通的。一族公有的祠堂,只在暹罗与法属印度支那比较少见"。③ 有时宽裕华侨也会在南洋另娶庶妻,开始形成"两头家",但一般还是以故乡的家人为重。④

　　华侨数量上升,能够自由往来海内外,家人又大多都在故乡,这一切使得故乡与海外的经济联系进一步密切,侨汇能够光明正大地进入侨乡,华侨对故乡的经济影响加剧。作为侨乡社会的泉州,在近代完全成为一个依赖侨汇的消费型城市,甚至作为闽南对外口岸的厦门,也是"东南沿海城市中一个典型的消费型商业城市"。⑤ 1902至1913年间,海外华侨估计寄回中国的汇款达

---

① 福建省的侨乡划分标准是:华侨华人在10万人以上,或相当于该县(市、区)总人口20%以上,为重点侨乡;华侨华人在10万人以下,1万人以上,或是相当于该县(市、区)总人口20%以下、5%以上,为一般侨乡。广东省则以10%作为区分侨乡和非侨乡的标准。

② "据我们在粤东及闽南实地考查的经验,中等以上的华侨的家庭,大概没有生产的职业。每月生活费,尽预算在南洋的汇款里面。但下等与贫等的家庭多少都有农业(如种稻)及副业(如养猪养鸭之类)。这种情形在闽南华侨社区尤其显然。"陈达:《南洋华侨与闽粤社会》,上海:商务印书馆,1938年,第66~67页。

③ 原文后句为"暹罗的华侨,回国的机会比较多些,有许多人家都在故乡建筑祠堂。法属印度支那的华侨,对于祠堂的维持,比较不热心"。陈达:《南洋华侨与闽粤社会》,上海:商务印书馆,1938年,第135页。

④ 南洋另娶的社会通视为妾室,嫡子与庶子在财产权利上不一样,后来由于受到殖民地法律和民国法律的影响,嫡子、庶子、女儿有平等财产权利。陈达:《南洋华侨与闽粤社会》,上海:商务印书馆,1938年,第113页。

⑤ 张仲礼主编:《东南沿海城市与中国近代化》,上海:上海人民出版社,1996年,第17页。

国币一亿五千万元,其中福建华侨的汇款约占汇款总数的三分之一,①大量汇款经由厦门口岸进入泉州,巨额侨汇是维持近代闽粤侨乡经济的重要力量。近代福建的外贸是入超的,而侨汇一项就弥补有余,是维持近代侨乡经济不致流于破产的重要因素,亦是侨眷生活的主要来源。太平洋战争爆发后,侨汇中断,广大侨眷生活顿时陷入困境,只好典卖为生,而泉州市容顿时失色,令人触目惊心的是大小商店倒闭最多,至于缩小范围,勉强支撑门面的,生意也冷淡到门可罗雀。

简而概之,在1949年以前,华侨对于侨乡来说是自己人,不是外乡人、更不是外国人,他们与故乡的关系十分密切,身份合法化之后更加如此。他们开始能够在故乡的公共事务中公开露面,在一些捐题碑刻中大大方方地刻上吕宋、槟榔屿、垠埠等南洋地名。他们有的是直接回乡参加公共事务,有的是通过故乡的家人、族亲代理,有的是由海外华侨组织代表,有时甚至以故乡的旧式绅士为代理人。华侨在故乡公共事务上地位急剧上升的同时,在国家政权中的地位也上升了。

中国官方的华侨政策在晚清时期出现重大转变,海外华人的身份由"弃民"变为合法,最后又变为政府重视的对象。到清末民初,华侨在政治上、经济上更成举足轻重的力量,被视为中国近代化运动的一大助力。1893年,清廷驻英公使薛福成上《请豁除旧禁招徕华民疏》,指出契约华工既已属合法,而华民归国后却往往因康雍旧例仍然有效而受害,清廷接受了薛福成的意见,下令沿海各省督抚出示晓谕,废除对华侨的海禁旧例:"凡良善商民无论在洋久暂,婚娶生息,一概准由出使大臣或领事官给与护照,任其回国治生置业,与内地人民一律看待,毋得仍前藉端讹索,违者按律惩治。"②在福建和广东还设立了保商局以保护归国华侨的利益。晚清政府开始重视发展商业,来自华侨的投资为清廷所看重,1903年清廷成立商部,着力吸引华侨投资,谕令出外考察的商务大臣及出使大臣需将朝廷有关旨意在海外侨社通达晓谕,一些侨领被授

---

① 范启龙:《福建华侨与辛亥革命》,《福建师范大学学报(哲学社会科学版)》1991年第4期。
② 薛福成:《薛福成选集》,上海:上海人民出版社,1987年,第497页。

予南洋商务考察大臣的官位,商部在全国普设商会的同时亦大力在海外各个华侨聚居商埠支持成立中华商务总会。清末民初,南洋侨社已成保皇派、立宪派、革命派各个政治派别的兵家必争之地。在晚清新政改革中,华侨被给予了选举谘议局成员的权利,而此前华侨已经可以通过赞助在故乡的公共事业获得朝廷给予的嘉奖,华侨精英日渐在故乡取得绅士的身份,因此在清末新政的地方自治运动中,华侨也在故乡政治生活中也拥有了话语权。

因华侨对辛亥革命的贡献,改元共和后,华侨的地位又进一步上升。孙中山先生说:"华侨是革命之母",亲身在海外体验近代民族主义与中国民族危机影响的华侨,为辛亥革命贡献了大量人力物力,当时"凡有华侨所到之处,几莫不有同盟会会员的足迹"。① 武昌起义的前奏黄花岗起义就策划于槟榔屿,而黄花岗七十二烈士中差不多三分之一是华侨。② 南京临时政府建立后,给予华侨与全体国民一致的国民待遇,并严行禁绝贩卖猪仔。袁世凯窃得国权后,华侨支持倒袁,各地华侨多次通电讨袁,并为孙中山先生的反袁斗争捐赠经费,还于各埠纷纷建立筹饷局,孙中山的反袁斗争经济上依旧依赖华侨,中华革命党的党组织亦遍布海外各华侨商埠。南京国民政府时期继续重视华侨,在抗战时临时性的国家赈济行为中,国民政府注意到难侨亦需要救济,在难侨侨居地和归国必经之路的福建、广东及云南、贵州、广西五省设立了紧急救侨委员会,为难侨和侨眷提供帮助。

在华侨的身份未获合法化以前,由于法例与身份限制,华侨在政治上没有地位,返乡时遭到勒索求告无门,在家乡公共事务上亦不能充分发挥作用,与清末民国时华侨在海外就能插手国内政治生活、参与家乡公共事务有天壤之别。而华侨身份合法化、侨乡形成后,华侨不仅与侨乡有密切的经济、社会事务联系。由于现代国家的政权建设在20世纪初的中国开始展开,因此华侨在侨乡的政治生活领域也开始发挥作用,积极参与了故乡的近代化建设。

---

① 冯自由:《中华民国开国前革命史》,重庆:中华文化服务社,1946年,下卷,第42页。
② 孙健:《辛亥"三二九起义"中牺牲的华侨烈士》,《历史研究》1978年第4期。

第二节　现代国家政权建设与地方社会的改造

19世纪,中国被卷入以西方为中心的世界体系之中,为了抵御民族危机,中国开始向西方学习进行现代化建设,首先模仿的就是现代国家的运作模式。自20世纪初以来,实现国家的现代化,中国对基层社会的政权进行逐步改造,并试图通过新的基层政权对社会——文化的变迁做出规划,这一系列的运动导致了全国性的社会变动。① 受西方的影响,国家竭尽全力地企图加深并加强其对乡村社会的控制,清末新政就是国家权力企图进一步深入乡村社会的努力,新政包括建立新式学校、实行财政革新、创建警察和新军、划分行政区域以及建立各级"自治"组织。19世纪的地方分离倾向本是20世纪初地方自治运动的源头,并导致了辛亥革命后各省以通电独立的形式宣布支持共和革命,但是这个"自治"运动与明清时期地方社会的自治化含义完全不同,前者蕴含的是现代国家监控体系强化下由上而下的政治参与大众化的发展。② 对20世纪中国的政治权威虽然更替频繁,但是所有的中央与地方性政权,都在企图将国家权力深入到社会基层,国家的行政机构在向乡村社会延伸。

因宪政、议院及地方自治在近代被视为中国救亡图存之不二法门,故此在1949年以前,地方自治就成了中国现代化地方政权建设的一个主旋律。1909年,清政府颁布《城镇乡地方自治章程》,规定在州县之下的城、镇、乡实行地方自治,自治事务包括教育、实业、卫生、道路土木工程、慈善救济、公共营业、其

---

① 王铭铭:《村落视野中的文化与权力——闽台三村五论》,北京:三联书店,1997年,第47页。
② 现代化的本质特征包括国际依存的加强,非农业生产尤其是制造业和服务业的相对增长,出生率和死亡率由高向低的转变;持续的经济增长,更加公平的收入分配;各种组织和技能的增生及专门化;官僚科层化;政治参与大众化(无论民主与否)以及各级水平上的教育扩展。见吉尔伯特·罗兹曼:《中国的现代化》,国家社会科学基金"比较现代化"课题组译,南京:江苏人民出版社,2003年,第3页。

他公共事务以及地方财务,基本囊括了近代一般地方行政的基本内容。该制度的实行,使一些地方建立了职能全面的城镇乡自治行政。① 具有明确边界是现代国家中社会联合的固有属性,清末的城镇乡自治行政具有固定的行政区域,承袭各地原有的都图乡镇边界,《城镇乡地方自治章程》且以人口为准规定了城镇乡的级别区域划定。在清末最后两年多里,全国基本建立了地方自治的架构,城镇乡地方自治机关普遍成立,全国选举产生的城镇乡议事会议员和董事会成员约有 68000 人以上,地方自治办公、办事机构的自治公所 3350 个,②至 1911 年各省共 1000 多个县成立了城议事会、董事会,许多地方选举产生了镇、乡议事会、董事会和乡董、乡佐。1914 年,袁世凯政府曾下令停办地方自治,但几个月后又另颁《地方自治试行条例》及《地方自治试行条例实施细则》,至 1919 年北洋军阀政府又再次推行县和镇、乡两级地方自治。南京国民政府继续了地方自治的建设路线,但正如国民党第五次全国代表大会所承认的,过去的地方"自治徒有自治之名,而无自治之实"。③ 抗战开始后国民政府重新启动地方自治建设,于 1939 年 9 月颁布了《县各级组织纲要》,即国民政府的所谓"新县制"运动,在基层推行作为自治形式的保甲制度,甚至 1946 年在《中华民国宪法》中规定实行完全的地方自治制度。

在很长一段时间里,中国实际上处于分裂状态,各地军事权威的割据令中国维持的不过是表面上的统一,这是清末以来中央政府控制力下降的表现,一些观点认为清末民初地方自治的兴起和发展主要是受西方地方自治思想和制度影响的结果,此固然是原因之一,但是地方上对地方自治的接受度远高于其他国家政权建设措施的原因是数百年来底层社区实际上的自治。

因此,地方自治运动并没有令 20 世纪上半叶的中国实现国家对基层社会的有效监控,反而各地固有的力量在消解国家的努力,或者令其产生异化。在

---

① 魏光奇、丁海秀:《清末至北洋政府时期区乡行政制度考略》,《北京师范大学学报(社会科学版)》2004 年第 2 期。

② 朱国斌、郭宝平:《寻求控制和参与之间平衡的尝试——论 20 世纪上半叶中国的地方自治》,《社会科学辑刊》2000 年第 5 期。

③ 中国第二历史档案馆编:《国民党政府政治制度档案史料选编》上,合肥:安徽教育出版社,1994 年,第 610 页。

1900—1912年间,村级的正式政权制度已经定型,其"官员"往往由在宗教或宗族组织中已经建立起自己权威的乡村精英们充任。杜赞奇将官府借以统治乡村社会的"经济人"(或称"中介人")分为两类,一类为"保护型经纪",他代表社区的利益,并保护自己的社区免遭国家政权的侵犯,该经纪同社区的关系比较密切,社区有点类似于"乡村共同体"。乡村社会中最直接而且最典型的权威体现在宗教和宗族组织之中,①但是20世纪国家在侵蚀地方权威的同时忽略了传统文化网络的各种资源,企图在文化网络外建立新的政治体系,在"现代化"意识形态的偏见下,国家政权力图斩断其同传统的、甚至被认为是"落后"的文化网络的联系,于是文化网络在国家范围内赋予乡村精英领导作用的能力丧失了。② 二三十年代,由于国家和军阀对乡村的勒索加剧,那种保护人类型的乡村领袖纷纷"引退",村政权落入另一类型的人物之手,尽管这类人有着不同的社会来源,但他们大多希望从政治和村公职中捞到物质利益。③ 杜赞奇认为,这导致华北农村政权为"土豪劣绅"所把持,魏光奇也同意,清末地方自治必然导致"劣绅"的活跃。④ 20世纪的国家政权现代化运动又迫使乡村领袖与传统文化网络逐渐脱离关系而越来越依赖于正规的行政机构,于是大部分乡村精英都竭力逃避担任乡村公职。一直到1949年以后,凭借村一级党政单位的设置,中国才实现了有史以来最严密强大的基层社会监控。

由清末到民国的地方自治运动尽管未如预期,但它依然是现代化背景下的地方政权构建,与传统时代的地方自治化倾向有着本质上的不同。

其一,近代地方自治运动的推行单位有着明确的行政边界,尽管此边界往

---

① 传统国家最重要的职能是体现在一系列"合法化"程序上:掌握官衔与名誉的封赠,代表全民举行最高层次的祭礼仪式,将自己的文化霸权加之于通俗象征之上,对乡村大众来说,文化网络中的国家政权正是通过这些途径体现出来的。见杜赞奇:《文化、权力与国家:1900—1942年的华北农村》,王福明译,南京:江苏人民出版社,2006年,第24页。
② 杜赞奇:《文化、权力与国家:1900—1942年的华北农村》,王福明译,南京:江苏人民出版社,2006年,第178~180页。
③ 杜赞奇:《文化、权力与国家:1900—1942年的华北农村》,王福明译,南京:江苏人民出版社,2006年,第115页。
④ 魏光奇:《官治与自治:20世纪上半期的中国县治》,北京:商务印书馆,2004年,第362页。

往继承了传统时代的都图乡里边界,但是传统时代地方处理公共事务的地域范畴,可能是一个村落,也可能是家族联盟,或者以神庙为中心的祭祀圈。在传统时代,地方公共事务所囊括范畴没有明确的行政边界,它随着社区共同体边界的推移而延伸。

其二,现代行政运作有一个特点是具有建立在法定公共财政或法定公共收入基础之上的经费制度。而传统时期社区公共事务的财政运作往往具有临时性、因事而兴及私人性、依靠私人自愿募捐的特点,[①]他们或许会有因慈善组织、家族组织的建立而募集的公共基金,但绝不是依靠以公共权力和有关制度为依托的强制性税费。由于财政经费来源的不同,因此近代地方自治章程中所宣称承担的公共事务和公共产品也在增加,国民教育体系、卫生系统等等都是其中一环。

其三,近代地方自治运动中在基层建立的政权单位,其行政人员或由选举,或由上级指派,都有一套法定程序指导之,同时这些行政人员属于国家公职人员,为受薪于政府的职业化人员。这与传统时期地方推举的大老、乡老完全不同,由宋开始,乡里一级的里长、保长等名位,均是国家职役的一种而非国家公职人员。

其四,近代地方自治章程中有一个重要内容就是警察系统等武装力量的建立,警察、地方军队系统是现代国家监控手段的重要组成部分,警察系统的普遍建立,意味着国家对基层社会监控控制的强化。

明清以来不断增强的基层社会自治化倾向,令泉州沿海家族社会在面对国家时有了脱离其控制的可能,从明后期到清代,大批依旧认同效忠于家族、村落、故乡的人们离乡背井,越洋打拼。这些隶属于社区的不在地成员,扩大了社区的边界,并在19世纪末20世纪初中国的现代化运动中获得了合法地位,令他们的故乡成为侨乡社会。由于其特殊的身份,在现代国家不断强化的对基层社会、对国民的监控中,他们拥有脱离监控的天然优势,而他们的力量和对故乡的认同又使他们积极地加入故乡的公共事务和现代化建设中。华侨

[①] 朱国斌、郭宝平:《寻求控制和参与之间平衡的尝试——论20世纪上半叶中国的地方自治》,《社会科学辑刊》2000年第5期。

与侨乡社会的现代化历程有着密不可分的联系,他们在对此有巨大贡献的同时又给国家监控强化的过程添加了变数。

第三节 海外华侨与侨乡的现代化历程

晚清政府在向近代化迈进的过程中,建立了近代军队系统、警察系统等,以强化现代国家的监控手段,但是海外华侨却有天然的优势脱离这种监控,同盟会进行辛亥革命所仰赖的两大力量——会党和华侨——都在国家的控制之外,因此作为一股监控外的力量,华侨首先帮助了辛亥革命的胜利。

泉籍南洋华侨参加革命的,主要有起于印尼泗水的蒋报策、蒋报料、蒋以麟等,他们加入光复会并创建明新阁书报社来宣传革命思想,还曾于1908年举办明崇祯帝追悼大会以唤起民族意识;又有起于槟城的吴世荣、吴文楚、陈新政等;泉州地方的革命名人许卓然,因曾旅居新加坡而在南洋接受了革命思想,回国后加入了同盟会,为泉州最早的同盟会员。1911年,蒋以麟受泗水同盟会机关委派回国进行革命活动,回泉州后陆续和许卓然等革命党人和吴文楚、杨光练等华侨革命志士取得联系,9月初泉州地区的同盟会组织成立,蒋以麟被推为会长,并于同年11月底不动干戈顺利光复泉州。福建沿海福厦漳泉几个城市的光复,都有南洋华侨的巨大贡献,南洋华侨几乎承担了光复所需要的全部经费,蒋以麟所属的泗水蒋氏家族提供了厦门光复所用的饷款14700余元。华侨是泉州辛亥革命的第一大功臣,虽然在革命成功后他们并未进入地方的政治权力中心,①但随着华侨在辛亥革命后取得了一定的特权地位——"由于辛亥革命的胜利受益于华侨的支持,因此此后建立的政权给予

---

① 辛亥革命后,泉州同盟会的许多成员都认为应该"功成身退",如新加坡华侨庄汉民,在泉州光复后"不居官,往厦门从事对南洋贸易"(《庄汉民传》,《泉州文史资料》第9辑,中国人民政治协商会议福建省泉州市委员会文史资料研究委员会编,内部资料,1981年,第112~114页)。作为泉州光复主力的树兜华侨、同盟会长蒋以麟,亦往鼓浪屿休养,此后以行医为生。

华侨一种政治上的特权地位,使他们能够在不同的情况下代表民间社会向政府机构作出批评性的评议"——因此在泉州乃至全国,①华侨乃是一股独立在政府之外,与民间保持密切关系又不同于真正的民间的政治势力。出于华侨对一个强盛的现代国家的憧憬,因此在民国以来国家和地方频繁的政权更迭中,他们始终会选择自己眼中"革命"的一方、符合近代化理想的一方,故而他们对地方乃至国家近代化的进程的作用不可小觑,他们始终以自己的方式对故乡的现代化进程施加影响。辛亥革命后有了新的政治经验与地位的泉州华侨,在面对各种可能危害到故乡甚至国家的近代化进程的威胁时,会采取更加积极的姿态投入到地方政治中来。

虽然泉州的辛亥功臣们多数退居幕后,但接下来的讨袁斗争依旧有泉籍华侨的身影,二次革命时华侨陈允洛奉缅甸中华革命党之命携款返回厦门,作为讨袁活动的开支;民国五年,福建各地组织讨袁护国军,泉州不少华侨、侨眷参加起义活动,起义失败后,参加起义的骨干多数被迫避往海外。从北洋政府时期开始,福建就进入军阀、民军肆虐的时代。先是段祺瑞政府于1917年下令武力扫平广东反抗力量,命令当时的福建省省长李厚基向广东进军,引发闽粤战争,在李厚基的搜刮之外,1920年粤军曾一路进发到安海,在安海大肆抢劫。菲律宾闽侨代表遂在鼓浪屿召开"华侨座谈会",要求驱逐李厚基,但随之而来掌权的是直系军阀周荫人,而从李厚基到周荫人,都在福建诱迫农民种植鸦片,令当时的闽南遍地罂粟烟馆,因此1925年及1926年,菲律宾中华商会两度致函致电泉州驻军长官孔昭同,要求禁绝烟苗。② 此外,在泉州肆虐最久、为害最深的乃名为"民军"实为土匪的高义、陈国辉等部。在1917年的南北军阀战争中,福建是南北争夺的地盘,泉州的北部为北洋军阀占领,南部则为南方"靖国军"所占领,当时泉州革命派军事力量分裂为二:一是许卓然的"靖国军",一是方声涛的"护法军"。方声涛竟联合陈炯明去攻打"靖国军",双方的自相残杀造成闽南护法之役的失败,许卓然因此愤而出洋前往菲律宾。

---

① 王铭铭:《逝去的繁荣:一座老城的历史人类学考察》,杭州:浙江人民出版社,1999年,第368页。
② 施雪琴:《华侨与侨乡政治:20世纪二三十年代菲律宾闽侨与救乡运动研究》,《华侨华人历史研究》1999年第2期。

因而在 1926 年北伐军到来之前,泉州地区的军事力量前后有属于北洋军阀系统的李厚基的闽浙援粤军,又有许崇智的粤军、东路讨贼军,许卓然的靖国军,臧致平的闽军,以及最后一个驻泉的北洋军阀孔昭同的自治军,此即所谓民军。从 1917 年到 1926 年,泉州南北军阀混战十年,许卓然等革命党人利用土匪当民军,给此后的泉州社会留下了重大后患。1927 年北伐军路经泉州,虽然制止了军阀混战,但此后的四年里泉州名义上是受"国民政府"统治,实际上是"民军世界",先后有"新编军"(主要由过去的民军编成,在北伐中大部分为北伐军所消灭,1928 年剩余部分编入"四十九师",由张贞来率领驻晋江)、"省防军"(部分编为"教导团",又改名"民团军",以陈国辉为主力)、"伪海军"(1929 年收编高为国为游击队,进驻泉州)三种民军统治。① 高为国部占据了晋江、南安、惠安一带,私设苛捐杂税,大肆搜刮民脂民膏,到处绑架百姓以勒赎金,如有反抗就大兵压境进行烧杀抢掠,1930 年甚至绑架勒索曾任泉州同盟会医务股股长的名医柳鸿鸣。在国民政府围剿红军的过程中,泉州民军势力亦被整编前去"剿匪",但 1929 年分别在长汀、龙岩等地围剿红军的泉州收编民军郭凤鸣、陈国辉、张贞先后被红军打败,逃回泉州,继续劫掠地方。当时国民政府在福建的首脑,或为了私交(五十六师驻泉旅长陈万泰奉命他调时,师长刘和鼎即电令将泉州防地交高为国接管,以答旧情),②或为了"利用"民军对付红军,纵容了民军在泉州的胡作非为。高为国等民军在泉州的横行无忌以及地方百姓的求告无门迫使泉州乡里以承袭自明清的乡兵民团的基层军事化传统来保护自己,泉州基层社会出现了许多以华侨牵头、华侨出资为后盾的乡间民团自卫组织。

民团的起源就是乡族械斗,由乡族武装发展而来,"民初闽南地区的民军四起与军阀割据局面实际上也是乡族割据的进一步发展",③但当民军危害到整个地方社会时,华侨主导的乡团就担负起了保卫家乡的使命,原本械斗越严重的地区乡团越强,华侨力量越强的侨村乡团力量也越强。泉州府城南门外

---

① 庄为玑:《晋江新志》上,泉州志编纂委员会办公室内部资料,1985 年,第 369 页。
② 陈朝卿:《高为国三数事》,《泉州文史资料》第 10 辑,中国人民政治协商会议福建省泉州市委员会文史资料研究委员会编,内部资料,1982 年,第 152~160 页。
③ 郑振满:《清代闽南乡族械斗的演变》,《中国社会经济史研究》1998 年第 1 期。

的富裕侨村树兜就是其中的佼佼者,由其乡中侨领主导的著名的晋南联乡保卫团曾数次打败了高为国的武装。树兜乡过去素因乡小而受到临近强宗欺压,该村的归国富侨蒋报企、蒋备庭等有意振作乡里,故树兜与邻乡上村属于东西佛大械斗中的西佛会帮,两村联合起来,再加上同会帮的新门外浮桥、高山、店头、古圳、赤涂、新石(新宅与石龟头)等共同合为八乡会,这个乡族联盟的财政由树兜负责的部分高达40%。1920年,树兜村乃联合附近各村组织乡团自卫,由蒋报企、蒋报察兄弟各出资5000元,以原八乡会为基础,联合几十个村落的乡民,组成"晋南联乡保卫团",并推举华侨、前泉州同盟会会长蒋以麟为团长。在蒋以麟指挥下,分别打败了民军汪连部和属于护法军的黄则举民军,声势大振,连临近的南安石龛村、埔顶村、福水村等乡都要求加入。后来,晋江南部的青阳、石狮等镇及其附近乡村也纷纷组成保卫团与晋南联乡保卫团结盟,地方得以安靖一段时期,后因经费日绌停办。1922年,粤军许崇智入闽与北洋军阀李厚基作战,为防民军报复,归侨蒋以守邀集各村归侨开会,再兴晋南联乡保卫团以自保,结果令民军不敢进扰,保卫团亦再次停办。1929—1930年,晋南联乡保卫团第三次组团三袭高为国,给了高匪很大的打击。同时泉籍华侨和侨乡人民多次函电南京政府,要求剪除高匪,高匪被迫北上闽北,最后在泉州各界与华侨的强烈要下,高为国于1932年8月27日被枪决。

晋南联乡保卫团一类近代民团虽承袭自乡族武装的械斗传统,以旧有的乡族联盟为组织基础,但是从名称到组织运作上都染上了近代社团的色彩,民国时期的华侨将旧式的乡族武装改造成近代式的自卫组织,为其提供人力物力以保卫家乡。而另一令闽南人民和海外华侨深恶痛绝的民军头子,"闽南王"陈国辉势力也是在华侨的努力下覆灭的。

陈国辉割据闽南长达18年,弄得地方凋敝、民不聊生,20世纪二三十年代,以旅居菲律宾的闽籍华侨为主,发起"救乡运动",最后成功解决陈国辉部之患。菲律宾华侨中80%是晋江人,所以这场运动直接与泉州华侨相关。以1920年的鼓浪屿"华侨座谈会"为先声,晋江籍菲律宾侨领李清泉等人酝酿组织福建自治会,设想以自治来改变故乡的惨状,福建自治会成立后在菲律宾召开大会,提出"驱逐军阀李厚基,联络各自治团体,整肃民军民团"三项主张,此即救乡运动的开端。① 1925年5月17—29日,南洋闽侨救乡会在马尼拉召开成立大会,制定了救乡宗旨五项,包括恢复地方秩序、实行根本建设、发展生产事业等方面。后来又有禁种烟草、办理乡团、修建铁路等提案。1926—1931年,救乡会总理李清泉多次致电国民党中央请求剿灭土匪未果。十九路军因其在淞沪抗战中的表现而令海外华侨对之寄予厚望,李清泉以"闽侨救乡会"和"菲律宾华侨国难后援会"的名义请求国民党中央派十九路军入闽,蒋介石批准了华侨的请求。十九路军进入福建后顺应华侨的要求,提出了肃清匪盗、禁绝烟赌、保护华侨和恢复经济的主张。1932年9月26日,十九路军逮捕并处决陈国辉,华侨通过十九路军清除了侨乡匪患。1933年1月,致力于"救乡运动"的李清泉以马尼拉中华商会的名义致电十九路军表示感谢,十九路军后来的行动因此获得泉籍华侨相当程度的支持。1933年11月,驻守福建的国民革命军十九路军发动"闽变",在福州成立"中华共和国人民革命政府",而"救乡运动"的重要人物、晋江籍菲律宾华侨许友超应十九路军将领蔡廷锴之邀返国为中华共和国人民革命政府服务;②菲律宾华侨救国会派员回国考察后亦表示拥护;李清泉在菲律宾发动募捐,筹得20万元支持人民革命政府。③救乡运动虽终随"闽变"的失败而破产,但对故乡的地方安靖颇有功劳,与晋南联乡保卫团一样,菲律宾华侨的救乡运动以一种近代化的组织形式登场,依靠的是民国以来华侨的特殊地位和组织、经济资源。

一般而言,在辛亥革命以前,华侨的乡土认同是超过国家认同的,华侨首先考虑的往往是参加家乡的公共事务。但是近代民族危机的加深及中国向现代国家转型令身在海外的华侨对国家的认同日趋成熟,在积极参与故乡公共事务的同时,对国家的政治生活亦产生兴趣。民国时期世界范围内排华浪潮时有发生,华侨在固有的落叶归根思想之外又对进入现代国家建设期的中国

---

① 施雪琴:《华侨与侨乡政治:20世纪二三十年代菲律宾闽侨与救乡运动研究》,《华侨华人历史研究》1999年第2期。
② 郑炳山:《首任厦门市华侨市长许友超先生》,《晋江文史资料》第11辑,中国人民政治协商会议福建省晋江县委员会文史资料研究委员会编,内部资料,1989年,第1~10页。
③ 杨锦和、洪卜仁主编:《闽南革命史》,北京:中国计划出版社,1990年,第234页。

产生有朝一日可回归独立富强的祖国的期望,海外华侨的国家认同在新中国不承认双重国籍之前曾达到前所未有的高度。而海外华侨对故乡和祖国政治生活的参与,越来越多地以在海外组织的近代式社团的形式出现,比如抗战时期的南洋华侨技工服务团先后有三千多人回国为抗战出力,其中三分之一为国捐躯。抗战时期,人数不过十三四万、多数为晋江籍的菲律宾华侨向重庆国民政府捐赠了六百万美元的款项,人均捐款额居南洋各地华侨之冠。①

在侨乡的近代化经济建设中,华侨不单是以侨汇为维持泉州经济消费提供资金,基于"实业救国"的感召,华侨亦投资乡里,发展近代工商业,泉州的旧城改造和公路建设都有华侨的参与。比之民国时期匪患严重的闽南乡里,厦门市面较为安靖,因此泉籍华侨的投资于厦门较泉州为多,②但是依旧有不少华侨资本投入泉州,在近代的福建经济中,最大的投资来源就是华侨。据调查,从第一次世界大战后期至1957年止,华侨直接投资在泉州工商、交通、文化和其他事业的共有一百七十八个企业或单位,大约占泉州1956年工商各业总户数的百分之三十左右,比例虽然不大,但投资总额却高达八百七十一万四千一百九十二元,占福建全省华侨总投资的百分之十二,其中在与近代化建设有直接关系的公路汽车运输业上有十五个企业,侨资六百一十九万八千五百余元,约占总投资额的百分之七十一,泉安汽车公司和泉安公路的建设在泉州近代化发展中是很重要的一笔;此外与近代化关系密切的文化事业二个,投资总金额为十六万八千余元。③ 在直接投资之外,由于南洋华侨在外辛苦获得的财富通常交予亲眷族人经纪处理,或者经由侨批局、存入钱庄变为借贷资本,因此间接受益于华侨资金的工商业数字亦十分可观,据泉州工商业人士估计,新中国成立前泉州工商业户百分之七十以上或多或少地利用或者借用侨汇、侨资以维持企业的经营活动。20年代后,南洋华侨因世界资本主义景气的关系侨汇更形充足,钱庄始大量发展起来,在北伐前后,安海一地就多出振

---

① 陈嘉庚:《南侨回忆录》,新加坡:怡和轩,1946年,第344页。
② 陈衍德:《论民国时期华侨在厦门经济生活中的作用》,《中国社会经济史研究》2000年第2期。
③ 周基亮:《华侨投资与泉州工商业》,《泉州文史资料》第16辑,中国人民政治协商会议福建省泉州市委员会文史资料研究委员会编,内部资料,1984年,第1~17页。

安、复源、通利、东南、和济、裕川、福安、顺利等新钱庄。钱庄经营的依旧是高利贷,以安海钱庄为例,一般存入的利息为六厘,贷出一分二厘,①而钱庄的资本多来自华侨投资,安海钱庄资本来源就有实业救国不成的泉安汽车公司创办人陈清机、吕宋华侨吴起顺等;民国初年泉州新桥头聚集的钱庄许多为南门外树兜乡印尼华侨蒋氏家族所创办。

华侨倡导了从1923年开始的历经十五年的泉州老城的改造。1923年,泉安公路建成通车,泉州老城的改造变得迫切起来。在归侨陈新政、徐剑虹、戴愧生等人的促成下,以刚从菲律宾回国的泉州辛亥革命名人、地方事务中举足轻重的人物叶青眼为中心,组建了泉州市政局,着手按当时的近代化理想进行老城的拆除改造,泉州因此失去了一部分旧城墙,而得到了一条新式的中心马路,残余的旧城墙在抗战期间完全被拆除,泉州老城中心的中山路则充满了来自南洋的异域风情。

然因时势所迫,闽南先是民军之患、后又有抗战之苦,华侨受"实业救国"感召在泉州投资的近代化工商业多数并不成功,陈清机等倡导的在安溪、永春探矿开发的计划,在获得海外华侨认购优先股三十余万银圆的情况下因1933年"闽变"而告流产,1929年陈清机创办的"泉州安海桥西垦殖公司"也因匪乱而废弃。曾被寄予厚望的泉安汽车公司因镇压"闽变"为政府征用而损失甚巨,抗战中泉秀汽车公司因投资的公路被破坏、车辆被征用而告破产,②此类事例不胜枚举。在整个20世纪,华侨对泉州经济现代化的影响更多地表现在最后二十年的经济建设运动中,泉州的确因"侨乡"的优势而走在经济发展的前列。

在泉州近代公共事业和慈善事业上,华侨几乎是绝对主力。近代政治制度从清末新政开始名正言顺地影响中国社会,1909年,清廷公布了《城镇乡地方自治章程》,要求各地遴选公正之绅士,依章程将城镇乡自治各项事宜迅速筹办。这些自治事项共计八项,其中前六项为:(1)学务,中小学堂、劝学堂、阅

---

① 俞少川:《北伐前后安海地方动态回忆录》,《晋江文史资料》第1辑,中国人民政治协商会议福建省晋江县委员会文史资料工作组编,内部资料,1981年,第96~107页。

② 周基亮:《华侨投资与泉州工商业》,中国民主建国会泉州市委员会、泉州市工商业联合会编:《泉州工商史料》第3辑,内部资料,1984年,第1~17页。

报社、图书馆等;(2)卫生,清洁街道、清除污秽,施医药局、医院、戒烟会等;(3)道路工程,修缮道路、建筑桥梁、疏通沟渠等;(4)农工商务,劝工厂、工艺学堂等;(5)善举,救贫、恤嫠、保节、育婴、施衣、施粥、义仓积谷、贫民工艺、救生会、救火会、救荒、义棺义冢等;(6)公共事业,电车、电灯、自来水等。实际上这些内容以自治之名囊括了最主要的应由各地政府提供的公共产品,然而从清末到民国,由于近代化启动资金的匮乏、国家财力的不足,政府在公共产品的提供上情况不尽如人意,而在泉州这样的侨乡社会,华侨以集体之力在许多方面替代政府提供公共产品,因此华侨成为泉州侨乡社会公共事务中举足轻重的力量,而他们对侨乡公共事务的参与之深,证明他们不脱离于侨乡社会,即使身在外乡,依旧是侨乡社会的成员,若以"公共领域"为比拟的话,华侨的活动不仅拓展了所属社区的边界,甚至将侨乡的公共领域亦拓展到了海外,在海外营造出一个为侨乡服务的公共空间。

华侨资本首先在泉州修建了泉安公路、泉秀公路等工程,改造了旧城,为基础建设的公共产品出力,但是在替代政府提供公共产品上更明显的是各种公共事业,华侨在泉州兴办、支持了许多公益事业,包括学校、赠药处、养老院等等,在政府力量所无法做到的地方弥补了空缺,是泉州非营利事业的先驱者。

在教育事业方面,1935年,泉州下属五县晋江、南安、惠安、同安、安溪,由华侨华商创办或参与捐助的小学共732所,平均每3340人有一所小学,几乎做到村村有小学,[①]须知民国时期乡村学校仅占全国学校总数的10%,平均约40个村落才有一所学校。[②] 从清末至1949年8月,华侨在泉州先后创办、助办学校56所,其中中学和中等职业学校21所、小学30所、幼儿园5所。[③] 华侨在政府力所不及的乡村教育上出力尤多,树兜乡华侨于1918年集资15万

---

① 陈东有:《略论早期泉州海外华商深厚的回报》,《华侨华人历史研究》1997年第3期。

② 王先明:《20世纪前期乡村社会冲突的演变及其对策》,《华中师范大学学报》2012年第4期。

③ 《鲤城区志》,泉州:鲤城区地方志编纂委员会,1999年,第1078页。

银圆建立明新学校;①1935 年,晋江全县教育经费约 47 万余元,而当时县政府拨款只有 3 万元,其余的全部来自华侨的捐赠。②

在医疗卫生事业上,亦仰赖华侨的捐赠。民国八年(1919 年),晋江县中医公会筹办"公立中医院",③患者就诊,只需要交挂号费一角,经费初由地方筹募,后董事会扩大组织,向南洋华侨筹集一笔资金,作为资本开设人力车公司,以出租人力车的收入作为医院经费,太平洋战争爆发时因侨汇中断而停办。晋江县中医公会还设施诊所于花桥亭,与花桥善举公所施药局配合工作,施诊所创办于第二届(1932—1937 年),一直维持到第五届(1942—1943 年)才停办,④花桥善举公所的资金主要来源就是华侨。连接受教会资助的教会医院惠世医院,也必须向南洋募捐才能维持运转。⑤

慈善事业更是全面依靠华侨的赞助。民国时期的中国作为现代国家,政府的行政组织能力和监控能力比起传统国家时期有所提高,对慈善事业也能提供一定程度的经济援助。民间的慈善事业,可以在付利息的前提下,向国民政府申请借用救济准备金,如泉州花桥善举公所的平粜委员会,就曾经向省赈济委员会商借救济准备金为平粜资本。但是这并不意味着国家有能力担负起整个赈济事业,民国时期国家的社会动员能力和控制能力比之西方民族国家,仍然相当有限,泉州地方的公共事务大多数时候都要求助于华侨。设于安海的育婴堂成立于清道光二十四年(1844 年),⑥是近代泉州第一个民营慈善组织,育婴堂的创办人是兼有侨属身份的贡生倪子范,他在南洋发动筹募,以筹得的经费在安海镇内购置了三十六间店铺和住宅,以租金作为经费,正式创办

---

① 沈玉水:《泉州旅外侨胞在家乡兴学述略》,《泉州文史资料》新 2 辑,中国人民政治协商会议福建省泉州市委员会文史资料研究委员会编,内部资料,1987 年,第 77~106 页。
② 福建日报社编:《八闽纵横》第 2 集,福建日报资料室,1981 年,第 102~103 页。
③ 李炳埕:《泉州中医界见闻录》,《泉州文史资料》第 13 辑,中国人民政治协商会议福建省泉州市委员会文史资料研究委员会编,内部资料,1982 年,第 135~147 页。
④ 林双法:《晋江卫生界在抗战期中片段》,《晋江文史资料选辑》第 17 辑,中国人民政治协商会议福建省晋江县委员会文史资料委员会编,内部资料,1995 年,第 38~49 页。
⑤ 陈石:《惠世医院了解情况报告》,泉州档案馆馆藏,1951 年,卷宗号:54-11-212。
⑥ 赖培乐:《安海育婴堂今昔变化》,《晋江文史资料》第 2 辑,中国人民政治协商会议福建省晋江县委员会文史资料工作组编,内部资料,1982 年,第 157~163 页。

了育婴堂的前身"养生堂"。1905年的泉郡水灾赈灾,根据《泉郡赈灾征信录》可见本地绅商共捐银三千五百二十元,上海泉漳会馆捐银一千五百元申水二千零五十四大元八角,而小吕宋华侨蔡资深独捐五千元;小吕宋所有商号总共捐银达一万九千四百九十六元,数量远远超过本地捐款。不仅如此,除了有蔡资深等人直接参与筹赈局事务外,海外华侨在捐款的同时也对筹赈局事务进行遥控,如槟榔屿捐款指明要补办平粜五千元,并提出购办棉衣。在近代泉州的公共事业中,华侨团体有权指派慈善捐款的使用范围、方式,[①]甚至还有专门为此设立的海外董事会,[②]在某种程度上对侨乡事务实行"遥控"。20世纪二三十年代泉州地方建立了一系列近代化的院内慈善机构,包括感化院、济良所、泉州妇人养老院、温陵养老院、平民救济院、开元慈儿院等,在政府无力负担这些救济机构的经费时,维持这些机构的任务就落到了华侨身上。如平民救济院,其开办费及经常费一开始由县政府比照警捐数目向市上店铺征收,[③]但后来警捐抗交的很多,平民救济院的经费遂陷入困难境地。1934年,开元慈儿院院长叶青眼兼任救济院院长,以向南洋募捐、新建院舍来满足收容需要。民间慈善组织的经费更是大多由华侨解决:泉州妇人养老院主要经费来源有三:一为旅菲华侨吴记霍捐助的泉安汽车公司股份一万元逐年收入的股息,一为南洋各埠华侨汇来捐助及各在地董事补助,一为市内院产所生利息,[④]这种资助是常态性的、长时间性的,到1961年之前,养老院一直有海外

---

① 《泉州花桥善举公所筹赈会第十五次议事录》(泉州花桥慈济宫藏,1940年);菲律宾蜂牙丝兰省华侨妇女慰劳会在民国二十九年捐款一千元到福建省赈济会,指定拨发出五百元存库准备建筑难民医务室,其余五百元发交晋江县赈济会转送花桥善举公所。

② 《民国晋江振济会档案·开元慈儿院卷》(晋江市档案馆藏,卷宗号54-8-254):开元慈儿院有新加坡、马六甲、菲律宾、仰光四处海外董事会,国内外董事会再组成海内外联合董事会。《花桥善举公所征信录》:下属施棺局也有新加坡董事会。

③ 《民国晋江振济会档案·慈善团体立案卷》(晋江市档案馆藏,卷宗号54-8-218):平民经常费用系由本市各商户每月按照警捐比例补助,初时系由院派员直接征收,民国二十五年九月奉命由县征处统收每月拨助三百元,隔年八月因抗战期内减为二百。二十七年县长何核定为经费七十元,口粮每名每日一角。二十九年口粮增至三角,无其他基金及产业。

④ 《泉州民办慈善事业简介》,《泉州文史资料》第1~10辑汇编,中国人民政治协商会议福建省泉州市委员会文史资料研究委员会编,内部资料,1994年,第522~524页。

侨胞的汇款资助。创办于1924年的开元慈儿院建立于泉州城中名刹开元寺，慈儿院创办后在新加坡、马六甲、缅甸相继组织了董事会，槟榔屿则成立赞助委员会，与国内董事会组成海内外联合董事会，经费由各董事会在南洋的产业收益支付。

从晚清到民国，华侨的身份由非法到合法，地位不断提高，更因其在辛亥革命中的贡献而取得某种程度上的特殊地位，明清以来累积了大量出外的社区成员的泉州基层社会因此在清末民初正式形成侨乡社会。在泉州侨乡的近代化历程中，从地方政治到地方经济建设，再到公共事业，华侨都是最重要的力量，侨乡社会是近代泉州社会最大的特点。在泉州，华侨取代了旧式科举出身的精英成为国家与侨乡基层社会之间的桥梁，代表侨乡社会与国家对话。假定在国家与基层社会之间确实有一个"公共领域"可以让地方精英在其中发挥自己的力量，那么在侨乡社会，华侨就是地方精英最重要的组成部分，因而，他们也就是地方公共事务中最有发言权的一股力量。华侨与旧式的取得功名的精英之间并无冲突，彼此之间关系紧密，互有转化。① 有的旧式绅士最后甚至成为华侨在故乡的代理人。1905年，泉州为应付水灾的赈灾，组织了一个泉郡水灾筹赈局。在泉州作为董事负责管理的是黄谋烈、黄抟扶、林骚、吴增、林翀鹤、宋应祥、曾遒等人，这些人全部都有功名在身，而经费来源则主要是由在外地的泉州商人负责。②

华侨对侨乡地方的影响令侨乡基层社会在民国时期避免了杜赞奇所说的华北乡村保护型经纪人、乡村精英从村政权中引退，基层政权落入"土豪劣绅"之手的窘境。晋南联乡保卫团与菲律宾闽侨的救乡运动表明华侨凭借民国时期优势的政治、经济地位担负起了保卫家乡、促进家乡近代化建设的重任，华侨在从事此类事业时，往往依托的又是旧有的社会资源，最重要的依旧是乡族

---

① 清道光二十四年（1844年）在安海镇创办育婴堂的贡生倪子范是侨属身份，本人曾赴南洋募捐；进士吴桂生在辛亥革命之前曾经南渡菲岛游历；辛亥革命后，旧绅士常受邀到南洋旅行，到处都能受到同宗华侨的欢迎，人称"打番客的秋风"。陈泗东：《泉州华侨史料拾零》，氏著：《幸园笔耕录》上集，厦门：鹭江出版社，2003年，第435~447页。

② 详情可见笔者硕士论文《近代泉州的慈善事业与侨乡社会变迁》，厦门大学硕士学位论文，2002年。

网络与血缘、地缘。当华侨在海外时,国家这个因素的影响力退化到最小,重要的是人群本身,华侨不仅避开了现代国家建设中愈发强大的社会监控,也避开了现代国家对基层社会组织方式、传统文化网络的改造和控制,华侨虽然在海外也因民族主义和近代化的影响发展出新式的华侨社团去参与故乡的公共事务,但他们与故乡基层社会之间的联系纽带依旧是传统的,是基于乡族和信仰的纽带。晚清以来的现代国家构建中,乡村社会中最直接而且最典型的权威体现在民间宗教、神庙祭祀系统和宗族的权威被国家不断侵蚀,在"现代化"意识形态的影响下,国家试图打散传统的整合了基层社会的文化网络,在文化网络外建立新的政治体系,传统文化网络在国家权威层次上的合法性日渐削弱。这种削弱与对基层社会的监控一起,在新中国成立后达到顶峰。但是由于华侨的存在,在整个20世纪泉州侨乡的传统文化网络并没有因近代化的侵蚀而毁坏殆尽,它甚至至今仍在起作用,反而华侨经常借由此传统文化网络对侨乡的近代化历程施加影响。

华侨先是因避开清政府监控的天然优势帮助了辛亥革命,在泉州侨乡辛亥革命的过程中,华侨的革命活动以家族、地缘为纽带是一个明显的特点,泗水蒋氏家族及其邻村姻亲是泉州华侨直接参与辛亥革命的主要力量;泉州地区最大的慈善组织——花桥善举公所——依托民间信仰系统的善济铺铺庙花桥慈济宫而建立;金井围头的围江新民村有着新时期乡村建设运动的色彩,但是它又是在华侨主导下以乡族为单位进行的;①华侨在故乡创办教育事业往往以乡族学校为起始;晋南联乡保卫团的组织基础是固有的乡族联盟八乡会;华侨对国内的投资经常交与乡族内亲旧进行代理经纪。新中国建立后,因东南亚民族国家纷纷建立,中央政府遂改变了过去的华侨国籍认定方式,不再承认双重国籍,大批华侨被迫改变了自身的国家认同,归化为侨居国国民,身份向华人转变。但是许多改变了国籍和国家认同的华侨并没有改变故乡认同,这种认同并不像国家认同那样在政治上有其敏感性,因此这些华侨依旧通过传统的家族、地域、信仰的网络与故乡保持着联系。

① 详见《围江盖屋碑记》(1915年),郑振满、丁荷生编:《福建宗教碑铭·泉州府分册》,福州:福建人民出版社,2003年,上册,第473页。

/ 第六章 /
现代国家建设与侨乡社会变迁

　　一般认为,1949年后国家对基层社会的控制达到前所未有的高度,1980年代的改革后则有所放松,这种放松造就了公共空间的发育。因此海外成员的存在,令泉州侨乡社会拓展了国家与地方社会之间的公共空间。例如,在海外华侨的支持下,泉州花桥善举公所在新中国成立后的几十年里始终是民办的慈善组织;改革开放后,宗族建设和民间信仰庙宇在华侨的支持下迅速复兴。

　　许多观点认为海外华侨由于身处海外,对近代西方的资本主义经济、政治、文化各方面都有较早较多的接触,因此侨乡通过华侨的中介,应该更早更好地接触西方文化,在中国近代化进程中开风气之先。但是以泉州的经历而言,华侨在海外固然会受到一些西方文化的影响,并体现在他们带回家乡的器物和一些习惯做法上(比如卫生习惯、饮食习惯、受殖民地法律影响而改变的财产继承习惯),但是在与近代化最密切相关的实际制度、政治文化上,却并没有体现出相对整个中国的先发性。清末民初的地方自治运动及之后一系列制度文化上的向西方学习方面,作为侨乡的泉州,是随着全国的趋势而动的,并非领全国风气之先。① 即便在海外,华侨经商时内部利用的人际网络和商业技术亦多是传统的。② 陈达在书中也承认"在南洋的华侨除少数领袖之外,多不与欧人接触。所有普通与欧人的接触,属于商业或事业的居多,属于社会或交情的很少,因此很少有机会与欧人交换意见,或采取其习惯。实际上华侨社会是自足而孤立的,与欧人社会土人社会成鼎足之势"。③ 对华侨的研究不可能脱离侨乡社会的背景,在19世纪民族主义兴起之前,华侨对家乡的认同优先于对国家的认同,当时国家对于华侨的意义是文化层面上的而非政治层面上的,而华侨对家乡的影响以物质为优先。近代化、工业化与民族主义实际上

---

①　陈达在《南洋华侨与闽粤社会》中也提及南洋华侨社会保持旧的习惯甚至比国内更顽固。"以大体言,新社会潮流尚未流行于华侨社区,即如我国近来民法上关于妇女的新规定,亦大致未在彼处发生效力,虽民法的其他方面,有渐被采用的,如后所论。依据社会的旧习惯,男子的地位高于女子;男子的权势亦大于女子。"见陈达:《南洋华侨与闽粤社会》,上海:商务印书馆,1938年,第139页。

②　比如苏州码,在海外华社直至现代被长期使用,笔者2014年于马来西亚沙捞越州纪念石隆门华人公司起义的善德庙中见到1977年的捐题碑铭仍使用苏州码。

③　陈达:《南洋华侨与闽粤社会》,上海:商务印书馆,1938年,第208页。

是三个不同的概念,但是在近代民族危机深化的中国,三者常常被混为一谈。19世纪中期以后的海外经历对华侨的影响更偏向民族主义的而非近代化的,华侨受民族主义的鼓励支持辛亥革命,支持民族主义倡导的富强理想,新时代富强理想实现的唯一途径是近代化,因此华侨会大力支援家乡的近代化建设。但在华侨取得合法身份、受到民族主义和近代化启蒙之前,他们对故乡的近代化建设并没有多大概念,光宗耀祖始终是他们最大的理想,因此对于民族主义普及前华侨对家乡的近代化影响,不宜想当然地持有过高期望值。

第七章 结语

通过以上各章的分析，我们不难发现，海洋传统造就了泉州地域社会的流动性，泉州史的历史边界随着其社会成员的脚步而不断向外拓展。在刺桐港衰落后的几百年中，泉州人的足迹遍及中国海和东南亚海域，来自海外的财富支撑了泉州的社会经济。因此，宋元以后的泉州并未走向衰落，泉州的海洋传统也并未因明清时期的海禁而中断。在此基础上，试就生存空间与流动的社区、生计模式与海洋传统、明清国家与社会的关系等理论问题略述己见，以供讨论。

第一节 生存空间与流动的社区

Community一词即指"共同体"，社区之所以成为社区，是因为它是具有内在认同感的共同体，这种认同感是通过特定的仪式和相关的社会组织来获得的。在社会史的研究中，社区往往被当作与国家相对而言的社会实体，可以是一个村庄、一个聚落，社会学者可以从之观察国家与社会的互动。传统中国农村社会的所有实体性和非实体性的组织都可被视为乡族组织，每一社会成员都在乡族网络的控制之中，并且只有在这一网络中才能确定自己的社会身份和社会地位。① 对于传统中国社会来说,家族、村落、祭祀圈都是乡族组织,同时也是代表社区。

对现代国家来说,具有明确边界的行政实体是社会联合所固有的一切属性,②因此对现代国家来说,社区也应受到行政实体边界的制约。晚期中华帝国的里甲、图甲、乡约、保甲等一系列乡村控制手段,其目的都是让百姓在各自的社区内各安其所,各安其分,不随意越过国家划定的边界而脱离国家掌控,即所谓的"划地为牢"。但是这种边界与现代国家的行政实体边界是否具有同样意义?施坚雅在《中国农村的市场和社会结构》与《中华帝国晚期的城市》中以蜂窝状层级式的市场结构来解释明清以来的中国社会,③他认为"市场结构必然会形成地方性的组织,并为使大量农民社区结合成单一的社会体系,即完整的社会,提供一种重要模式",施坚雅关于市场和中国农村社会结构的研究,为区域社会史的研究提供了可资借鉴的模型。他提出"基层市场社区"的概念,论证中国农民的实际社会区域的边界不是由他所住村庄的狭窄的范围决定的,而是由他的基层市场区域的边界决定的。④ 施坚雅认为传统中国基层社会社区边界不是由行政边界决定的,突破了里甲乡村的限制。但是施坚雅模式事实上却同样限定了社区的边界,他的解释也许适用于某些社区,但是对

---

① 傅衣凌:《中国传统社会:多元的结构》,《中国社会经济史研究》1988年第3期。
② 安东尼·吉登斯:《民族国家与暴力》,胡宗泽、赵力涛译,北京:三联书店,1997年,第2页。
③ 包括标准市场(standard market)、中间市场(intermediate market)、中心市场(central market)。标准市场又叫基层市场,是农产品和手工业品向上流动进入市场体系中较高范围的起点,也是供农民消费的输入品向下流动的终点;中间市场在商品和劳务向上下两方的垂直流动中都处于中间地位;中心市场则通常在流通网络中处于战略性地位,有重要的批发职能。它的设施一方面是为了接受输入商品并将其分散到它的下属区域去;另一方面,为了收集地方产品并将其输往其他中心市场或更高一级的都市中心。这三种经济中心地的居民点,分别称之为"标准集镇""中间集镇""中心集镇"。在理想状态下,基层集市的空间分布意味着18个自然村以六角形围绕着一个集市。见施坚雅:《中国农村的市场和社会结构》,史建云、徐秀丽译,北京:中国社会科学出版社,1998年,第6~24页。
④ 施坚雅:《中国农村的市场和社会结构》,史建云、徐秀丽译,北京:中国社会科学出版社,1998年,第40页。

第七章
结　语

于四处流动的渔民来说,这个模式显然有先天性的谬误,①更不用说那些以商业、长途贩运为生的村庄。尤其是以海洋舟楫为交通工具的沿海地区,其市场活动从来都存在可以打破市场边界的特性。一切人类事务的活动主体都是人,社区的边界应该由人的活动来决定。最初一个村落、一个家族或许就是一个完整的社区,人们的主要社会活动都在这个村庄内部进行。当泉州平原上开始大规模的水利建设,几个家族联合起来共同维护管理这个公共工程,人们的活动就扩大到了所有参与合作的村庄。经由里甲制内里社祭祀系统发展出的神庙祭祀圈,家族、村社往往通过"分香"和"进香"建立起社区关系,并逐渐取代了里甲内部的行政隶属关系,里甲组织向社区组织实现了有机转变,②所以祭祀圈也是一种社区。随着祭祀圈的扩大,村落的活动边界为祭祀圈的边界所取代。家族构成的地域联盟也是如此,地域联盟内部为共同的祭祀活动、械斗冲突等公共事务而产生交往联合的时候,人们活动的边界又扩大到了整个地域联盟。

泉州历史上拥有众多以渔业为生的土著居民和从事海上贸易活动的商人,因此其生存空间不可能为行政实体的或者是基层市场社区的边界所限定。自明代以来,由于向海外谋生成为越来越重要的生计模式,一批批的泉州人走出港湾、离开家乡,或北上沪宁杭,或东渡台湾,或南下东南亚,只要这些人仍然处在故乡的社会关系网络中,参与故乡的公共事务,那么他们就仍然是故乡社区的成员。这些海外谋生者的活动,不仅突破了明清国家的封锁,而且延伸了社区生活的边界。

行政实体的边界从来不代表人们生活空间的边界。事实上从泉州成为中国南部沿海要港的那一刻起,泉州的历史就不再是单单发生在本地的历史,并且它的子民海外活动的人数与范围在明清愈来愈多、愈来愈扩大。这些子民与故乡的联系仍旧密切、不曾断绝,家族的成员可能越洋再造家族,原乡所具

---

① 渔民的作业场所不固定,贩卖渔获的地方也不可能限于一个地区,泉州地区的渔民经常前往舟山群岛捕鱼,渔获贩卖的地点因此从福州一直到泉州都有,而且因为无法靠自身获得全部生活必需品,渔民总是天然地与商业贸易有联系。

② 黄向春:《文化、历史与国家——郑振满教授访谈》,《中国社会历史评论》第5卷,北京:商务印书馆,2007年,第468~491页。

有的社会关系、社会资源也都会延伸到海外。在华侨被迫归化为所在国国籍之前,他们的乡土认同是优先的,故乡的许多公共事务,他们不仅返乡参与,而且在外遥控,①因此那些发生在海外的人和事亦是泉州历史的一部分。到清朝中晚期,泉州人已经可分为住在原地和住在海外的两部分,海外人数相当可观,②但他们的社会、经济生活却是连在一起的,近代泉州的人口统计实际上应该算上他们的一份。泉州的历史没有他们就不是完整的历史,这个社区及其成员是不断在流动的。

第二节 生计模式与海洋传统

"海者,闽人之田也。"③泉州海洋传统的形成取决于泉州人的生计模式。泉州拥有适宜海上活动的自然条件,同时又是一个不适宜农业的地区,生活在这块土地上的人民必须向海洋发展才能生存下去。历代从外地迁来的农业移民,先是建造大量的水利工程来改善本地的农业条件,暂时缓解了本地的人口压力,却压缩了土著居民的水上生活空间,令他们转向定居。水上居民为了发掘更多的生计来源,率先开展了海外贸易,这种谋生方式又带动了无法从农业获得充足生活来源的农业移民,让他们也利用滩涂养殖、海外贸易等方式谋生。海洋生计模式造就了泉州的海洋传统,在海外贸易不受国家限制的时候,海洋商业传统得到发展和深化。

明清国家专制倾向的加强,令许多学者都以为国家控制了海岸线和人民,

---

① 蒋楠:《近代泉州的华侨精英与侨乡的公共事务》,《华侨华人研究》2008年第1期。

② 鸦片战争前夕,东南亚华人的数量可能已达150万之众。(庄国土:《清初到鸦片战争前夕南洋华侨人口结构》,《南洋问题研究》1994年第1期。)泉州在鸦片战争后作为契约华工出境的多来自内陆县份,海外拓展史最久远的晋江人则出境时间更早。

③ 《清一统志·台湾府》,"崇祯十二年三月给事中傅元初请开洋禁疏"条,《台湾文献史料丛刊》第2辑,台北:大通书局,1984年,第53页。

/第七章/
结 语

泉州的海洋传统因此被压制。实际上,明政府对基层社会的控制不断被沿海人民突破。里甲、保甲无法将他们固定,海禁无法将他们与海洋隔离,明初所设立的海防线也形同虚设。即使是那些生活在卫城和所城里的军士军余,因其经济来源愈来愈无法保障,也与沿海居民一起加入了走私贸易的行列。清代的保甲系统无法统计出确实的人口数字,更无法防范人民漂洋过海前往台湾和东南亚。最重要的是,海洋活动是自古以来泉州人民的主要生计模式,不向海洋发展就只有死路一条。因此,泉州民间社会自发的发展方向,就是不断地突破国家对海岸线的控制,走向台湾和东南亚。

生态环境决定泉州人只能走向海洋求生,所以泉州的海洋传统并未因明清国家的海禁政策而中断,反而愈来愈兴盛。国家实行海禁的时候,他们就用私商、海盗、武装海商集团的形式进行海外拓展活动,整个家族、整个地方社会面对国家的监控时集体为这种行为作掩护。泉籍的郑芝龙集团武装力量,牵涉到泉州的地方经济利益,而且不侵犯泉州本身,因此在朝中为官的泉籍官员,亦对之"议抚"而不议"剿"。① 国家一开禁,泉州人就提亲挈友,往来海内外,整个乡族互相为向海外发展的成员提供资金、人员和社会关系上的帮助。

随着大航海时代的到来,西方人来到东南亚,也带来了外部世界的商品需求,这种商业契机更加对泉州湾人产生了一种向外的拉力。泉州人同时活跃于国内沿岸贸易、闽台贸易和东西洋海外贸易的航线上,成为连接东西方世界的大三角贸易的重要一方。随着西方世界需求的变化、资本主义工业化的发展,他们还在国内产地和东南亚殖民地插手为应对这些需求而进行的商品生产、原材料生产。随着海外拓展活动的深入及台湾、东南亚的开发,到这些地方的移民也增加了,去台湾的移民在当地建立了新的家族,在东南亚的华侨族模仿家乡的情况,建立会馆、公司一类组织。原乡的社会组织影响了海外拓展活动的组织形式,血缘、地缘是两大要素,海外华侨社会组织的自治形式源自家乡的村社自治。与农业垦殖移民不同的是,海外拓展活动有强烈的流动性,

---

① "芝龙泉人也,侵漳而不侵泉,故漳人议剿,泉人议抚。两郡异议纷然,芝龙愈横。于是朱一冯、朱钦相亦被逮治。"沈颐仙:《遗事琐谈》之《附纪》,陈支平:《郑氏家族史料辑补充》,氏著:《史学水龙头集》,福州:福建人民出版社,2016年,第239~240页。

233

这种流动性既意味着新生活空间的扩展,也意味着旧生活空间能够继续保持。华侨身份合法化后,在海外和家乡形成"两头家",虽然身在外地,对侨乡社会的公共事务却积极参与。整个泉州社会生活空间的边界因华侨的存在而不断扩展,这是海洋传统的特别馈赠。

在现代国家政权强化了对基层社会监控的情况下,华侨的存在帮助侨乡部分保持了传统的文化权力结构,抵抗了国家政权和主流意识形态的侵蚀。华侨在海外繁荣兴盛,并把源源不绝的侨汇等资源带回故乡,促成故乡近代化进程的发展,又在改革开放后继续帮助故乡走向繁荣。泉州湾海洋传统的发展和维系,是生态环境和生计模式的要求,是土著居民与宋元港市海洋商业传统的传承,也是地域社会自我组织突破国家控制的结果。泉州人民加入大航海时代的浪潮,令泉州最终成为侨乡社会,使侨乡社会同时拥有海内海外两地子民,也令泉州得到了现代化进程的最大助推力。

第三节　明清国家与社会的关系

中国在数千年里走的是一条与世不同的道路,奴隶制国家、封建制国家、绝对主义国家、资本主义国家这样的套路无法套用在中国历史上。因此,中国传统国家与社会究竟是什么样的关系?这个问题就是区域社会史研究所期待解答的最大谜题。

春秋战国时代已经设有乡官来控制乡村,《管子·小匡第二十》云:"五家为轨,轨有长;十轨为里,里有司;四里为连,连有长;十连为乡,乡有良人。"[①] "(鄙)制五家为轨,轨有长;六轨为邑,邑有司;十邑为率,率有长;十率为乡,乡有良人;三乡为属,属有帅。五属一大夫,武政听属,文政听乡,各保所听。"乡野中的文事、武事都有国家官吏专人管理。秦国商鞅变法,将源于周代的什伍制强化,实行什伍连坐制度,秦孝公以"卫鞅为左庶长,定变法之令,民为什伍,

---

① 黎翔凤:《管子校注·小匡》,北京:中华书局,2004年,第400页。

第七章
结　语

而相牧司连坐,不告奸者腰斩,告奸者与斩敌者同赏,匿奸者与降敌同罚"。①什伍之法,使"奔亡者无所匿,迁徙者无所容,不求而约,不召而来。故民无流亡之意,吏无备追之忧"。② 从治安意义上强化了对基层社会的控制,是后世保甲法等制度的来源。秦始皇统一中国,在历史上第一次建立了一个幅员辽阔的大一统帝国。周的土地虽然也属辽阔,但众所周知,其时奉行的是裂土封侯的封建制度,最底层贵族的士大夫亦有自己的封邑,在自己的封邑内,贵族对臣民的控制力或许很强,在整个王朝来说却不是这样。秦朝版图内虽然也在闽越、南粤之地名义上设立了闽中郡、南海郡,实际上这些地区却不直接听令中央而是听令于闽越王和南粤王。但是它将全国分为三十六郡,"大率十里一亭,亭有亭长。十亭一乡,乡有三老,有秩、啬夫、游徼。三老掌教化。啬夫职听讼,收赋税。游徼循禁贼盗。县大率方百里,其民稠则减,稀则旷,乡、亭亦如之。皆秦制也"。③ 层级金字塔式的结构令中央国家直接控制的土地和人口达到空前规模,春秋战国列强的所谓"向封建国家发展"的自强改革,正是在这个意义上改变了西周制度。历史发展到唐代,乡村依旧有乡官进行管理,作为乡官的里正有免除一切劳役及赋税的特权,④但是到唐末这个职位开始向职役转变,到宋代的乡官就完全转变为职役。⑤

乡官变为职役意味着国家权力从最底层的基层社会萎缩,从此中华帝国最基层的政权机构变成了县一级及一些次于县的辅助机构(如清代的巡检司)。唐宋是中国历史的一个转折点,从文化、赋役制度到政治制度均如此。秦帝国一度以郡县制直接控制了国土的大部分,但是秦二世而亡,封建制与郡县制在其后几经反复、几经斗争,三国两晋南北朝又陷于事实上的割据,中央与基层之间的距离是遥远的,许多土地与人口不在中央的掌控之中。唐朝的

---

① 《史记》卷 68《商君列传第八》,北京:中华书局,1982 年校注本,第 7 册,第 2230 页。
② 《管子》卷 17《禁藏第五十三》,《管子通释》,北京:西苑出版社,2015 年,第 432 页。
③ 《汉书》卷 19 上《百官公卿表第七上》,北京:2016 年校注本,第 3 册,第 742 页。
④ 松本善海:《中国村落制度史的研究》,东京:岩波书店,1977 年,第 62~63 页。
⑤ 《文献通考》卷 13《职役二》,"历代乡党版籍职役"条,北京:中华书局,1986 年影印本,第 135~136 页。

国土空前广大,撇开边疆那些名义上归顺的羁縻治理地带,即便在中国传统意义上的中心区、民国初期时所称的"本部十八省",许多土地和人民也是从唐开始真正纳入帝国管辖。① 如此一个大帝国要如何才能让中央王朝能控制到地方,才能让中华帝国免于如西方层出不穷的一时庞大一时分崩离析的大帝国那样的境地？中国历史上由秦到清,国土面积增加,掌握的人口数字更是翻了数倍,但县境的划分基本维持稳定,县的数量和县衙官吏的数量也没有大的增加,②这意味着同样一位官吏、一个衙门,所要管理的人口与事务比起秦代初设郡县时要多了几倍、几十倍。

在这种情况下如何还能维持国家的控制力？唐宋时为此采取了许多新制度,做了许多新实验,比如保甲和乡约、家族等等,明初又出现了号称史上最严密完整的里甲制度,目的是实现中央对整个帝国的土地和人口的有效控制。现代国家和现代组织保有详尽的"官方统计"、个案历史以及其他有关个人日常生活的非常详尽的记录,这是现代国家进行监控的前提。因此,文本对非现代国家的监控更具有重要意义：书写提供了一种对信息进行编整的工具,这能用于扩大国家机器对物体和个人的行政控制范围,它能使依其他方式无法组织起来的事件和活动变得有规可循又有序可查,"使社会关系达致口承文化所无法实现的更为广大的时空范域"。③ 在这个意义上,里甲制度的册籍管理方法超前且早熟,可惜这些册籍很快就脱离了社会现实。以泉州的情况而言,在明初造册登记时就与事实不完全相符,在明中叶以后人丁事产益发变成虚构的数字,所谓的十年一造黄册不过是例行公事,用于实际征收赋役的是不同于黄册的"白册"。杜赞奇认为,在19世纪后半期,国家政权主要依靠县衙吏役

---

① 比如漳州和潮州,唐陈元光平定土著骚乱后开发漳州,这一带才算在事实上为唐王朝所控制。
② 秦朝人口大约2000万,全国共有县约1000个(葛剑雄:《中国人口发展史》,福州:福建人民出版社,1991年,第113页)。清代版图扩大,清末人口约4亿,县大约1700个(郑秦:《清代县制研究》,《清史研究》1996年第4期)。
③ 安东尼·吉登斯:《民族国家与暴力》,胡宗泽、赵力涛译,北京:三联书店,1997年,第54~56页。

/ 第七章 /

结 语

的册簿来征收赋税,①其实这种情况的普遍出现远早于 19 世纪;他又认为,国家控制华北乡村的组织(保甲与里甲制)至 19 世纪日益涣散,宗族组织乃取而代之,实际上早在几百年以前,华南地区就已经出现了这种情形。械斗是地方军事化倾向的集中表现,起因于家族或族群之间的矛盾冲突,华南盛行械斗也足以证明国家无力完全控制基层社会。

傅衣凌在其遗作《中国传统社会:多元的结构》②一文里,把中国传统社会的控制系统分为"公"和"私"两个部分。在中华帝国内部,一方面国家系统组织严密,依靠军队、法律等政治力量和经济的、习惯的等方面的力量实现其控制权;另一方面,是乡族对基层社会进行了实际上的控制。乡族组织具有很强的适应性,在民间的实践中甚至可以抛开血缘这个组织原则,因此基层社会的每一社会成员都处于这个控制网络之中。所以国家政权对社会的控制,实际上也就是"公"和"私"两大系统互相冲突又互相利用的互动过程。比如由公的系统提倡的乡约,当中的社仓想法导致了宋代举子仓的出现,这是中国民间慈善组织的先锋,这些慈善组织属于"私"的系统,负担的公共事务被认为在某种程度上实现了社区的自治,③他们弥补了国家的不足,与国家之间合作大于冲突。在这种互动中,基层社会的自治组织完成了自我控制,明清由民间慈善组织主导的公共事务与清末民初地方自治运动的内容就有很大重合之处,导致清末不少人士以为,"我国无地方自治之名称,而实有其制度者"。④

明清国家虽然无法对地方社会直接进行政治控制,但两者之间不是对立关系,基层社会既尊崇国家的大传统,也保持着自己的小传统,他们在许多地方协作对话。而国家与地方的关系决定了这种间接控制的有效程度,所以才会出现辛亥革命爆发后,各地通电独立又转而统一在民国政府名义下的情况,因为地方社会改变了效忠对象。

由于中国国土辽阔,各地差异很大,社会结构多元,因此在地方社会起组

---

① 杜赞奇:《文化、权力与国家:1900—1942 年的华北农村》,王福明译,南京:江苏人民出版社,1996 年,第 29 页。
② 傅衣凌:《中国传统社会:多元的结构》,《中国社会经济史研究》1988 年第 3 期。
③ 梁其姿:《施善与教化》,石家庄:河北教育出版社,2001 年,第 320~321 页。
④ 《中国地方自治制考》,《东方杂志》1907 年第 4 卷第 10 期。

织主导作用的力量会因各地情况不同而有所不同,它可能是士绅,可能是宗族,也可能是商人或神庙祭祀组织,更加常见的状态是几种力量的重叠交错,如宗族往往因士绅的存在而得到加强。总之,国家在地方社会需要面对的主导力量各有不同,需要与形形色色的地方精英(也许是绅士,也许是里老、族长,也许是神庙会首,也许是商人)打交道,地方精英还会随着时代的变迁而发生变化。1905 年科举制度取消后,旧式的绅士不断地被消耗,新式精英通过各种途径取得绅士地位,如泉州这样的侨乡,华侨就是通过对故乡近代化进程的影响而取得了绅士地位。

因此,绝对主义国家理论与中国历史实际并不相符。第一,绝对主义国家开始形成边界,但明朝是以有实土管辖的卫所看守边疆的大片领土,而并非编入行政的州县系统,①国家对这些地区的控制是松散的,这些地区仍旧是传统国家的"边陲",明清国家对海岸线的管制也并不那么有力。第二,王铭铭认为"清末中国出现了权力多元并存的格局",②这是绝对主义国家衰落的表现,此后绝对主义国家便向现代民族—国家过渡,事实上这种权力多元并存的局面在很长时期的中国历史上一直存在。③ 第三,明清中国没有绝对主义国家那样的强力监控,国家对基层社会的监管不是那么有效,本文的研究结果证实了这一点。因此,历史研究不能以制度史替代社会史,通史的解释必须建立在地方史研究基础之上,这也许就是区域社会史研究的意义所在。

---

① 顾诚先生将卫所分为沿边卫所、沿海卫所、内地卫所、在内卫所(指在北京、南京的卫所)四种,其中沿边卫所拥有大片实土辖区,沿边卫所囊括了从东北到西北,以至西南的边疆地区。这些构成大约半个明朝国疆域的地方在明代(特别是在明初)一般不设行政机构,而由都司(行都司——及其下属卫所)管理。例如东北地区在明代分隶奴尔干都司和辽东都司。奴尔干都司的辖地包括整个黑龙江流域、库页岛和今吉林省等地方;辽东都司则管辖今辽宁省大部分地方。见顾诚:《明帝国的疆域管理体制》,《历史研究》1989 年第 3 期。

② 王铭铭:《逝去的繁荣:一座老城的历史人类学考察》,杭州:浙江人民出版社,1999 年,第 268 页。

③ 傅衣凌:《中国传统社会:多元的结构》,《中国社会经济史研究》1988 年第 3 期。

参考文献

一、正史、地方志、文史资料

1.《史记》,北京:中华书局,1982年校注本。
2.《汉书》,杭州:浙江古籍出版社,2000年点校本。
3.《晋书》,北京:中华书局,1974年。
4.《旧唐书》,北京:中华书局,1975年点校本。
5.《十国春秋》,北京:中华书局,1983年标点本。
6.《新五代史》,北京:《中华书局》,1974年。
7.《宋史》,北京:中华书局,1974年。
8.《资治通鉴》,上海:上海古籍出版社,2017年标点本。
9.《续资治通鉴长编选译》,成都:巴蜀书社,1988年。
10.《宋会要辑稿》,北京:中华书局,1957年影印本。
11.《元和郡县志》,清光绪六年刻本,金陵书局校刻。
12.《明实录》,台湾"中央研究院"历史语言研究所影印本,1962年。
13.《明史》,北京:中华书局,1974年标点本。
14.《明会典》,北京:中华书局,1989年标点本。
15.《新唐书》,北京:中华书局,1975年。
16.《全明文》,上海:上海古籍出版社,1992年标点本。
17.《明经世文编》,北京:中华书局,1962年影印本。

18. 《大明律》,北京:法律出版社,1999年点校本。

19. 《永乐大典》,北京:中华书局,1986年影印本。

20. 《大清律例汇辑便览》,同治十一年刻本。

21. 《读史方舆纪要》,北京:中华书局,2015年。

22. 《南枢志》,台北:成文出版社,1983年影印本。

23. 《清实录》,北京:中华书局,1985年影印本。

24. 《清朝文献通考》,杭州:浙江古籍出版社,1988年重排本。

25. 《舆地纪胜》,北京:中华书局,1992年影印本。

26. 《太平寰宇记》,北京:中华书局,2007年点校本。

27. 《文献通考》,杭州:浙江古籍出版社,2000年。

28. 《明清史料》己编,北京:中华书局,1987年影印本。

29. 《明清史料》丁编,上海:商务印书馆,1951年。

30. 《明清史料》戊编,北京:中华书局,1987年影印本。

31. 《三山志》,福州:海风出版社,2000年。

32. 《八闽通志》,台北:台湾学生书局,1987年影印本。

33. 同治《福建通志》,台北:华文书局,1968年影印本。

34. 何乔远:《闽书》,福州:福建人民出版社,1994年点校本。

35. 《重纂福建通志》,南京:凤凰出版社、上海:上海书店、成都:巴蜀书社,2011年影印本(《中国地方志集成》本)。

36. 嘉靖《广东通志初稿》,嘉靖十四年(1535年)刻本。

37. 《清一统志·台湾府》,《台湾文献史料丛刊》第2辑,台北:大通书局,1984年。

38. 万历《泉州府志》,台北:台湾学生书局,1987年影印万历四十年(1612年)刊本。

39. 《惠安政书》附《崇武所城志》,福州:福建人民出版社,1987年。

40. 乾隆《泉州府志》,泉州:泉山书社,1927年影印乾隆二十八年(1763)刊本。

42. 道光《晋江县志》,福州:福建人民出版社,1990年标点本。

43. 《彰化县志》,台北:台湾银行,1962年标点本(《台湾文献丛刊》本)。

44.乾隆《海澄县志》,台北:成文出版社,1968年影印乾隆二十七年(1762年)刊本。

45.道光《厦门志》,道光十九年(1839年)刊本。

46.光绪《龙溪县志》,台北:成文出版社,1967年影印本。

47.《安海志》,安海志编修小组,1983年。

48.《安平志》,北京:中国文联出版社,2000年校注本。

49.《鹭江志》,厦门:鹭江出版社,1998年。

50.《晋江新志》,泉州市编纂委员会办公室,1985年。

51.《鲤城区志》,泉州市鲤城区地方志编纂委员会,1999年。

52.《晋江市志》,上海:三联书店,1994年。

53.《泉州市华侨志》,北京:中国社会科学出版社,1996年。

54.泉州海关编:《泉州市海关志》,厦门:厦门大学出版社,2005年。

55.《白水镇志》,漳州市白水镇方志办,1988年铅印本。

56.《新安县志》,广州:广东省图书馆,1967年。

58.《泉州旧铺境稽略》,泉州鲤城区地方志编委会、泉州道教文化研究会,1990年。

59.《永宁乡土资料汇编》,永宁乡土资料汇编编委会,1995年。

60.《蚶江志略》,香港:华星出版社,1993年。

61.《琉球历代宝案》,台北:台湾开明书店,1975年。

62.《乾隆初年整饬民风民俗史料》,《历史研究》2000年第2期。

63.《晋江文史资料》第1辑,泉州:中国人民政治协商会议福建省晋江县委员会文史资料工作组编,1981年。

64.《晋江文史资料选辑》第1~5辑合集,泉州:中国人民政治协商会议福建省晋江市委员会文史资料委员会编,1995年。

65.《晋江文史资料》第3辑,泉州:中国人民政治协商会议福建省晋江县委员会文史资料委员会编,1983年。

66.《晋江文史资料选辑》第9辑,泉州:中国人民政治协商会议福建省晋江县委员会文史资料委员会编,1987年。

67.《晋江文史资料》第11辑,泉州:中国人民政治协商会议福建省晋江县委员会文史资料委员会编,1989年。

68.《晋江文史资料选辑》第17辑,泉州:中国人民政治协商会议福建省晋江市委员会文史资料委员会编,1995年。

69.《泉州文史资料》第1～10辑汇编,泉州:中国人民政治协商会议福建省泉州市委员会文史资料研究委员会编,1994年。

70.《泉州文史资料》第9辑,泉州:中国人民政治协商会议福建省泉州市委员会文史资料研究委员会编,1981年。

71.《泉州文史资料》第10辑,泉州:中国人民政治协商会议福建省泉州市委员会文史资料研究委员会编,1982年。

72.《泉州文史资料》第13辑,泉州:中国人民政治协商会议福建省泉州市委员会文史资料研究委员会编,1982年。

73.《泉州文史资料》第16辑,泉州:中国人民政治协商会议福建省泉州市委员会文史资料研究委员会编,1984年。

74.《泉州文史资料》新2辑,泉州:中国人民政治协商会议福建省泉州市委员会文史资料研究委员会编,1987年。

75.《石狮文史资料》第1辑,泉州:中国人民政治协商会议福建省石狮市委员会文史委编,1992年。

76.《泉州工商史料》第3辑,泉州:中国民主建国会泉州市委员会泉州市工商业联合会、政协泉州市委员会文史资料研究委员会编,1984年。

77.《石狮文史资料》第3辑,泉州:中国人民政治协商会议福建省石狮市委员会文史委编,1994年。

78.福建省地方志编纂委员会编:《福建省历史地图集》,福州:福建省地图出版社,2004年。

79.许瑞安、粘良图等:《福全古城》,北京:中央文献出版社,2006年。

80.福建省地方交通史编纂委员会编著:《福建省交通志》,厦门:鹭江出版社,1998年。

二、笔记、文集、诗歌

1. 管仲:《管子校注》,北京:中华书局,2004年。
2. 周振甫主编:《唐诗宋词元曲全集》,合肥:黄山书社,1999年。
3. 《全唐诗·全唐诗续拾》,北京:中华书局,2013年
4. 叶绍翁:《四朝闻见录》戊集,北京:中华书局,1989年。
5. 蔡襄:《荔枝谱》第三,《左氏百川学海》第三十册癸集上。
6. 曾公亮:《武经总要》,北京:商务印书馆,泉州文库出版整理委员会2017年点校本。
7. 周去非:《岭外代答》,北京:中华书局,1999年校注本。
8. 晁补之:《鸡肋集》,民国涵芬楼藏景明本。
9. 王结:《文忠集》,文渊阁四库全书本集部。
10. 林之奇:《拙斋文集》,清文渊阁四库全书本集部。
11. 方勺:《泊宅编》,北京:中华书局,1983年点校本。
12. 朱熹:《晦庵先生朱文公文集》,《四部丛刊》据民国涵芬楼藏影明本影印。
13. 张载:《张横渠集》,北京:中华书局,1985年标点本
14. 洪迈:《夷坚丁志》,北京:中华书局,1981年点校本。
15. 吴自牧:《梦粱录》,清代嘉庆学津讨原影印本。
16. 真德秀:《西山先生真文忠公文集》,上海:商务印书馆,1937年。
17. 王守仁:《王阳明全集》,上海:上海古籍出版社,2011年。
18. 耿定向:《耿天台先生文集》,明万历二十六年刻本。
19. 伊本·白图泰:《伊本·白图泰游记》,马金鹏译,银川:宁夏人民出版社,1985年。
20. 徐一夔等:《大明集礼》,明嘉靖九年刻本。
21. 胡宗宪:《筹海图编》,清文渊阁四库全书本。
22. 俞大猷:《正气堂集》,清道光刻本。
23. 张燮:《东西洋考》,北京:中华书局,1981年校注本。

24. 李光缙：《景璧集》，福州：福建人民出版社，2012年点校本。

25. 顾炎武：《天下郡国利病书》，上海：上海科学技术文献出版社，2002年。

26. 蓝鼎元：《鹿洲全集》，厦门：厦门大学出版社，1995年。

27. 马欢：《瀛涯胜览》，北京：海洋出版社，2005年校注本。

28. 曾巩：《曾巩集》，北京：中华书局，1984年点校本。

29. 刘克庄：《后村全集》，成都：四川大学出版社，2008年点校本。

30. 姚莹：《东槎纪略》，台北：台湾大通书局，1984年。

31. 陈伦炯：《海国闻见录》，台北：台湾大通书局，1987年。

32. 连横：《台湾语典》，台北：台湾银行经济研究室，1963年。

33. 蔡永蒹：《西山杂志》，泉州闽台缘博物馆藏嘉庆抄本。

34. 周玄炜：《泾林续记》，《涵芬楼秘籍》第八集，上海：商务印书馆，1925年。

35. 梁启超：《中国殖民八大伟人传》，《新民丛报》总63号，1905年。

36. 薛福成：《薛福成选集》，上海：上海人民出版社，1987年。

三、族谱、碑铭、档案

1. 《祥芝长房中派蔡氏谱牒》，蔡一水重修，同治元年刻本。

2. 《芝山蔡氏杨义公派谱牒》，乾隆年间蔡中行等重修，清抄本。

3. 《霞泽陈氏族谱》，清道光元年续修，清抄本。

4. 《泉晋水永宁卫霞滴陈氏房谱》，陈有纲编修，1947年抄本。

5. 《沙堤龚氏族谱》，1936年重修，抄本。

6. 《福全蒋氏四房北厅序谱》，光绪抄本。

7. 《南塘柯氏家谱》，清抄本。

8. 《清源留安留苗刘氏族谱》，永春留刘氏宗祠筹建处编，2005年印刷本。

9. 《温陵芝山刘氏大宗世牒》，抄本，年代不详。

10. 《东埔邱氏族谱》，清抄本。

11. 《铺锦黄氏族谱》，清康熙抄本。

12.《大仑蔡氏族谱》,清抄本。

13.《崇武文献黄氏族谱》,(清)黄登基撰,光绪三十三年抄本。

14.《梅林李氏族谱》,清抄本。

15.《福全石圳三房份李氏族谱》,清抄本。

16.《福全射江陈氏家谱》,清抄本。

17.《福全光绪全中谱》,清光绪抄本。

18.《永宁南门境李氏族谱》,清抄本。

19.《龟湖塘规簿》,1925年重刊本。

20.《福全卓氏族谱》,重修印刷本。

21.《陈埭丁氏回族宗谱》,庄景辉编校,香港:香港绿叶出版社,1996年。

22.《白崎郭氏回族宗谱》,百奇郭氏回族宗谱重修委员会编印,2000年。

23. 南安《重修延福寺碑铭》,庄为玑:《古刺桐港》,厦门:厦门大学出版社,1989年。

24. 莆田《祥应庙碑记》,南宋建炎八年,碑文可见道光《福建通志》卷9《金石志》。

25. 晋江《东埔示禁碑》,现存东埔邱氏祠堂外,光绪九年。

26. 上海博物馆图书资料室编:《上海碑刻资料选辑》,上海:上海人民出版社,1980年。

27. 晋江《青阳乡约记》,现存青阳镇蔡厝村石鼓庙,碑文见郑振满、丁荷生编:《福建宗教碑铭汇编·泉州府分册》,福州:福建人民出版社,2003年,第134条。

28.《围江盖屋碑记》,碑现存金井镇围头村,碑文见郑振满、丁荷生编:《福建宗教碑铭汇编·泉州府分册》,福州:福建人民出版社,2003年,第454条。

29. 于兢:《恩赐琅琊郡王(王审知)德政碑》,五代十国时期碑铭,现存福州闽王祠。

30. 陈石:《惠世医院了解情况报告》,泉州档案馆馆藏,1951年,卷宗号:54-11-212。

31.《泉州花桥善举公所筹赈会第十五次议事录》《花桥善举公所征信录》,泉州花桥慈济宫藏,1925年、1898—1971年。

32.《民国晋江振济会档案·开元慈儿院卷》《民国晋江振济会档案·慈善团体立案卷》,晋江市档案馆藏,卷宗号:54-8-254、54-8-218。

33.傅衣凌、陈支平:《明清福建社会经济史料杂抄》(续七),《中国社会经济史研究》1987年第6期。

四、中英文专著

1.王铭铭:《逝去的繁荣:一座老城的历史人类学考察》,杭州:浙江人民出版社,1999年。

2.罗威廉(William T.Rowe):《汉口:一个中国城市的商业和社会(1796—1889)》,鲁西奇、罗杜芳译,北京:中国人民大学出版社,2008年。

3.Mary B. Rankin(玛丽·兰金),*Elite Activism and Political Transformation in China: Zhejiang Province, 1865—1911*(《中国的精英能动主义与政治转型》),Stanford:Stanford University Press,1986.

4.杨念群:《中层理论——东西方思想会通下的中国史研究》,南昌:江西教育出版社,2001年。

5.杜赞奇:《文化、权力与国家:1900—1942年的华北农村》,王福明译,南京:江苏人民出版社,2004年。

6.吉尔伯特·罗兹曼:《中国的现代化》,国家社会科学基金"比较现代化"课题组译,南京:江苏人民出版社,2003年。

7.安东尼·吉登斯(Anthony Giddens):《民族国家与暴力》,胡宗泽、赵力涛译,北京:三联书店,1998年。

8.杜赞奇:《从民族国家拯救历史——民族主义话语与中国现代史研究》,王宪明译,北京:社会科学文献出版社,2003年。

9.赵世瑜:《小历史与大历史:区域社会史的理念、方法与实践》,北京:三联书店,2007年。

10.林耀华:《义序的宗族研究》,北京:三联书店,2000年;《金翼》,庄孔韶、林宗成译,北京:三联书店,2000年。

11.傅衣凌:《明清农村社会经济》,北京:三联书店,1961年;《明清社会经济变迁论》,北京:人民出版社,1989年。

12.郑振满:《明清福建家族组织与社会变迁》,长沙:湖南教育出版社,1992年。

13.陈支平:《近500年来福建的家族社会与文化》,北京:三联书店,1991年;《福建族谱》,福州:福建人民出版社,1996年。

14.陈序经:《疍民的研究》,上海:商务印书馆,1946年。

15.马敏:《官商之间:社会剧变中的近代绅商》,武汉:华中师范大学出版社,2003年。

16.弗里德曼:《中国东南的宗族组织》,刘晓春译,上海:上海人民出版社,2000年。

17. Hugh R.Clark(休·克拉克),*Community, Trade, and Network: Southern Fujian Province from the Third to the Thirteen Centuries*, Cambridge:Cambridge University Press,1991.

18.陈达:《南洋华侨与闽粤社会》,上海:商务印书馆,1938年。

19.福建省档案馆编:《福建华侨档案史料(1912—1949年)》,北京:中华书局,1990年。

20.陈碧笙:《台湾地方史》,北京:中国社会科学出版社,1982年。

21.杨国桢:《明清土地契约文书研究》,北京:人民出版社,1988年;《闽在海中:追寻福建海洋发展史》,南昌:江西高校出版社,1998年;《明清中国与海外移民》,北京:高等教育出版社,1997年。

22.韩振华:《中国与东南亚关系史研究》,南宁:广西人民出版社,1992年。

23.费尔南·布罗代尔:《菲利普二世时代的地中海和地中海世界》,唐家龙、曾培耿等译,北京:商务印书馆,1996年。

24.粘良图著、连心豪校:《晋江史话》,厦门:厦门大学出版社,2004年。

25.欧阳宗书:《海上人家——海洋渔业经济与渔民社会》,南昌:江西高校出版社,2007年。

26.庄为玑:《古刺桐港》,厦门:厦门大学出版社,1989年。

27.桑原骘藏:《蒲寿庚考》,陈裕菁译,上海:中华书局,1954年。

28. 刘志伟：《在国家与社会之间——明清广东里甲赋役制度研究》，广州：中山大学出版社，1997年。

29. 何炳棣：《明初以降人口及其相关问题（1368—1953）》，葛剑雄译，北京：三联书店，2000年。

30. 于志嘉：《明代军户世袭制度》，台北：台湾学生书局，1987年。

31. 孔飞力：《中华帝国晚期的叛乱及其敌人：1796—1864年的军事化与社会结构》，谢亮生、杨品泉、谢思炜译，北京：中国社会科学出版社，1990年。

32. 王日根：《明清海疆政策与中国社会发展》，福州：福建人民出版社，2006年。

33. 郑一省：《多重网络的渗透与扩张——海外华侨华人与闽粤侨乡互动关系研究》，北京：世界知识出版社，2006年。

34. 孙谦：《清代华侨与闽粤社会变迁》，厦门：厦门大学出版社，1999年。

35. 《福建航运史（古、近代史部分）》，北京：人民交通出版社，1994年。

36. 李东华：《泉州与我国中古的海上交通》，台北：台湾学生书局，1984年。

37. 蓝达居：《喧闹的海市——闽东南港市兴衰与海洋人文》，南昌：江西高校出版社，1999年。

38. 斯塔夫里阿诺斯著：《全球通史》下《1500年以后的世界》，吴象婴、梁赤民译，上海：上海社会科学出版社，1999年。

39. 庄为玑等主编：《泉州谱牒华侨史料与研究》，北京：中国华侨出版社，1994年。

40. 滨下武志：《近代中国的国际契机——朝贡贸易体系与近代亚洲经济圈》，朱荫贵、欧阳菲译，虞和平校，北京：中国社会科学出版社，1999年。

41. 梁嘉彬：《广州十三行考》，上海：商务印书馆，1937年。

42. 晁中辰：《明代海禁与海外贸易》，北京：人民出版社，2005年。

43. 陈台民：《中菲关系与菲律宾华侨》，香港：香港朝阳出版社，1985年。

44. 黄缪伦：《红溪惨案本末》，雅加达：翡翠文化基金会，1961年。

45. 全汉升：《中国行会制度史》，上海：新生命书局，1934年。

46. 庄为玑、王连茂：《闽台关系族谱资料选编》，福州：福建人民出版社，

1984年。

47.吴凤斌、庄国土、林金枝、郭梁、蔡仁龙:《东南亚华侨通史》,福州:福建人民出版社,1993年。

48.陈东有:《走向海洋贸易带——近代世界市场互动中的中国东南商人行为》,南昌:江西高校出版社,1998年。

49.高延:《婆罗洲华人公司制度》,袁冰凌译,台北:"中央研究院"近代史研究所,1996年。

50.苏文菁主编:《闽商发展史·海外卷》,厦门:厦门大学出版社,2016年。

51.王铭铭:《村落视野中的文化与权力——闽台三村五论》,上海:三联书店,1997年。

52.郭宝平:《民国政制通论》,太原:山西人民出版社,1995年。

53.冯自由:《中华民国开国前革命史》,重庆:中华文化服务社,1946年。

54.俞云平、王付兵:《福建侨乡的社会变迁》,长沙:湖南人民出版社,2002年。

55.傅宗文:《沧桑刺桐》,厦门:厦门大学出版社,2011年。

56.杨锦和、洪卜仁:《闽南革命史》,北京:中国计划出版社,1990年。

57.张仲礼主编:《东南沿海城市与中国近代化》,上海:上海人民出版社,1996年。

58.陈嘉庚:《南侨回忆录》,新加坡:怡和轩,1946年。

59.施坚雅:《中国农村的市场和社会结构》,史建云、徐秀丽译,北京:中国社会科学出版社,1998年。

60.赵秀玲:《中国乡里制度》,北京:社会科学文献出版社,2002年。

61.梁其姿:《施善与教化》,石家庄:河北教育出版社,2001年。

62.葛剑雄:《中国人口发展史》,福州:福建人民出版社,1991年。

63.彭慕兰:《大分流:欧洲、中国及现代世界经济的发展》,史建云译,南京:江苏人民出版社,2003年。

64.苏基朗:《刺桐梦华录:近世前期闽南的市场经济(946—1368)》,李润强译,杭州:浙江大学出版社,2012年。

65.萧公权:《中国乡村:论19世纪的帝国控制》,张皓、张升译,台北:联经出版社,2014年。

五、论文、调查报告

1.张国雄:《从粤闽侨乡考察战前华侨华人的群体特征》,《华侨华人历史研究》2003年第2期。

2.范启龙:《福建华侨与辛亥革命》,《福建师范大学学报(哲学社会科学版)》1991年第4期。

3.王连茂:《"泉州学"与泉州海交史研究刍议》,陈世兴主编:《泉州学研究》,福州:福建教育出版社,2002年。

4.邓京力:《国家与社会分析框架在中国史领域的应用》,《史学月刊》2004年第12期。

5.黄宗智:《中国的"公共领域"与"市民社会"?——国家与社会间的第三领域》,邓正来、[英]J.C.亚历山大编:《国家与市民社会———种社会理论的研究路径》,北京:中央编译出版社,2002年。

6.朱英:《关于晚清市民社会研究的思考》,《历史研究》1996年第4期。

7.乔志强、行龙:《从社会史到区域社会史》,《山西大学学报(哲学社会科学版)》1998年第3期。

8.赵世瑜:《作为方法论的区域社会史研究——兼及12世纪以来的华北社会史研究》,《史学月刊》2004年第8期;《市镇权力关系与江南社会变迁——以近世浙江湖州双林镇为例》,《近代史研究》2003年第2期。

9.科大卫:《明清珠江三角洲家族制度的初步研究》,《清史研究通讯》1988年第1期;《祠堂与家庙——从宋末到明中叶宗族礼仪的演变》,《历史人类学学刊》2003年第1卷第2期。

10.科大卫、刘志伟:《宗族与地方社会的国家认同——明清华南地区宗族发展的意识形态基础》,《历史研究》2000年第3期。

11.刘志伟:《祖先谱系的重构及其意义》,《中国社会经济史研究》1992年第4期;《附会、传说与历史事实——珠江三角洲族谱中宗族历史的叙事结构及其意义》,上海图书馆编:《中国族谱研究》,上海:上海古籍出版社,1999年;《地域社会与文化的结构过程——珠江三角洲研究的历史学与人类学对话》,杨念群等主编:《新史学》,北京:中国人民大学出版社,2003年;萧凤霞、刘志伟:《宗族、市场、盗寇与蛋民——明以后珠江三角洲的族群与社会》,《中国社会经济史研究》2004年第3期。

12. 王健:《近年来民间信仰问题研究的回顾与思考:社会史角度的考察》,《史学月刊》2005年第1期。

13. 陈春声:《正统性、地方性与文化的创制——潮州民间神信仰的象征与历史意义》,《史学月刊》2000年第1期;《信仰空间与社区历史的演变——以樟林的神庙系统为例》,《清史研究》1992年第3期。

14. 赵世瑜:《国家正祀与民间信仰的互动——以明清京师的"顶"与东岳庙为个案》,《北京师范大学学报(哲学社会科学版)》1998年第6期。

15. 赵世瑜、杜正贞:《太阳生日:东南沿海地区对崇祯之死的历史记忆》,《北京师范大学学报(哲学社会科学版)》1999年第6期。

16. 许嘉明:《彰化平原福佬客的地域组织》,《"中央研究院"民族学研究所集刊》第36期,1975年。

17. 傅衣凌:《中国传统社会:多元的结构》,《中国社会经济史研究》1988年第3期;《安平商人论略》,收入《安海港史研究》,福州:福建教育出版社,1989年;《明清之际的"奴变"和佃农解放运动》《明清时代福建佃农风潮考证》,《明清农村社会经济》,北京:三联书店,1961年。

18. 郑振满:《明清福建里社组织的演变》,《民间信仰与社会空间》,福州:福建人民出版社,2003年;《莆田平原的宗族与宗教》,《历史人类学学刊》2006年第4卷第1期;《清代福建地方财政与政府职能的演变——〈福建省例〉研究》,《清史研究》2002年第2期;《神庙祭典与社区发展模式——莆田江口平原的例证》,《史林》1995年第1期;《明清时期福建的里甲户籍与家族组织》,《中国社会经济史研究》1989年第2期;《宋以后福建的祭祖习俗与宗族组织》,《厦门大学学报》1987年增刊;《清代闽南乡族械斗的演变》,《中国社会经济史研究》1998年第1期。

19. 顾诚:《明帝国的疆域管理体制》,《历史研究》1989年第3期;《明代东南海防重镇永宁卫》,永宁古卫城文化研究编委会编:《永宁古卫城文化研究》,福州:福建人民出版社,2001年;《卫所制度在清代的变革》,《北京师范大学学报》1988年第2期。

20. 施振民:《祭祀圈与社会组织——彰化平原聚落发展模式的探讨》,《"中央研究院"民族学研究所集刊》第36期,1975年。

21. 林美容:《由祭祀圈到信仰圈——台湾民间社会的地域构成与发展》,《中国海洋发展史论文集》第3辑,台北:"中央研究院"三民主义研究所,1988年。

22. 钱杭:《忠义传说、祭祀圈与祭祀组织——浙江省平阳县腾蛟镇薛氏忠训庙的历史与现实》,《史林》2002年第2期。

23. 休·克拉克:《闽南早期历史研究的现代新趋势》,王丽明译,《海交史研究》2008年第1期。

24. 赵灿鹏:《"目光向外":中国现代华侨研究的一个倾向暨"侨乡"称谓的考察》,《华侨华人历史研究》2008年第1期。

25. 李国宏:《祥芝港在明代泉州海交史上的地位》,《海交史研究》2001年第1期。

26. 叶显恩:《明清广东蛋民的生活习俗与地缘关系》,《中国社会经济史研究》1991年第1期。

27. 王铭铭:《试论泉州港的勃兴与泉州地区人口增长的关系》,《福建人口》1987年第1期。

28. 韩振华:《试释福建水上蛋民(白水郎)的历史来源》,《厦门大学学报(文史版)》1954年第5期。

29. 徐晓望:《福建历史上几个人口数字考证》,《福建论坛(文史哲版)》1987年第4期。

30. 陈碧笙:《关于福州水上居民的名称、来源、特征以及是否少数民族等问题的讨论》,《厦门大学学报(文史版)》1954年第1期。

31. 廖大珂:《宋代海船的占籍、保甲和结社制度述略》,《海交史研究》2002年第1期。

32. 陈鹏:《唐宋时期泉州的农田水利建设》,泉州历史研究会编:《泉州文史研究》第二集,北京:中国社会科学出版社,2006年。

33.傅宗文:《宋代福建沿海的商业化浪潮》,《中国社会经济史研究》1989年第3期。

34.吴泰:《安海在宋元时期泉州港海外贸易中的地位》,《海交史研究》1985年第2期。

35.陈支平:《明代福建户籍失控与民间私例》,王春瑜主编:《明史论丛》,北京:中国社会科学出版社,1997年;《明清时代福建的易知由单和自封投柜制度》,汤明檖、黄启臣编:《纪念梁方仲教授学术讨论会文集》,广州:中山大学出版社,1990年。

36.郭志超、董建辉:《"咸水腔"探源》,《华侨大学学报(哲学社会科学版)》1997年第4期。

37.袁冰凌:《海上贸易与宋元泉州农业经济特色》,《中国社会经济史研究》1992年第3期。

38.林仁川、费梅儿(E.B.Vermeer):《在历史上泉州的水利工程及其管理》,《中国历史地理论丛》1997年第3期。

39.刘锡涛:《宋代福建人才地理分布》,《福建师范大学学报(哲学社会科学版)》2005年第2期。

40.沈玉水:《略论福建市舶司的设迁问题》,《海交史研究》1988年第1期。

41.陈泗东:《泉州海外交通与海神信仰》,《幸园笔耕录》,厦门:鹭江出版社,2003年。

42.胡小伟:《宋代的"二郎神"崇拜》,《世界宗教研究》2003年第2期。

43.李东华:《宋元时代泉州海外交通的盛况》,《中国海洋发展史论文集》第一辑,台北:"中央研究院"三民主义研究所,1984年。

44.王连茂:《"泉州学"与海交史研究刍议》,《海交史研究》1999年第2期。

45.吴泰、陈高华:《宋元时期的海外贸易和泉州港兴衰》,《海交史研究》1978年创刊号。

46.王四达:《宋元泉州港繁荣原因新探》,《华侨大学学报(哲学社会科学版)》1989年第2期。

47.葛金芳:《两宋东南沿海地区海洋发展路向论略》,《湖北大学学报(哲学社会科学版)》2003年第3期。

48. 李知宴、陈鹏：《宋元时期泉州港的陶瓷输出》，《海交史研究》1984年，总第6期。

49. 庄景辉：《宋代泉州的石桥建筑与海外交通》，《海外交通史迹研究》，厦门：厦门大学出版社，1996年。

50. 前岛信次：《元末泉州的回教徒》，东洋文库英文纪要第32卷，1974年。

51. 陈达生：《泉州伊斯兰教派与元末亦思巴奚战乱性质试探》，《海交史研究》1982年，总第4期。

52. 朱维幹：《元末蹂躏兴、泉的亦思法杭兵乱》，《泉州文史》1979年，总第1期。

53. 庄为玑：《元末外族叛乱与泉州港的衰落》，《泉州文史》1980年，总第4期。

54. 章生道：《城治形态与结构研究》，施坚雅主编、杨光庭等译：《中华帝国晚期的城市》，北京：中华书局，2000年。

55. 杜正贞：《地方传统的建构与文化转向——以宋金元时期的山西泽州为中心》，《历史人类学学刊》2006年第4卷第1期。

56. 夏维中：《试论明初里甲制度的宋元渊源——以江南地区的"都"为中心》，朱诚如、王有天主编：《明清论丛》第四辑，北京：紫禁城出版社，2004年。

57. 曾玲：《明代前期的福建盐业经济》，《中国社会经济史研究》1986年第4期。

58. 于志嘉：《试论族谱中所见的明代军户》，《"中央研究院"历史语言研究所集刊》第57本第4分，1986年；《明清时代军户的家族关系——卫所军户与原籍军户之间》，《"中央研究院"历史语言研究所集刊》第74本第1分，2003年；《明清时代江西卫所军户的管理与军役纠纷》，《"中央研究院"历史语言研究所集刊》第72本第4分，2001年。

59. 庄景辉：《泉州在明琉交往中的地位与作用》，《明初三十六姓迁居琉球中的蔡襄后裔》，收入氏著：《海外交通史迹研究》，厦门：厦门大学出版社，1996年。

60. 古鸿廷：《论明清的海寇》，《海交史研究》2002年第1期。

61.方楫:《明代的军屯》,存萃学社编集、周康燮主编:《明代社会经济史论集》第二集,香港:崇文书店,1975年。

62.林修合:《从迁界到复界:清初晋江的宗族与国家》,台湾大学历史学研究所硕士学位论文,2005年。

63.梁方仲:《明代黄册考》,刘志伟编:《梁方仲文集》,广州:中山大学出版社,2004年;《明代一条鞭法年表》《明代国际贸易与银的输出入》,《梁方仲经济史论文集》,北京:中华书局,1988年;《易知由单的起源》,《梁方仲经济史论文集补编》,郑州:中州古籍出版社,1984年。

64.肖宪:《郑和下西洋与伊斯兰教在东南亚的传播》,《思想战线》1995年第3期。

65.李一平:《伊斯兰教在东南亚的传播及其影响》,《社会科学家》1992年第3期。

66.廖大珂:《郑和与东南亚华人穆斯林》,《暨南学报(哲学社会科学版)》2005年第6期。

67.常建华:《乡约的推行与明朝对基层社会的治理》,朱诚如、王有天编:《明清论丛》第四辑,北京:紫禁城出版社,2004年。

68.陈宝良:《明代的民兵与乡兵》,《中国史研究》1994年第1期。

69.唐晓:《略论明代月港的海外贸易》,《月港研究论文集》,中共龙溪地委宣传部、福建省历史学会厦门分会编印,1983年。

70.黄志繁:《乡约与保甲:以明代赣南为中心的分析》,《中国社会经济史研究》2002年第2期。

71.黄向春:《文化、历史与国家——郑振满教授访谈》,张国刚主编:《中国社会历史评论》第五辑,北京:商务印书馆,2007年。

72.陈高华:《元代户等制略论》,《中国史研究》1979年第1期。

73.岩村忍:《元代的户计编成》,《蒙古学信息》1999年第4期。

74.杨彦杰:《陈埭丁氏"海荡图"研究》,《中国社会经济史研究》1990年第1期。

75.丁毓玲:《泉州穆斯林后裔的历史记忆和理性选择》,李冀平、朱学群、王连茂主编:《泉州文化与海上丝绸之路》,北京:社会科学文献出版社,

2007年。

76. 杨彦杰:《1650年至1662年郑成功海外贸易的贸易额和利润额估算》,郑成功研究学术讨论会学术组编:《郑成功研究论文选续集》,福州,福建人民出版社,1984年。

77. 沈登苗:《一段不该遗忘的当代学术史——中国大陆学者独立提出了倭寇"新论"》,《浙江社会科学》2006年第2期。

78. 陈学文:《明代的海禁与倭寇》,《中国社会经济史研究》1983年第1期。

79. 李天锡:《安海华侨的特点》,《安海港史研究》,福州:福建教育出版社,1989年。

80. 陈国栋:《清代中叶厦门的海上贸易,1727—1833》,《中国海洋发展史论文集》第四辑,台北:"中央研究院"人文社会科学研究所,1991年。

81. 陈抗生:《嘉靖"倭患"探实》,《江汉论坛》1980年第3期。

82. 王守稼:《试论明代嘉靖时期的倭患》,《北京师院学报(社会科学版)》1981年第1期。

83. 林仁川:《明代私人海上贸易商人与"倭寇"》,《中国史研究》1980年第4期。

84. 陈国栋:《潘有度(潘启官二世):一位成功的洋行商人》,《中国海洋发展史论文集》第五辑,台北:"中央研究院"中山人文社会科学研究所,1993年;《1780—1800,中西贸易的关键年代》,《中国海洋发展史论文集》第六辑,台北:"中央研究院"中山人文社会科学研究所,1997年。

85. 张中训:《清嘉庆年间闽浙海盗组织研究》,《中国海洋发展史论文集》第二辑,台北:"中央研究院"三民主义研究所,1986年。

86. Kandice Hauf, The Community Covenant in Sixteen Century Ji'an Prefecture, Jiangxi, *Late Imperial China*, Vol.17, No.2, 1996.

87. 庄国土:《论15—19世纪初海外华商经贸网络的发展》,《厦门大学学报(哲学社会科学版)》2000年第2期;《论17—19世纪闽南海商主导海外华商网络的原因》,《东南学术》2001年第3期;《清初到鸦片战争前夕南洋华侨人口结构》,《南洋问题研究》1994年第1期;《清中期的华侨出入国政策》,《南洋问题》1986年第2期。

88.松浦章:《清代福建的海外贸易》,郑振满译,韩昇校,《中国社会经济史研究》1986年第1期。

89.曹永和:《明末华人在爪哇万丹的活动》,《中国海洋发展史论文集》第二辑,台北:"中央研究院"三民主义研究所,1986年。

90.张增信:《明季东南海寇与巢外风气(1567—1644)》,《中国海洋发展史论文集》第三辑,台北:"中央研究院"中山人文社会科学研究所,1988年。

91.丁玲玲:《清代前期泉州湾蚶江口岸初探》,《泉州师范学院学报》2002年第5期。

92.粘良图:《泉州东石港航运业考析——以族谱资料为中心》,《海交史研究》2005年第2期。

93.黄国盛:《清代前期台湾与沿海各省的经贸往来》,《福建师范大学学报(哲学社会科学版)》2004年第1期。

94.曾少聪:《明清海洋移民菲律宾的变迁》,《中国社会经济史研究》1997年第2期。

95.洪少禄:《从族谱中探讨安海人侨外之情况》,《晋江文史资料》第3辑,泉州:中国人民政治协商会议福建省晋江县委员会文史资料委员会编,1983年。

96.宋平:《菲律宾华侨善举公所试探》,《南洋问题研究》1995年第4期。

97.郑林宽:《福建华侨汇款》,福建调查统计丛书之一,福建省政府秘书处统计室,1940年。

98.陈宗仁:《"公司"源流初探——兼论明清时代商船的人员结构及其隶属关系》,陈捷先、成崇德、李纪祥主编:《清史论集》上卷,北京:人民出版社,2006年。

99.魏光奇、丁海秀:《清末至北洋政府时期区乡行政制度考略》,《北京师范大学学报(社会科学版)》2004年第2期。

100.朱国斌、郭宝平:《寻求控制和参与之间平衡的尝试——论20世纪上半叶中国的地方自治》,《社会科学辑刊》2000年第5期。

101.孙健:《辛亥"三二九起义"中牺牲的华侨烈士》,《历史研究》1978年第4期。

102.施雪琴:《华侨与侨乡政治:20世纪二三十年代菲律宾闽侨与救乡运动研究》,《华侨华人历史研究》1999年第2期。

103.张哲郎:《乡遂遗规——村社的结构》,刘岱主编:《吾土与吾民》,上海:三联书店,1992年。

104.郑秦:《清代县制研究》,《清史研究》1996年第4期。

105.范启龙:《福建华侨与辛亥革命》,《福建师范大学学报(哲学社会科学版)》1991年第4期。

106.陈衍德:《论民国时期华侨在厦门经济生活中的作用》,《中国社会经济史研究》2000年第2期。

107.李东华:《宋元时代泉州海外交通的盛况》,《中国海洋发展史论文集》第一辑,台北:"中央研究院"中山人文社会科学研究所,1984年。

108.戴一峰:《闽南华侨与近代厦门城市经济的发展》,《华侨华人历史研究》1994年第2期。

109.陈东有:《略论早期泉州海外华商深厚的回报》,《华侨华人历史研究》1997年第3期。

110.蒋楠:《近代泉州的慈善事业与侨乡社会变迁》,厦门大学硕士学位论文,2002年。

111.蒋楠:《近代泉州的华侨精英与侨乡的公共事务》,《华侨华人历史研究》2008年第1期。

112.陈泗东:《泉州华侨史料拾零》,《幸园笔耕录》,厦门:鹭江出版社,2003年。

113.《中国地方自治制考》,《东方杂志》1907年第4卷第10期。

114.福建省民政厅民族处:《关于水上居民的名称、来源、特征以及是否少数民族等问题的有关资料》,1950年代。

115.魏光奇:《官治与自治:20世纪上半期的中国县治》,北京:商务印书馆,2004年。

116.王先明:《20世纪前期乡村社会冲突的演变及其对策》,《华中师范大学学报(人文社会科学版)》2012年第4期。

后　记

　　感谢晋江博物馆的粘良图研究员、石狮博物馆的李国宏馆长、晋江金井镇福全村的翁永南先生（已过世）和泉州市图书馆古籍室工作人员在我资料搜集与田野调查上提供的帮助。

　　感谢我的家乡——泉州。小时候，这个城市只有"南北一条街，东西两座塔"，我曾经悲哀地以为我的老家永远就是如此黯淡，她与电视上的北京、上海简直处在两个星球。小学三年级的时候，我偶然看到一本给中学生的泉州乡土历史教材，我吃惊地发现我的故乡居然曾经如此辉煌，我简直是欢呼着奔跑回家，迫不及待地告诉父母我的发现。从那时候开始，我对故乡的历史发生了浓厚的兴趣，尽管她早已不再是"光明之城"，然而她的魅力依然引人入胜。这个属于"草根"的历史文化名城，在过去与现在，都有着最质朴本真的生命力。

　　感谢我的祖父蒋天化，他在世时曾是一位中学历史教员，是他的藏书给了我最初的史学启蒙。

　　感谢我的父母与挚友。

　　感谢我的硕士、博士导师郑振满教授。感谢求学时期各位老师。学生颟顸，学海踌躇，至今赖诸君明灯引路。

　　本书为笔者 2009 年厦门大学博士毕业论文，论文答辩和评阅时王日根教授、谢重光教授、王振忠教授提出的修改意见，文中已经做了一定修改，钞晓鸿教授、刘志伟教授和赵世瑜教授提出的关于论文中海外拓展的内容还有补充余地的问题,在笔者工作后发表的文章里有一定补充,但是因篇幅和结构问题没有放进本文。时过境迁,鄙文的观点论据或不乏老旧之处,恳请各位读者批评指正。

蒋　楠